KB260297

참여형 지역복지 체계론

김원종 변재관 심재호
이인재 이재원 홍경준

사회복지 전문출판 나눔의집

참여형 지역복지 체계론

사회복지 전문출판 나눔의집

글쓴이

김원종 : 서울대학교 사회복지학과, Columbia Unviersity(MS, Gerontogical Social Work)
　　　　현 보건복지부 서기관
변재관 : 동아대학교 법학과 , 일본 쯔꾸바 대학 사회학박사(사회보장정책 전공)
　　　　현 한국보건사회연구원, 노인·장애인정책개발센터 소장
심재호 : 중앙대학교 사회복지학과, 중앙대학교 문학박사(사회복지학 전공)
　　　　현 한서대학교 노인복지학과 교수
이인재 : 서울대학교 사회복지학과, 서울대학교 문학박사(사회복지학 전공)
　　　　현 한신대학교 사회복지학부 교수
이재원 : 서울대학교 경제학과, 서울대학교 행정대학원 행정학박사
　　　　현 부경대학교 행정학과 교수
홍경준 : 서울대학교 사회복지학과, 서울대학교 문학박사(사회복지학 전공)
　　　　현 전북대학교 사회복지학과 교수

머리말

새로운 천년을 맞이하면서 장미빛 구상이나 계획들이 발표되고 또 제기된 것이 엊그제 같은데, 우리는 여전히 우리 사회가 직면하고 있는 여러 문제들을 해결하지 못하고 있다. 어쩌면 이 산적한 모순구조를 풀어가는 것이 얼마나 지난(至難)한지 조차 잘 모르고 있는 것 같다. 결국 새천년의 희망과 과제라는 것도 기실은 20세기를 살아왔던 우리 모두의 문제들이 중층적으로 나타나, 오늘 이 시간 우리들에게 해결을 요구하고 있는 '역사적 현재성'의 연속과정 속에서 풀어야 할 것이다.

1998년부터 시작된 경제성장중심주의와 사회정책주의 간의 대논쟁은 지금도 여전히 계속되고 있다. 우리는 경제와 복지 중 어느 것이 우선이라고 주장하지 않는다. 즉, 경제성장과 사회복지는 항상 상호보완적 관계속에서 균형적으로 성장하여야 한다고 주장해왔다. 그러나 지금까지 사회정책에 있어서는 '도구주의적 복지최소주의'적 관점을 유지해온 정책 당국자-사실은 경제주의자들이지만 - 혹은 이론가들도 IMF이후 한국사회의 상황변화에 대해 기존의 관점들을 조금씩 유보시키는 경향들로 변모하고 있는 것도 사실이다.

우리 집필자들은 이 책의 제목을 고민 끝에 [참여형 지역복지 체계론]이라고 붙이기로 했다. 지금의 사회복지 환경 속에서는 공공부문의 대폭 확대·강화라는 것은 거의 불가능하다. 결국은 지역단위에서 민간부문을 발굴·동원·연계하여 지역주민들에게 서비스를 제공해야 하며, 이 경우 서비스의 효율성 및 형평성을 어떻게 제고할 것인가라는 과제가 현안일 수 밖에 없다.

따라서 본서의 내용구성 또한 공공·민간의 참여복지체계를 어떻게 실현할 것인가에 대한 문제제기와 장애요인에 관해 심층적으로 분석하였다. 그리고 나아가 참여복지체계 구축을 위한 구체적인 정책방안들, 예를 들어 공공과 민간의 협조 모형개발, 지역복지 네트웍 구축방안, 지역복지계획의 수립 등을 제시하였다. 마지막으로 공공·민간 참여복지체계구축을 위한 제도적 환경개선방안으로 공공전달체계의 문제, 복지재정운영체계의 개편 등을 제시하고 있다.

본서는 원래 한국도시연구소에서 보건복지부의 수탁관계(『생산적 복지구현을 위한 참여복지체계 구축 방안』)로 부터 시작되었다. 보고서 제출 후 그 내용을 일부 수정·보완하여 오늘 출간에 이르게 되었다. 연구진으로 한국보건사회연구원의 변재관 박사, 한신대의 이인재 교수, 전북대 홍경준 교수, 청와대 삶의 질 향상

기획단의 김원종 서기관이 전체 내용을 검토하였고, 제5장의 복지재정 부분은 부경대 이재원 교수께서 원고를 주셨고, 제3장의 전문인력 부분은 한서대 심재호 교수가 집필을 담당하였다.

　저자 나름대로 지금까지의 전달체계 개편 및 지역복지론과 관련된 쟁점들을 모아서 재정리·검토하여으나, 여러가지 부족한 곳들이 눈에 많이 띄는 것 또한 사실이다. 이 모든 책임은 전적으로 저자들에게 있으며, 앞으로 더 연구·검토하여 수정·보안할 수 있도록 노력하겠다. 아무쪼록 본서가 지역복지 및 복지전달 체계와 관련되어 사회복지학의 지평을 넓히는데 조금이라도 일조할 수 있기를 기대하며, 많은 충고과 질책을 바란다.

　끝으로 일본사례를 분석하는데 있어 조사를 도와주신 日本東京都立大學의 오카베(岡部 卓)교수님과, 특히 어려운 이때 이 책의 출판을 흔쾌히 맡아주신 나눔의집 출판사의 류보열 사장님을 비롯한 직원들께도 감사드린다.

2000년 11월
저자 일동

목 차

서 문

생산적 복지 구현을 위한 참여복지체계의 구축방안

새 천년을 맞이하면서, 우리는 새로운 희망과 미래 사회를 조망하기 위한 건설적인 노력을 수행하고 있다. 김대중 대통령이 주창한 생산적 복지는 국민 모두의 인간적 삶을 보장하는 사회적 시민권을 확립하고 참여와 책임의 공동체를 구현함으로써 지속 가능한 사회를 이룩하기 위한 것이다. 그리고 그것은 경제위기 이후 한국 사회의 발전방향에 대한 반성적인 각성과 전지구적 차원에서 이루어지고 있는 사회복지 패러다임의 전환에 관한 통찰에서 출발한다.

우선, 국민의 정부는 1997년 금융위기로 촉발된 IMF 관리체제를 극복하기 위한 개혁을 실행하면서 그 동안 우리 사회가 얼마나 낙후된 복지체제를 유지하고 있었는지를 깨닫고, 이러한 낙후성을 극복할 수 있는 새로운 정책 전략들이 필요함을 인식하였다. 한국 복지체제의 낙후성이 여러 면에서 부정적인 효과를 산출하고 있음은 주지의 사실이다. 우선 그것은 최저수준의 보장(national minimum)이라고 칭해지는 현대 사회의 일반화된 규범에 어긋나기 때문에 한국사회의 후진성을 나타내는 수치스러운 지표이다. 또한 한국 복지체제의 낙후성은 사회적 연대성을 약화시키고, 경제성장에 필수적인 바이탤리티를 저해하며, 노동력의 재생산 비용을 증가시켜서 종국적으로는 한국사회의 지속적 발전을 저해한다. 권위주의를 극복하고 민주주의로의 체제전환을 이룩한 현재의 시점에서 한국 복지체제의 낙후성은 극복되어야 할 핵심적인 정책과제이다. 즉, 역사적으로 누적되어 온 사회적 차별과 소외를 시정하고, 모든 국민의 사회적 시민권은 균등하게 보장되어야 한다. 생산적 복지는 그러한 전환을 가능케 할 키워드이다.

생산적 복지는 또한, 전지구적 차원에서 이루어지고 있는 사회복지 패러다임의 전환이라는 거시적 정책변화의 흐름과 일치한다. 현재 서구 복지국가는 물론이고, 남미와 동구국가, 그리고 동아시아 국가들까지 포함한 전지구적 차원에서 사회복지 패러다임의 전환이 이루어지고 있다. 우선, 서구 복지국가의 재편과정에서 보여지듯이 지식기반산업을 감당할 수 있는 인적자원을 확보한다는 목적을 달성하기 위해서는 기존의 사회복지 시스템, 즉 취약계층에 대한 잔여적-시혜적 국가복지 시스템은 한계를 가지고 있다는 점이 강하게 부각되었다. 즉 사회복지의 영역에서도 획일화된 물량위주의 개입정책은 소비자주권주의에 입각하여 전개되는 차별적, 선택적 개입정책으로 전환되어야 한다는 것이다. 한국보다 대략 1세기 가량 앞서 복지국가를 이룩한 서구 여러 나라들에서 이루어지고 있는 여러 형태의 사회복지 개혁은 사실 이에 대한 절박한 현실인식을 배경으로 깔고있다.

　이러한 맥락에서 제기된 생산적 복지는 국가 정책의 전환을 의미하며, 그를 구체화하기 위해서는 다양한 영역에 걸친 정책방안과 지침을 필요로 한다. 참여복지체계는 생산적 복지의 달성을 위한 정책방안임과 동시에 중범위의 정책목표이다. 참여복지체계란 다양한 사회주체들이 복지의 공급에 참여하는 복지체계, 수직적 연대와 수평적 연대가 공존하는 복지체계, 복지 공급자보다는 복지 수요자를 중심으로 운용되는 복지체계의 구축을 방향으로 한다. 그러므로 여기에서는 참여를 촉진하고 장려하는 제도적 환경의 구축과 수요자 중심의 서비스 전달체계의 창출, 개방적인 주체들간의 상호협력이 필수적으로 요구된다. 왜냐하면, 참여복지체계는 공공과 민간의 상호보완적 관계 속에서 시너지 효과를 창출하여 사회전체의 사회복지 수준을 향상시키고, 더불어 각각의 주체들이 구체적이고 현실적인 정책방안을 도출할 수 있도록 유도하는 시스템이기 때문이다.

　이 연구보고서는 이러한 참여복지체계를 구축하기 위한 방안을 구상한 것으로 참여 복지체계의 목적과 필요성, 그 방향과 전제에 대해 먼저 살펴본다. 다음으로는 참여복지체계를 구축하는데 장애요인이 되는 한국 사회복지의 실태와 문제점을 살펴보고, 그것을 극복할 수 있는 방법을 모색한다. 여기에서는 이러한 방법들을 크게 두 가지로 구분하여 제시할 것이다. 첫 번째 방향의 노력은 구체적인 정책방안과 실천지침, 그리고 그를 위한 시범사업을 포함한다. 이러한 방향의 노력은 주로 참여가 직접 이루어지는 지역을 단위로 한다는 점에서 미시적인 차원에서의 참여복지체계 구축방안이며, 비교적 단기간 내에 착수가 가능한 노력방안이다. 한편, 참여복지체계의 구축을 위해서는 다양한 사회주체들의 참여를 유인할 수 있는 인센티브 구조의 창출, 또는 개선이 필요하다. 이러한 인센티브 구조의 창출은 결국 정부의 법률 및 규정의 제, 개정 작업과 정책목표 수정의 맥락에서 이루어질 수 있을 것이기에 보다 많은 검토와 시간을 요구한다.

|참여복지체계 구축의 목적과 방향|

1. 참여복지체계 구축의 목적

　사회성원들의 욕구를 충족시키기 위한 복지재화(welfare goods)의 분배는 역사적으로 볼 때 교환(exchange), 호혜(reciprocity) 및 재분배(redistribution)를 통해 이루어져왔다. 폴라니(Polayni, 1991)에 따르면, 호혜는 대칭적으로 분류된 집단들 사이에서 발생하는 재화의 이동을 의미하며, 재분배는 법이나 규범, 혹은 관습에 의해 창출된 중앙을 매개로 한 복지재화의 분배를 말하며, 교환은 가격기구를 통해 쌍방간에 이루어지는 재화의 이동을 뜻한다. 그러므로 호혜는 그것이 존재하기 위한 배경으로 수평적으로 조직화된 여러 집단들을 필요로 하며, 재분배는 그 사회에 존재하는 특정한 중심에 의존하며, 교환은 가격기구가 작동하는 시장체계를 전제로 한다. 복지재화 분배의 이러한 세 가지 형태가 수행하는 역할 정도를 교차시키면 〈그림 1〉과 같은 8가지의 복지체제 유형을 구분할 수 있다.

- 전제적 사회주의국가 : 복지재의 분배가 주로 재분배를 통해 이루이지며, 등가교환이 이루어지는 시장이나 호혜를 나눌 수 있는 자율적인집단들은 존재하지 않는 사회.

- 왕도국가 : 자율적인 결사체들이 주도하는 호혜와 윤리적으로 모범을 보이는 중앙이 지휘하는 재분배를 통해 복지재가 분배되는 사회.

- 짐승의 군락 : 집합적인 차원의 복지재 분배가 이루어지지 않기 때문에, 개체들은 모두 고립되어 스스로 자신의 생계를 해결해야 하는 군락.

- 분산적 공동체 : 재분배를 담당하는 중앙의 권력이 조직화되어 있지 않으며, 시장기구 역시 발달하지 못해서 복지재는 개별적으로 분산된 집단내의 호혜를 통해 조직화되는 사회.

- 야경국가 : 국가의 역할은 시장기구를 유지하는 것에 맞추어져 있으며, 호혜를 조직화하는 집단들 역시 시장에 포섭되어 복지재가 전적으로 시장교환을 통해 이루어지는 사회.

- 이상적 자유주의 사회 : 다원적이고 분산적인 결사체들이 주도하는 호혜와

시장이 만들어내는 교환이 상호갈등 없이 활성화된 사회.

- 복지국가 : 시장이 주도하는 교환적인 생계조직화 방식이 지배적이지만 동시에 그 문제점이 관료적인 국가가 강제하는 재분배를 통해 교정되며, 호혜에 따른 복지재의 분배는 시장과 국가에 의해 현저하게 약화된 사회.

- 복지사회 : 시장을 통한 복지재의 교환이 활발하게 이루어지는 동시에 그 시장을 왜곡시키지 않는 방식의 재분배 장치가 존재하며, 시장과 국가로부터 자율적인 다양한 결사체들이 호혜적인 분배를 활발하게 수행하는 이상적인 사회.

산업화가 개시된 이후 지금까지의 역사는 〈그림 1〉의 복지체제 유형 중에서 복지국가(유형 3)가 발전해온 역사였다. 즉 시장이 주도하는 교환적인 생계조직화 방식이 지배적이지만 동시에 시장실패라고 불리는 그것의 문제점이 국가라는 중앙이 주도하는 재분배를 통해 교정되는 체제가 수정자본주의, 혹은 복지국가라는 이름으로 발전해온 것이다. 특히 우리는 2차 세계대전 이후 서구 선진자본주의 국가들에서 이러한 방식의 전형을 발견할 수 있다.

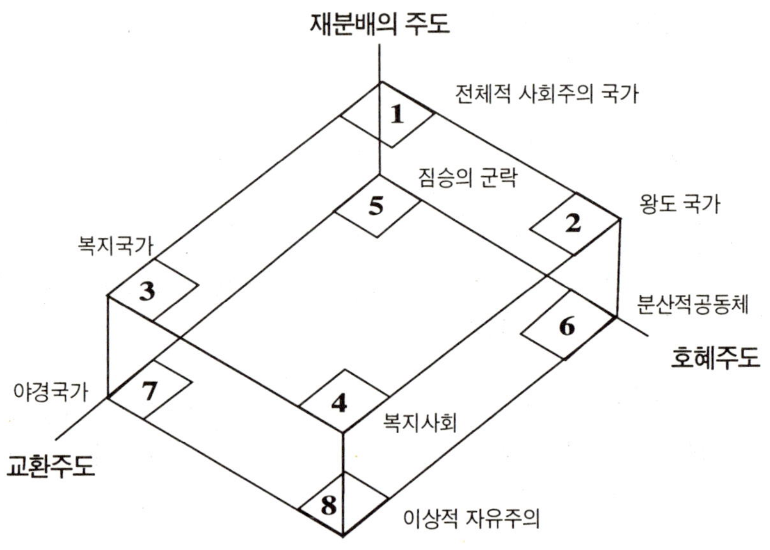

〈그림 1〉 복지재화의 분배방식과 복지체제의 유형

1) 서구 복지국가의 경험

　서구 선진자본주의 국가들에서 복지국가가 발전할 수 있었던 배경에는 다음과 같은 사실이 있다.

　우선, 20세기가 국가의 세기였다는 점이다. 자본주의의 발전에 따라 필연적으로 등장하게 된 주기적인 경제위기와 2차례에 걸친 대규모의 전쟁, 그리고 사회주의 혁명을 지나오면서 대부분의 선진 자본주의 사회에서 국가의 역할은 사회생활의 전 영역에 걸쳐서 매우 커지고, 중요해졌다. 냉전기간을 거치면서 더욱 중요해진 방위문제에 비례하여 국가관료조직은 매우 커졌고, 활동의 범위 역시 엄청나게 늘어났다. 또한 국가는 노령, 질병, 재해, 실직과 같이 생계를 위협하는 각종 사회적 위험으로부터 사회성원을 보호하는 기능을 수행하게 되었고, 재정정책과 통화정책을 통해 경제활동을 규제하거나 촉진하는 역할도 떠맡게 되었다. 그 결과로 중앙정부의 예산규모는 지난 50년 동안 몇 배 이상 커졌으며, 전체 경제활동인구 중에서 공공부문에 종사하는 인구수 역시 급속도로 증가하였다. 특히 보건, 주택, 교육, 소득보장 등의 영역은 국가의 확대된 복지 기능으로, 흔히 복지국가를 특징짓는 핵심적인 내용이다. 결국, 19세기 말 독일의 노동자보험을 시작으로 오늘에 이르기까지의 사회복지의 발전은 주로 국가복지의 확대로 요약될 수 있다. 20세기의 사회복지 발전이 대체로 국가역할의 확대를 통해 이루어졌기 때문에, 복지국가를 통해 사회복지를 증진시키려는 시도는 서구 뿐 아니라 전지구적으로 당연시되었던 것이다.

　국가의 역할에 대한 강조는 또한 티트머스(Titmuss)를 중심으로 한 영국의 사회행정(social administration) 전통과도 밀접한 관련을 가진다. 영국의 사회행정 전통에서 사회복지는 시장원리의 확대에 따라 발생한 비복지(diswelfare)를 해결하고, 완화하기 위한 집합적이고 의도적인 노력이다. 이 노력은 주로 국가에 의해 이루어질 수 밖에 없는데, 그 이유는 시장권력의 무분별한 확대를 제어하는 사회조직은 현실적으로 국가 외에는 없었기 때문이다. 시장실패에 대한 대안이 정부의 개입이라는 점은 이러한 현실의 이론적 표현이다.

　세 번째의 배경은 2차 세계대전 이후 1980년대 초반까지 안정적으로 지속되었던 정치 경제적 조건이다. 복지국가의 황금기라 칭해지는 이 기간 동안, 서구에서 복지국가가 순조롭게 발전할 수 있었던 중요한 이유는 경제성장과 고용안정이라는 경제적 조건의 순조로움이었다. 우선, 순조로운 경제적 조건은 확대된 국가복지 프로그램에 필요한 물질적, 인적 자원의 확대를 가능하게 했다. 또한 고용안정은 실질적으로 절대빈곤을 감소시켰으며, 취약계층에 대한 관대한 소득보장 프로그램을 제공할 수 있는 사회보장 기여의 확대를 가능케 했다. 그리고 확대된 국가복지는 다시 경제성장과 고용안정을 촉진했고, 관대한 소득보장 프로그램은 사회구성원들의 대량소비를 가능케 했다. 복지국가의 순조로운 발전은 또한 안정적인 정치적 조건의 산물이기도 했다. 즉 1920년대 이후 큰 변화 없던 정당체제의 틀 속에서 만들어진 복지동맹의 세력구조는 적어도 1970년대까지는 안정적으로 유지되었던 것이다. 1970년대 초반까지 유럽의 정당체계는 사회구성원에 대한 동원을 완료한 1920년대의 그것과 큰 차이가 없다(Lipset & Rokkan, 1967). 거의 50년 이상 유럽의 정당들은 노동과 자본 사이의 거시적인 사회적 균열구조를 축으로 사회구성원들을 안정적으로 동원해왔으며, 유권자들 역시 자신의 이해를 그 틀 속에서 제기하고 관철해왔다는 것이다. 따라서 제도화된 복지정치의 틀은 관례화, 일상화되어 복지의 지속적인 확대는 큰 정치적 변동 없이도 가능할 수 있었다.

그러나 이 모든 조건들이 변화함에 따라, 복지국가 역시 재편될 수밖에 없었다. 우선, 1970년대 중반 이후 시작된 장기간의 경제불황은 확대된 국가복지를 부담스러운 것으로 바꾸어놓았다. 국가복지가 경제의 유연성을 저해한다는 인식이 확대되면서, 동맥경화증에 걸린 유럽(eurosclerosis)에 대한 진단과 처방이 제기되었고, 그 핵심은 복지에 대한 국가역할의 축소에 두어졌다. 또한 복지정치의 틀 속에서 복지동맹을 형성했던 사회구성원들은 산업구조의 변동에 의한 노동시장의 양극화와 증대된 재정부담, 새로운 사회적 이슈의 등장 등으로 분화되어 갔다(김영순, 1996).

〈표 1〉에서 국내총생산 대비 복지예산의 규모변화를 살펴보면, 복지국가 재편의 징후는 잘 드러나지 않는다. 하지만 복지예산의 증가는 복지국가의 재편과는 무관하게 증가될 수 있다. 가령, 인구 구조의 변화나 시장의 실패에 의해 대응해야 할 사회적 욕구의 총량이 커질 경우, 복지예산의 규모는 그 내용의 변화와는 상관없이 커질 수 있다. 그러므로, 복지국가의 재편을 좀 더 정확하게 반영하는 지표는 그 예산규모의 연평균 성장률의 변화추세일 것이다. 다시 〈표 1〉을 보면, 연간 복지예산의 성장률이 1970년대 중반을 전후로 판이하게 다름을 알 수 있다. 프랑스, 독일, 스웨덴 등 서유럽 6개 국가들의 연평균 복지예산 성장률은 1960-75년에 평균적으로 약 4.44% 였는데, 1976-89년의 그것은 1.69%에 불과하다. 복지예산 성장률의 지체가 뚜렷하게 보이는 것이다. 달리 말한다면, 인구 구조의 변화나 경제상황의 '악화에 따라 대응해야 할 욕구는 커졌음에도 불구하고, 오히려 국가복지 예산의 성장률은 낮아졌다.

<표 1> 유럽 복지국가의 재편 양상 : 1960-1990

	GDP 대비 사회복지비			사회복지비지출 성장률	
	1960	1975	1989	1960-75	1976-89
프랑스	13.42	23.87	27.10	5.60	0.93
독일	15.44	23.70	22.83	3.00	−0.24
이탈리아	11.64	19.20	23.42	3.66	5.97
네덜란드	11.21	25.52	27.98	5.71	0.71
스웨덴	10.95	25.03	35.70	5.72	2.68
영국	10.83	17.01	17.11	3.14	0.11
평균	12.25	22.38	25.69	4.44	1.69

자료 : Huber, Ragin, & Stephens(1997).

　결국, 이는 복지요구에 대한 국가 역할의 변화, 즉 2차 세계대전 이후 서유럽에서 지속되어 온 복지국가의 재편을 의미한다. 서구 복지국가의 재편방향은 물론 다양하다. 우선 하나의 축은 민영화(privatization)로 칭할 수 있는 방향으로, 간단히 말해서 시장역할의 강화를 의미한다. 이른바 '신자유주의의 길'로 이름지을 수 있는 이 재편 방향은 유럽 뿐 아니라 북미와 남미에서 뚜렷하게 보여진다. 다른 하나의 축은 중앙정부의 역할을 지방정부나 자발적 조직에 이양하는 분권화(decentralization)로 전통적인 사회민주주의 국가들에서 강조되고 있다. 그러나 민영화와 분권화의 방향이 서로 다르다 할지라도 이 전략들은 사회복지의 공급주체를 다원화한다는 점에서는 같다. 달리 말하자면, 사회복지 공급주체의 다원화 전략이 서구 복지국가 재편의 중요한 방향이라는 것이다.

　복지공급주체의 다원화 전략에 입각한 파트너쉽 구축과 민간참여를 강조하는 흐름은 최근 여러 국가들에서 뚜렷이 나타나고 있다. 영국의 노동당 정부는 고질적인 실업대책을 해결하기 위한 새로운 해법으로 실업자들로 하여금 제3섹터에서 일할 수 있는 기회를 제공해서 새로운 직업기술과 인간관계 기술을 익히면서 봉사활동을 통해 공익에 기여하도록 하는 정책을 적극 추진하고 있 다.

　장기실업의 문제를 해결하기 위해 고용주 집단(employer groups)과 밀접한 파트너쉽을 구축하고 정부가 고용주 집단에게 보조금을 지급하고 고용주는 장기실업자에게 현장직업훈련(OJT 프로그램)을 제공하는 프로그램이 한 예이다. 미국의 클린턴 행정부도 레이건-부시 공화당 행정부가 추진해 왔던 자원봉사 진흥책을 더욱 강화시켜 '국가봉사단'을 조직해서 청년 실업자들

의 공익 봉사활동을 유도해, 생계비와 학비를 지원하는 등 민간과의 파트너-
구축을 위한 적극적인 정책을 폈다. 또한 다양한 공공복지기금을 기업과 사
회단체, 자조집단 등에게 제공하고, 이들 조직들은 취약계층에게 임금보조,
OJT 프로그램, 직무실습 등의 프로그램을 제공토록 하는 프로그램을 실시하
고 있다. 네덜란드나 뉴질랜드 등도 아래의 글상자에 나열되어 있는 프로그
램을 도입하고 있는 실정이다.

외국의 정책변화 동향

▶ **영국의 뉴딜 프로그램**(New Deal Programm)
장기실업의 문제를 해결하기 위해 정부는 고용주 집단(employer groups)과 밀
접한 파트너쉽을 마련하고 있음. 정부는 고용주 집단에게 보조금을 지급하고,
고용주는 장기실업자에게 OJT 프로그램을 제공함.

▶ **미국의 Welfare to Work 지원금**
다양한 공공복지기금이 기업과 사회단체, 자조집단 등 여러 NGO, NPO 들에
게 제공되며, 이들 조직들은 취약계층에게 임금보조, OJT, 직무실습 등의 프로
그램을 제공함.

▶ **네덜란드**
사회부조제도에 있어 지방정부의 책임과 의무가 강화됨. 지방정부는 지역실정
에 적합한 자활 및 노동시장 프로그램을 개발하도록 요구됨.

▶ **뉴질랜드**
지역단위에서 정부는 기업, 지역사회 단체들과 파트너쉽을 설정하도록 의무화
되어 있음. 지역사회 임금 프로(Community Wage programmes) 역시 정부-
기업-자원조직 간의 파트너쉽 구축을 전제로 하고 있음.

▶ 대부분의 경우 중앙정부는 지역 수준의 파트너쉽 강화를 위해
포괄 교부금(block grant)을 다양한 인센티브와 함께 제공하고
있음.

※ 미국의 TANF(Temporary Assistance for Needy Families)에 대한 포괄 교
부금 제도 참조.

하지만, 이러한 사례들이 한국에서 참여복지체계의 구축 필요성을 말해주는 것은 아니다. 왜냐하면 여기에서 언급한 사례들은 한국보다 1세기 정도 앞서서 사회복지의 발전을 주도해온 국가들의 것이며, 이들의 변화방향이 한국의 현실에 큰 적합성을 가진다고 판단할 근거는 전혀 없기 때문이다.

그렇다면 참여복지체계는 한국에서 왜 필요한가? 그것은 다음과 같은 세 가지의 이유 때문이다.

2) 참여복지체계 구축의 필요성

한국에서 참여복지체계의 구축이 필요한 첫 번째의 이유는 자율적인 다양한 집단들 사이의 호혜를 이끌어내는 데에는 서구 복지국가가 부적합하다는 판단이다. 소홀히 다루어지는 감도 없지 않지만, 서구복지국가에 대한 비판은 이 문제와도 밀접한 관련을 가진다. 불완전한 관료와 정치가에 의해 수도되는 복지국가는 자칫 사회성원들이 자발적으로 조직화하는 호혜적 생계조직화 방식을 약화시킬 수 있다. 우리가 보기에, 서구 복지국가의 보다 심각한 문제는 신자유주의자들이 주장하듯이 경제적 비효율성의 문제가 아니다. 그보다는 사회성원들에 의해 주도되는 호혜적 생계조직화 방식이 점차 쇠퇴하고 있다는 점이 보다 중요하다.

그러므로, 복지국가의 바람직한 대안이 신자유주의자들이 생각하는 야경국가(〈그림 1〉의 유형 7)일 수는 없다. 가족의 해체, 다른 사회성원에 대한 무관심, 철저한 고립과 사무치는 소외와 같은 문제는 교환적인 생계조직화 방식, 다시 말하면 시장에 대한 국가의 과도한 개입과 관련된 것이라기보다는 바로 그 시장과 국가에 의해 자행된 호혜적인 생계조직화 방식의 쇠퇴와 밀접한 관련을 가진 것이기 때문이다. 서구 복지국가의 이러한 특성은 사실 발생적으로 이미 내재화되어 있던 것이다. 서구에서 복지에 대한 국가책임이 확대되어온 과정의 반대편에는 근대 국가와 시장에 의해 철저하게 파괴된 공동체의 잔해가 있다. 절대적 개인으로 남은 사회성원들은 서로를 불신했으며, 그들 사이에서 호혜적인 생계조직화는 불가능했다. 뒤르껨(Durkheim)의 말을 빌리자면 공통의 신념과 감정에 기초한 기계적 연대(mechanical solidarity)는 깨어진 것이다. 그들이 의지할 것은 국가일 수 밖에 없었다. 그런 의미에서 복지국가를 서유럽국가들의 독특한 프로젝트로 간주하는 록칸(Rokkan)의 견해는 타당하다.

<표2> 제공주체별 사회복지 수급자 수와 그 비율

프로그램	수급자 수 (모든 실업자)		수급자 수(비자발적 실업자)	
	사례수	비율(%)	사례수	비율(%)
국가복지				
실업급여 소진가구 포함	494	15.3	381	16.9
실업급여 소진가구 제외	433	13.4	327	14.5
기업복지	143	4.4	99	4.4
연복지	571	17.7	411	18.2
전체	3,230	100.0	2.256	100.0

자료 : 홍경준, 1999

두 번째로 참여복지체계는 현 단계 한국사회의 발전과제와 관련하여 필요하다. 한국사회의 근대화 과정은 서구사회와 판이하게 달랐다. 특히 서구에서 소멸될 운명을 가졌던 호혜적인 생계조직화 방식은 한국의 근대화 과정에서 사라지지 않고 여전히 지속되고 있다. 가족을 핵심으로 하는 비공식적 결속에 의해 주도되는 이러한 생계조직화 방식은 연복지(緣福祉)라고 불리어질 수 있는데, 실제로 한국에서 연복지는 매우 중요한 역할을 수행한다. 가령, IMF 경제위기 이후 양산된 실직자에 대한 제공주체별 사회복지 수혜인구비중은 위의 <표 2>과 같은데, 조사대상이 된 실업자 중에서 국가복지를 수급한 사람들의 비율은 실업급여 소진 가구를 제외하면 13.4%이며, 기업복지의 수급자는 4.4%인데 비해 비공식적 결속에 의해 제공되는 연복지의 수급자는 17.7%에 이른다.

물론, 연복지는 많은 장점을 가지고 있다. 서구사회에서는 이미 약화된 호혜적인 원리에 기반하고 있다는 점과 물질적 재화의 분배 뿐 아니라 정(情)의 분배까지를 포함하고 있다는 점에서 연복지는 사회성원의 복지증진에 매우 효과적이다. 하지만 연복지가 가진 폐쇄성은 심각한 문제를 야기한다. 일반적으로 연줄에 기반한 비공식적 결속은 토박이(native)와 뜨내기(stranger)를 분리한다는 특성을 가진다.즉 내부인과 외부인을 심하게 차별한다는 것이다. 사회성원들의 복지욕구에 대해서도 마찬가지이다. 연복지는 내부인의 복지욕구에 대해서는 비교적 적절하게 대응할 수 있겠지만, 외부인의 복지욕구에 대해서는 무관심할 수밖에 없다. 전통사회에서는 이것이 큰 문제가 아니었을지라도 산업화된 지금의 시점에서 이 폐쇄성은 한국사회의 발전에 큰 장애가 된다.

결국 우리는 한국사회에서 중요한 역할을 수행하고 있는 연복지의 폐쇄성을 극복함과 동시에 서구복지국가의 한계, 즉 호혜적 관계의 훼손을 최소화해야 한다는 이중의 과제를 가지고 있는 셈이다. 즉, 폐쇄적인 연줄집단에 의해 주도되는 연복지와 국가에 의해 일방적으로 제공되는 물량위주의 획일적 국가복지를 넘어서는 새로운 방향의 모색이 현 단계에서 절실히 요구되는 것이다. 이러한 방향은 점차로 심화되고 있는 글로벌 경쟁체제에서 비교우위를 가능케 할 것이며, 한국의 복지현실과 서구의 복지현실이 가진 문제점을 동시에 교정할 수 있는 획기적인 것이다. 참여복지체계는 바로 이러한 맥락에서 제시된다. 즉, 참여복지체계는 다양한 복지제공 주체들의 필요성을 인정하고, 그들의 자발적인 참여에 기반한 협력적인 파트너쉽이 사회복지의 질적, 양적 발전에 큰 의미를 가진다는 점에 기초하여 제시된 것이다.

참여복지체계의 구축이 필요한 세 번째의 이유는 오늘날 제기되고 있는 여러 사회문제들이 가진 복잡한 성격과 관련된다. 오늘날 우리의 발전을 저해하는 다양한 사회문제들은 매우 다양한 원인들로부터 발생한다. 원인이 다양한 만큼 그것에 대응하기 위해서는 여러 주체들의 협력적, 동시적 노력이 필요한 것이다. 빈곤문제에 대한 새로운 접근이 여기에서 한 예가 될 것이다. 널리 알려져 있듯이 전통적으로 빈곤은 경제적 자본(economic capital)의 부족, 결여와 관련하여 이해되어 왔고, 따라서 빈곤에 대한 대응은 경제적 자본을 제공하는 것에 맞추어졌다. 그리고 그런 맥락에서 국가가 주도하는 다양한 소득보장제도는 빈곤문제를 해결하는 유일한 방안으로 여겨졌다. 하지만, 물질적 자원만을 공급하는 이 방안이 결코 빈곤문제를 해결하지 못했음은 이미 지난 역사가 증명해준다. 1960년대 이후 빈곤이 인적자본(human capital)의 부족이나 결여와 관련되어 있다는 통찰이 제기된 것은 바로 이러한 맥락에서였고, 이제는 소득의 제공 뿐 아니라 교육과 훈련 등을 통해 빈자의 인적자본을 향상시키는 새로운 방안이 모색되기 시작했다. 미국에서 시도된 '빈곤과의 전쟁(war on poverty)'은 바로 빈곤과 인적자본의 밀접한 관련성에 기초한 전략이었다. 하지만, 1990년 후반에 이르면 빈곤이 사회적 자본(social capital)과도 밀접한 관련을 가지고 있다는 점이 밝혀지게 된다. 현재 빈곤과 관련하여 빈번하게 등장하는 사회적 배제(social exclusion)라는 개념은 바로 빈곤과 사회적 자본의 관련성에 초점을 두고 있다. 여기에서 말하는 사회적 자본이란 한 사람이 동원할 수 있는 각종 공식·비공식 네트웍이다(Portes, 1998; Narayan, 1997). 동원가능한 네트웍이 큰 사람은 그에 비례하여 많은 정보와 기회를 가질 수 있지만, 그렇지 못한 사람은 사회적 관계로부터 배제되고, 그에 비례하여 이득을 얻을 기회를 가지지 못한다.

 빈곤이 경제적 자본과 인적자본, 그리고 사회적 자본의 부족이나 결여에서 발생하는 복잡한 문제라면, 그것에 대한 대응방안 역시 각각의 원인과 관련하여 모색될 필요가 있다. 즉 부족한 경제적 자본, 인적자본, 그리고 사회적 자본이 함께 제공되어야 한다는 것이다. 복지제공주체로서의 국가는 소득보장제도를 통해 경제적 자본을 효율적, 효과적으로 제공할 수 있지만, 인적자본이나 사회적 자본의 향상을 위한 수단을 제공하기는 어렵다. 여기에는 다른 주체의 참여가 필수적으로 요구된다는 것이다. 특히 사람들간의 사회적 관계에 배태된 사회적 자본의 크기를 증가시키기 위해서는 공식적, 비공식적 자원조직과 각종 결사체의 참여가 필수적으로 요구된다.

 결국, 서구 복지국가로부터 얻은 교훈에 기초하여 새로운 사회복지 패러다임을 구축해야 할 필요성, 낙후된 한국의 사회복지 시스템을 개혁해야 할 필요성, 그리고 사회문제들에 대한 효과적인 접근의 필요성 등은 여러 사회조직들이 참여하는 다원적-협력적 사회복지 시스템, 즉 참여복지체계의 구축을 절실히 요구한다.

참여복지체계의 필요성

▶ **서구 복지국가로부터의 교훈** : 사회성원간의 자발적인 호혜, 혹은 수평적 연대를 약화시키지 않는 새로운 사회 복지 패러다임 구축의 필요성

▶ **한국 사회복지체제의 낙후성 극복** : 국가복지의 낙후성과 연복지의 폐쇄성을 극복하고, 사회복지의 발전을 모색해야 할 필요성

▶ **사회문제에 대한 효과적 대응** : 복잡한 원인에 의해 발생하는 사회문제의 해결, 혹은 완화를 위해서는 다양한 능력을 가진 여러 대응주체들이 협력해야 할 필요성

2. 참여복지체계의 방향

참여복지체계는 다양한 사회주체들이 복지의 공급에 참여하는 복지체계, 수직적 연대와 수평적 연대가 공존하는 복지체계, 복지 공급자보다는 복지 수요자를 중심으로 운용되는 복지체계를 기본방향으로 한다.

참여복지체계의 기본방향

- 다양한 사회주체들이 복지의 공급에 참여하는 복지체계

- 수직적 연대와 수평적 연대가 공존하는 복지체계

- 복지 공급자보다는 복지 수요자를 중심으로 운용되는 복지체계

---

1) 다양한 주체들이 복지의 공급에 참여하는 복지체계

사회복지의 다양한 제공주체들 사이의 관계와 역할은 3-부문 모델로 묘사될 수 있다. 이 모델에서 각 부문들은 행위들을 조정하거나 자원을 할당하는 방식에 의해 구분될 수 있다. 우선, 국가 부문(state sector)은 합법적인 강제력(coercion)을 통해, 시장 부문(market sector)은 경쟁이라는 원리를 통해, 자원 부문(voluntary sector)은 자발적 협동을 통해 행위들을 조정하거나 자원을 할당한다. 참여복지체계는 국가-시장-자원 부문간의 합리적인 역할분담을 통해 효율적이며, 효과적인 선진형 복지체계를 구축하고자 한다.

다양한 주체들이 복지의 공급에 참여하기 위해서는 국가-시장-자원 부문의 각 주체들이 가지고 있는 장단점과 그들 사이의 관계를 염두에 두면서, 역할분담방안을 모색해야 한다. 여기에서는 우선 각 제공주체들이 가진 장단점을 고려하면서 역할분담의 기본원칙을 제시할 것이다.

(1) 국가 부문의 필요성

국가 부문을 통한 사회복지의 제공이 필요한 이유는 전통적으로 시장이 초래하는 비효율적 자원배분과 분배상의 불평등, 즉 시장실패와 관련해서 강조되어 왔다. 특히 공공재와 외부효과의 문제는 국가를 통한 자원배분, 즉 공공복지의 필요성을 옹호하는 이론적 기반이 되어왔다. 일반적으로 시장이 효율적인 자원배분을 달성하기 위해서는 몇가지의 조건이 충족되어야 한다. 우선, 시장에서 배분되는 재화가 공공재(public goods)의 특성을 가지게 되면, 그 재화는 효율적으로 생산되거나 분배될 수 없다. 사회복지재화 역시 공공재의 성격을 강하게 가지기 때문에 시장을 통해서는 결코 적정한 수준에서 공급되지 않는다. 소득의 공평한 분배, 최저생계수준의 유지 역시 그를 통해 모든 사람이 혜택을 봄과 동시에, 누구도 그 과정에서 제외되지 않기 때문에 공공재라고 할 수 있고, 그것의 제공은 국가를 통해 이루어지는 것이 더 효율적이라고 말할 수 있다.

한편, 특정의 재화나 서비스가 외부효과(external effect)를 가지게 될 경우에도, 시장은 그 재화나 서비스를 효율적으로 배분할 수 없다. 사회복지재화 또한 외부효과를 유발한다. 교육에의 투자는 그 사회전체의 인적자본을 향상시킴으로써, 경제발전에 기여한다. 빈곤이나 실업률의 감소, 건강의 증진 역시 사회적 측면에서는 안정을 초래하며, 경제적 측면에서는 생산성을 향상시킬 수 있다.

(2) 시장 부문의 필요성

시장을 통한 사회복지의 공급을 옹호하는 입장의 기본논리는 시장의 실패가 존재한다고 하더라도, 시장실패를 국가가 더 효율적으로 처리하리라는 보장은 없다는 것이다. 이들은 시장실패 역시 국가보다는 시장이 더 효율적으로 해결할 수 있다고 본다. 요컨대, 시장의 실패보다는 국가의 실패가 더 큰 문제를 초래한다는 것인데, 그 근거들은 다음과 같이 정리될 수 있다.

우선, 국가와 같은 비시장 조직은 외부효과가 아니라 내부효과의 문제에 시달린다. 시장 부문에서의 의사결정은 가격기구가 가지는 매개변수적 기능에 의해 합리적으로 이루어지지만, 국가 부문에서의 의사결정은 그렇지 못하기 때문에 관료들과 정치인들은 사회적 효용보다는 개인적 효용을 극대화하기 쉽고, 공공의 이익보다는 사익을 추구하기 쉽다. 이 경우 의사결정자들의 개인적, 또는 관료조직의 비용과 손실이 계산에 포함되지 않는 내부효과가 발생하고, 그것은 국가의 실패를 초래한다. 관료들이 예산을 극대화하거나, 정보의 흐름을 통제하는 행위 등이 내부효과의 예이다.

둘째, 국가 부문은 공공재의 생산에 있어 기술적 가능성을 무시함으로써, 불필요한 비용을 지불하고 생산이 생산가능 경계선 내에서 이루어지지 않게 하는 경향이 있다.

셋째, 시장실패를 시정하려는 국가의 노력은 흔히 예상치 않은 부작용, 즉 파생적인 외부효과를 낳는다.

마지막으로, 분배의 불평등을 시정하려는 국가의 개입은 또 다른 불평등을 낳기 마련이다. 국가 부문을 통한 사회복지의 제공은 담당 관료조직의 비대화를 초래하는데, 그것은 수혜자를 소외시킴과 동시에 권력의 불평등한 분배를 낳는 원인이라는 것이다.

(3) 자원 부문의 필요성

자원 부문이 가지는 장점은 다음과 같다(Rose-Ackerman, 1996). 첫째, 자원 부문은 복지재원을 제공하려는 의도를 가진 사람으로부터 상대적으로 쉽게 재원을 조달할 수 있다. 복지재원을 제공하는 사람은 자신이 제공한 재원이 적절하게 사용되기를 바란다. 즉 그 재원을 위탁받은 사람이나 조직에 의해 남용되지 않기를 바라는 것이 일반적이다. 따라서 복지재원을 제공하는 사람은 재원을 위탁한 사람이나 조직의 활동에 대한 감시(monitoring)의 필요성을 가지지만, 국가 부문에 대해 그렇게 하는 것은 많은 시간과 비용이 든다. 즉 국가 부문에 대해서는 많은 감시비용이 소요된다는 것이다. 시장 부문은 이윤 추구의 동기를 가지기 때문에 그 문제는 더욱 심각하게 제기될 수 있다. 하지만, 이윤을 추구하지 않는 자원 부문에 대한 감시는 상대적으로 용이할 뿐 아니라, 재원을 제공하는 사람의 의도가 좀 더 쉽게 반영될 수 있다. 요컨대, 자원 부문은 시민들의 자발적인 복지재원을 국가 부문이나 시장 부문보다 보다 쉽게 조달할 수 있다.

둘째, 자원 부문은 또한 복지수혜자들이 직면하는 정보의 불균형(information asymmetries) 문제에 대해서도 쉽게 대응할 수 있다. 시장 부문에서 제공되는 재화 및 서비스는 물론, 전문화와 관료화의 진전에 따라 국가 부문에서 제공하는 재화 및 서비스에 대해서도 복지수혜자들이 적절한 정보를 제공받지 못하는 경우들은 많다. 또한 국가 부문에서 제공되는 재화나 서비스에 대한 적절한 정보를 획득하는데 많은 시간과 비용이 소요될 수도 있다. 공공복지 급여에 있어 제기되는 낙인(stigma)의 문제같은 것이 한 예가 될 수 있을 것이다. 자원 부문은 그에 비해 상대적으로 복지수혜자들이 접근하기 용이하다. 자원 부문의 활동은 복지수혜자들에 의해 더 쉽게 감시될 수 있으며, 정보획득의 비용이 덜 드는 경우도 많다.

셋째, 자원 부문은 국가 부문에 비해 더 다양한 복지재화나 서비스를 제공할 수 있다. 국가 부문은 국민전체, 혹은 광범위한 대상층이 필요로 하는 재화나 서비스를 제공한다. 따라서 다소 이질적인 욕구나 특수한 취향을 가진 사람들의 복지욕구를 충족시키기에는 무리가 따른다. 물론 시장 부문에서도 그것은 가능하지만, 구매력을 갖춘 사람만이 복지욕구를 충족시킬 수 있다는 한계를 가진다. 자원 부문은 소규모의 사람들을 대상으로, 혹은 이질적인 욕구나 특수한 취향을 가진 사람들이 원하는 복지재화나 서비스를 국가 부문이 제공하는 재화나 서비스에 부가하여 제공할 수 있다.

(4) 역할분담의 원칙

각각의 제공주체들이 적절한 역할을 수행하기 위해서는 특히 국가의 역할이 중요하다. 참여복지체계의 국가는 서구형 복지국가의 국가와는 다른 역할을 수행해야 하는데, 가장 중요한 차이점은 참여복지체계에서의 국가역할은 시장과 자원 부문을 약화, 해체하기보다는 그것을 유지하고, 지지하는 방향의 것이어야 한다는 점이다. 이런 맥락에서 국가의 역할을 구체화하면 다음과 같다.

중개자의 역할 : 중개자로서 정부는 다양한 제공주체들과 복지욕구를 가진 사회구성원간의 연계를 중개하는 역할을 수행해야 한다. 정보기술의 발전에 따라 중개자로서의 역할수행은 점차 용이해질 수 있다. 한국에서도 정부의 이러한 역할은 지방정부 차원에서 시도된 바 있다. 여기에 대해서는 뒤에서 다시 언급할 것이다.

조정자의 역할 : 조정자로서 정부는 여러 제공주체들이 가진 갈등구조의 문제, 가령 시장의 소유자와 비소유자 사이의 불평등이나 자원 부문의 토박이와 뜨내기 사이의 불평등 문제를 조정해야 한다. 이것은 마치 소득의 불평등한 분배에 대해 재분배 장치를 국가가 마련하듯, 연대재의 불평등한 분배에 대한 재분배의 장치를 마련함을 의미한다.

제공자의 역할 : 서구적 복지국가 체제의 국가가 수행했던 기능이지만, 참여복지체계에서도 여전히 핵심적인 국가의 기능이다. 중개자와 조정자의 역할을 정부가 충실하게 수행한다 하더라도 복지욕구를 충족시킬 수 없는 사회적 취약계층은 존재할 것이며, 그들의 복지욕구는 국가주도의 사회복지를 통해 대응되어야 한다.

국가의 이러한 역할을 전제로 하여, 각 주체들간의 역할분담은 제공되는 사회복지재화의 속성에 따라 이루어져야 한다. 첫째, 재화나 서비스의 공공재적인 성격의 정도와 그것들의 외부효과의 정도를 고려해야 한다. 둘째, 어떤 재화나 서비스를 소비자들이 선택하는데 있어 이러한 재화들에 대한 정보를 소비자들이 많이 갖고 있지 않거나 혹은 갖기에는 비용이 많이 드는 재화들은 국가 부문에서 제공하는 것이 바람직하다. 셋째, 어떤 재화나 서비스는 그 속성상 여러 부문에서 보완적으로 제공되는 것이 바람직하다.

역할분담의 원칙

▶ 공공재(public goods)의 성격이 강하거나 외부효과가 큰 복지재는 큰 복지재는 국가에 의해 제공되어야 함.

▶ 사유재(private goods)의 특성이 강하거나 내부효과가 큰 복지재의 분배에는 시장의 핵심적 행위자들, 가령 기업조직 등의 적극적인 참여가 필요함.

▶ 연대재(solidaristic goods)의 특성이 강하거나, 연계 효과가 큰 복지재의 분배에는 자원부문,즉각종 시민 사회조직이나 자조집단, 연출집단의 적극적인 참여가 필요함.

---

2) 수직적 연대와 수평적 연대가 공존하는 복지체계

복지의 제공주체인 국가-시장-공동체 사이의 역할분담에 관한 여러 모델들이 있지만, 중요한 점은 대부분의 모델들에서 각 부문들간의 관계는 영합적(trade-off)인 것으로 가정된다는 것이다. 하지만, 이러한 가정은 다음과 같은 이유에서 현실적합성이 적다.

　우선, 현실에서 사회복지의 공급주체를 완전히 전환하는 것은 불가능하다는 점을 감안해야 한다. 시장부문이나 자원부문의 역할을 증대시키기 위해서는 그에 적합한 제도적 환경과 인프라의 구축이 요구될뿐더러, 그에 부합하는 시장과 자원부문의 능력 향상이 전제되어야 한다. 그런데 이러한 전제들은 쉽게 달성될 수 있는 성질의 것이 아니다. 달리 말하자면, 현실에서 복지의 공급주체를 국가로부터 시장이나 자원부문으로 완전히 전환하는 것은 가능하지 않다는 것이다. 각 부문들간의 관계를 영합적으로 파악하는 시각의 비현실성은 또한 시장과 자원부문의 역할 증대가 자동적으로 국가 역할의 감소를 의미하는 것은 아니기 때문에 드러난다. 시장이나 자원부문이 사회복지의 전달주체로 나선다 할지라도 국가부문은 여전히 사회복지의 재정주체로 남을 수 있다. 세 번째의 이유는 국가와 시장, 그리고 자원부문의 관계는 각 사회의 제도적 환경과 정책결정 구조에 의해 결정되기 때문에, 그 관계의 변화폭은 그 사회의 제도적 환경에 의해 전적으로 결정된다. 즉, 각 부문간의 영합적인 관계는 그 사회의 제도적 환경이 그것을 수용하는 경우에만 현실화될 수 있을 뿐이다. 결국, 각 제공주체들간의 역할분담이 충분한 시너지 효과를 발휘할 수 있느냐, 그렇지 않느냐의 문제는 거시적-미시적 수준에서 제도적 환경을 어떻게 구축하느냐에 의해 좌우된다.

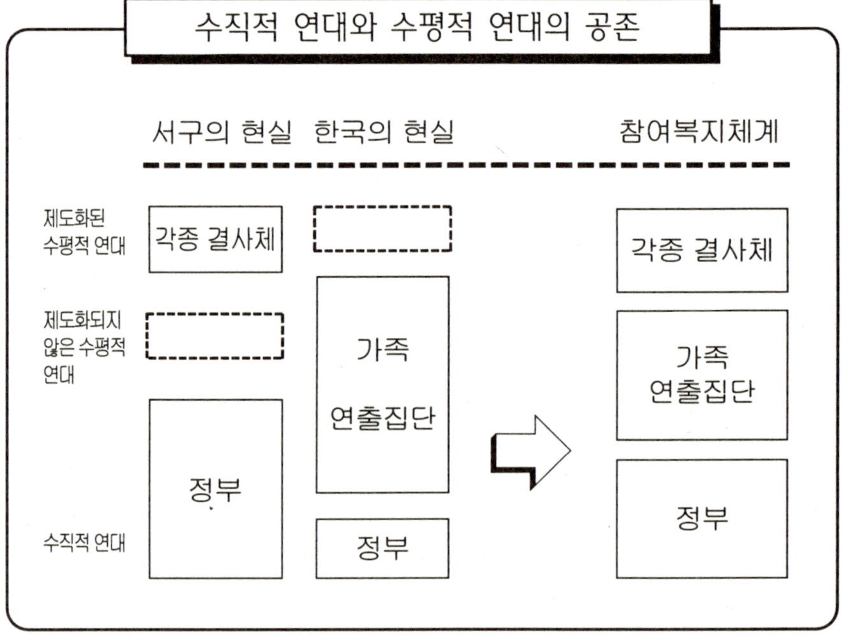

역할분담이 시너지 효과를 발휘하도록 하기 위해서는 수직적 연대와 수평적 연대가 공존하는 체계의 구축이 참여복지체계의 기본방향이 되어야 한다. 사회성원 간에 연대를 도모하는 방식은 여러 가지가 있다. 가령, 뒤르껭은 동일한 정서와 감정에 기초한 전통사회의 연대방식을 기계적 연대(mechanical solidarity)로, 분업에 기초한 산업사회의 연대방식을 유기적 연대(organic solidarity)로 구분한다. 연대를 도모하는 방식은 또한 수직적 연대와 수평적 연대로 구분될 수도 있다. 수직적 연대란 하나의 사회집단으로부터 다른 사회집단으로의 자원배분과정에 국가가 적극적으로 개입하는 방식에 기초한 것이다. 누진적인 과세제도와 재분배적 사회보장제도가 수직적 연대를 도모하는 대표적인 방법이다. 반면에 수평적 연대란 사회복지의 공급에 있어 사회성원들의 참여가 더 부각되는 방식을 말한다. 여기에서 사회성원들은 제도화되지 않은 방식으로 참여하기도 하며, 제도화된 방식으로 참여하기도 한다. 수평적 연대에 있어 중요한 점은 사회복지의 공급과정에는 사회성원들의 참여가 필수적이지만, 그것의 재원조달까지도 책임질 필요는 없다는 점이다.

서구복지국가는 제도화된 수직적 연대의 장지로 묘사되기도 힌다(Pcstoff, 1998). 국가가 주도하는 수직적 연대가 제도화된 반면, 사회성원들은 자발적으로 이러한 연대관계에 참여할 동기를 많이 가지지는 않는다는 것이다. 반면에 한국의 현실은 반대이다. 사회성원들은 제도화되지 않은 수평적 연대의 방식에는 익숙해져 있지만, 제도화된 수평적 연대나 수직적 연대의 방식은 아직까지 충분히 발전해있지 않다. 그렇기 때문에, 한국은 제도화된 수평적 연대와 수직적 연대 방식을 좀 더 확장시킬 필요가 있다는 것이다.

제도화된 수평적 연대와 수직적 연대가 적정한 수준에 이르지 못하고 있다는 한국의 현실이 이 확장을 가능케 한다. 즉, 한국의 현실에서는 사회복지의 각 제공주체들이 서로의 역할을 축소하지 않고서도 각자의 역할을 증대시킬 수 있다는 것이다.

3) 공급자보다는 수요자를 중심으로 운용되는 복지체계

참여복지체계의 세 번째 기본방향은 공급자보다는 수요자를 중심으로 운용되는 복지체계의 구축이다. 이러한 방향은 두 가지의 이유에서 요구된다. 첫 번째의 이유는 보다 질 높은 사회복지 서비스의 제공을 위해서이며, 두 번째의 이유는 다양한 제공주체들의 참여를 촉진하기 위해서이다.

(1) 질 높은 서비스의 제공을 위해

질 높은 사회복지 서비스의 제공을 위해서는 여러 가지의 조건이 충족되어야 하지만, 1990년대 이후 새롭게 등장한 조건이 수요자 지향(consumer orientation)이라는 개념이다. 전통적으로 사회복지에서는 복지 수요자가 가진 욕구, 즉 느끼는 욕구(felt needs)보다는 복지 공급자가 평가하는 욕구, 즉 규범적 욕구(normative needs)에 기초하여 사회복지 서비스를 제공해왔다. 물론 이러한 접근은 복지의 총량을 증대하고, 전 국민에게 보편적인 서비스를 제공하는 과정에서 중요한 역할을 수행하였다. 하지만, 서구 복지국가의 재편과정에서 보여지듯이 지식기반산업을 감당할 수 있는 인적자원을 확보한다는 목적을 달성하기 위해서는 기존의 사회복지 시스템, 즉 취약계층에 대한 잔여적, 시혜적 국가복지 시스템은 한계를 가지고 있다는 점이 강하게 부각되기 시작했다. 즉, 사회복지의 영역에서도 획일화된 물량위주의 개입정책은 소비자주권주의에 입각하여 전개되는 차별적, 선택적 개입정책으로 전환되어야 한다는 것이다. 공급자보다는 수요자를 지향하는 사회복지 서비스의 특징은 다음과 같다.

· 복지 수요자의 욕구, 즉 느끼는 욕구의 파악에 우선순위를 둔다.
· 서비스에 관한 정보를 수요자에게 보다 많이 전달하기 위해 다양한
  방식으로 정보를 제공한다.
· 서비스에 대한 접근성을 증진시키기 위해 서비스 제공조직을 하향분권화하며,
  유연한 서비스 제공시간과 우호적인 면접장소를 제공한다.
· 일정한 서비스의 기준을 보장하는 소비자 헌장 등을 제정하고, 이를 준수한다.

(2) 다양한 제공주체들의 참여를 촉진하기 위해

공급자보다는 수요자를 지향하는 복지체계가 참여복지체계의 기본방향인 또 다른 이유는 수요자 지향의 서비스는 필연적으로 다양한 제공주체들의 참여를 이끌어내기 때문이다. 왈쉬(Walsh, 1989)에 따르면, 수요자 지향의 복지서비스는 수요자의 판단에 의한 서비스 질의 향상, 서비스에 대한 수요자의 접근성 증대, 수요자에 의한 서비스의 선택 뿐 아니라 사회성원들의 참여를 활성화시키는 계기가 된다. 이러한 점은 사회복지 전문가(social worker)에 의한 수요자 중심의 사례관리 접근(case management approach)을 통해서 잘 드러난다. 사례관리의 원리는

서비스의 개별화, 서비스의 포괄성, 수요자의 자율성 보장, 보호 및 치료의 지속성으로 요약될 수 있는데, 이것은 공급자보다는 수요자의 상황과 욕구를 중심으로 서비스를 제공하는 접근을 말한다. 수요자의 상황과 욕구는 언제나 다층적인 개입을 요구한다. 즉 개별적인 서비스가 아니라 통합적인 서비스 제공의 필요성이 제기된다는 것이다. 그리고 그러한 서비스의 제공은 하나의 복지제공주체에 의해 가능한 것이 아니라, 다양한 복지제공주체들의 협력적, 포괄적 노력에 의해 이루어질 수 있다.

가령 한 사람의 자활대상자가 있다고 할 때, 사례관리 접근에서는 이 사람이 자활과정에 들어가기 위한 장애요인의 제거로부터 자활상태가 안정적으로 유지될 때까지의 총 자활과정상에 필요한 각종의 다양한 일련의 서비스를 '맞춤 서비스'로 제공함을 원칙으로 한다. 이 '맞춤 서비스'를 단일한 사회복지 제공주체가 제공하는 것은 물론 불가능하다. 그것은 다양한 제공주체들의 참여와 협력을 통해서만 제공될 수 있다. 결국 수요자 지향의 복지체계는 필연적으로 다양한 제공주체들의 참여를 이끌어낸다. 그리고 그런 맥락에서 참여복지체계의 기본방향으로 위치 지워지는 것이다.

수요자 중심의 복지체계 ; 영국의 ONE

1999년 6월부터 시범 운영되고 있는 영국의 ONE은 수요자 중심의 사회복지 전달을 모색하기 위해 마련되었다. ONE에서 각각의 복지 수요자는 자신에게 필요한 서비스와 급여를 한 지점(single contact point)에서 제공받게 된다. 각각의 복지 수요자는 한 명의 개별 상담원(Personal Advisor)을 가지게 되는데, 이 개별 상담원은 복지 수요자의 자활을 가능케 하는 모든 서비스, 즉 현금급여와 훈련 및 상담, 재활, 직업소개 등 수요자의 욕구 충족에 유용한 모든 자원제공의 매개자 역할을 담당한다.

현재 이 프로그램은 사회보장부의 전달기구인 Benefit Agency, 교육고용부의 전달기구인 Employment Service 및 지방정부 조직인 Local Authority의 참여를 통해 이루어지고 있으며, 민간 조직들의 참여는 앞으로의 시범사업에 포함될 예정이다.

3. 참여복지체계 구축을 위한 전제

참여복지체계의 구축을 위해서는 세 가지의 전제, 즉 참여지점의 단일화와 주민(시민) 참여의 활성화, 그리고 정보의 공유가 요구된다.

참여복지체계의 전제

1. 참여지점의 단일화를 위한 정부조직의 협력관계 구축

2. 주민(시민)참여의 활성화를 위한 인센티브 구조의 창출

3. 정보공유를 위한 복지정보통신망 구축

1) 참여지점의 단일화를 위한 정부조직의 협력관계 구축

참여복지체계의 구축을 위해서는 민간부문과 공공부문이 대등한 수준에서 동반자로서의 위치가 확보되어야 한다. 이를 위해서는 지도감독의 책임을 맡고 있는 정부가 민간에 대하여 신뢰를 갖고 자율성을 광범위하게 허용하는 방향으로 인식전환과 제도정비가 이루어져야 한다. 민간의 자율성확대는 법적·제도적 변화를 통해서 이루어져야 하겠지만, 그에 못치 않게 중요한 것이 참여지점의 단일화를 위한 정부조직간의 협력적 네트워크의 구축이다. 왜냐하면, 협력할 수 있는 공공조직이 명확하게 가시화되는 경우에만, 민간의 다양한 주체들이 역량을 투입할 수 있는 참여지점이 마련될 수 있기 때문이다.

현재와 같이 정부내의 다양한 조직들이 분산적으로 복지 서비스를 제공하는 구조에서 민간의 다양한 주체들은 참여의 동기를 가진다고 해도 거기에 역량을 온전히 투입할 수는 없다. 참여의 동기유발을 위해서는 참여지점을 단일화하는 것이 필요하다. 참여지점의 단일화를 위해서는 여러 가지의 방법이 있다. 보건복지부, 노동부, 행정자치부, 지방정부에 분산되어 있는 사회복지 전달체계를 하나로 통합하는 것도 방법의 하나이지만, 이러한 방안은 현실적합성이 적다. 하지만, 통합이 불가능하다고 해서 협력 또한 불가능한 것은 아니다. 분산되어 있는 정부조

직들은 사회복지의 제공에 대한 조정과 연계기능을 강화하면서 협력적 네트워크를 구축함으로써 참여지점을 단일화해야 하며, 그러한 전제 하에서 민간의 참여를 유인할 수 있다.

2) 주민(시민)참여의 활성화를 위한 인센티브 구조의 창출

우리 사회복지의 질적 수준이 낮은 이유 중의 하나가 정치적 민주화와 참여가 제대로 달성되지 못했다는 점을 들 수 있다. 그런데 최근에 정치적 민주화 및 참여와 관련하여 우리 나라의 사회복지영역에서도 점차 그 가능성을 보이고 있다. 예컨대, 1989년에 경실련이 창립되고 1994년에 참여연대가, 1999년에는 사회복지개혁시민연대가 발족하는 등 사회복지를 위한 참여가 조직화되어 왔다. 그 결과 사회복지영역에 있어서 과거와는 달리 정책결정과정에 대한 시민의 참여가 상당히 적극적으로 이루어지고 있다. 그런데, 이들의 활동은 중앙정부를 대상으로 하고 있다는 점에서, 지방자치제 하에서 이루어져야 할 지역단위의 사회복지문제 해결과는 일정한 거리가 있다. 지역의 관점에서 볼 때 전국단위의 참여와 운동방식을 지역사회에 그대로 접목시키기에는 한계가 있다는 것이다. 따라서 참여의 활성화를 통하여 지역의 사회복지를 발전시키기 위해서는 지역 단위에서 지역단위 주민참여를 활성화시킬 수 있는 법적·제도적 보완이 필요하다. 이러한 보완에서 핵심적인 것은 참여의 동기를 유발할 수 있는 인센티브 구조를 창출하는 것이다.

3) 정보공유를 위한 복지정보통신망 구축

지역의 참여복지 네트워크가 효율적으로 유지되기 위해서는 복지정보통신망의 구축이 필수적이다. 즉, 복지행정의 전산화가 구축되어야 한다는 것이다. 국고 지원을 받는 각종 복지기관들에 대한 지도 감독과 업무 연락, 보고 체계, 정책 의견 수렴 등을 복지정보통신망을 이용하여 처리하도록 하고, 정부의 공적 업무 수행에 정보통신망을 활용함으로써 신속하고 효율적인 복지 행정을 펼칠 수 있게 될 것이다. 복지정보통신망이 구축되면 각 분야별로 먼저 업무의 표준화, 보고서의 표준화 과정을 거쳐 필요한 업무용 소프트웨어를 개발·보급하고 표준화된 형식으로 실적을 보고하되 전자우편을 이용하도록 해야 한다. 이 과정에서 중요한 것은 업무의 표준화를 위한 기관들간의 협의 조정이 충분히 이루어져야 한다는 것이다. 표준화 과정이 충분치 못할 경우 각 기관에서는 새로운 업무 양식과 소프트웨어의 사용이 추가적인 부담이 될 뿐이며, 결국 적극적인 참여와 협조를 이끌어 낼 수 없게 된다. 또한 표준화되지 않은 척도로써는 기관들의 실적을 비교할 수도 없거니와 각각 다른 기준으로 실적을 보고함으로써 의미 있는 통계를 산출할 수 없게 된다.

또한 복지욕구가 발생할 경우 복지정보통신망은 수많은 복지서비스와 복지기관들의 정보에 접근할 수 있는 통합 창구역할을 할 수 있을 것이다. 클라이언트로서는 자신의 문제가 무엇이며 또 그것을 해결하기 위해서 어느 기관에서 어떤 서비스들을 받아야 되는지, 또 각각의 서비스들을 받기 위해서 어떤 절차를 밟아야 하는지 등에 대하여 잘 모르는 게 현실이다. 따라서 이 복지정보통신망은 클라이언트를 최초로 접수한 상담 기관에서 그에게 필요한 서비스에는 어떤 것들이 있으며, 어떤 곳에서 어떤 절차로 제공하는지 등을 종합적으로 파악하여 알려주고, 적절히 의뢰해 주고 사후 관리해 주는 역할을 해야 한다.

그리고 복지정보통신망은 일반 시민들이 봉사, 결연, 후원 등 복지활동에 참여할 수 있도록 안내하는 창구역할을 한다. 이들 시민 자원을 어떻게 개발하고 활용하느냐는 매우 중요한 문제이며, 복지정보통신은 이들 자원을 개발하고 관리하는 좋은 수단이 될 것이다.

이처럼 사회복지에 있어 정보기술의 활용은 사회복지 각 분야에 변화를 가져올 수 있다. 최첨단 정보통신망을 통해 복지와 관련된 정보를 보다 효율적으로 관리할 수 있으며, 다양하게 활용될 수 있다.

CHAPTER 2

|참여복지체계 구축의 장애요인|

한국 사회복지의 현실은 '낙후된 국가, 성장한 시장, 그리고 변형된 공동체' 로 요약할 수 있다. 우선, 한국의 국가부문은 1960년대 이후의 산업화 과정을 통해 많은 입법과 제도적 변화를 통해 그 영역을 점차로 확대해왔지만, 상당히 낙후되어 있다고 말할 수 있다. 이러한 점은 다양한 기준을 통해 다른 나라들과 비교해 볼 때 더욱 명확하게 드러난다. 한편, 한국의 시장부문은 국가부문의 상대적 낙후성과 결합하여 빠른 기간동안 급속하게 발전해왔다. 특히 기업에 의해 제공되는 기업복지는 1980년대 중반 이후에 급속하게 제기된 조직 내적, 외적 압력에 대응하는 과정에서 그 내용과 범위를 빠르게 확대해왔다. 자원부문, 특히 비공식적 자원부문은 근대화의 일반적 경향과 관련해서 축소의 경향을 보이긴 하지만, 한국 사회 발전의 역사적 특수성과 결합하여 여전히 중요한 역할을 수행한다. 요컨대, 사회복지에 대한 국가부문의 기여는 상대적으로 작고, 시장부문의 기여는 확대되어 왔으며, 자원부문은 사회성원들의 필요와 결합하여 그 모습을 변형시킨 채로 존속해온 것이다.

　　한국 사회복지의 이러한 현실은 생산적 복지의 달성을 위해서는 반드시 극복
되어야 한다. 하지만, 여기에서는 특히 생산적 복지의 달성을 위한 중범위의 정책
목표인 참여복지체계의 구축과 관련하여 제기되는 몇 가지의 문제점을 중심으로
살펴보는 것이 바람직할 것이다. 참여복지체계의 구축이라는 측면에서 볼 때 '낙
후된 국가, 성장한 시장, 그리고 변형된 공동체' 라는 한국 사회복지의 현실은 특
히 다음과 같은 문제점을 가지고 있다.

　　첫 번째의 문제는 사회복지전달체계의 문제이다. 다양한 사회주체들이 복지의
공급에 참여하는 것을 핵심방향으로 상정하는 참여복지체계의 구축을 위해서는
우선적으로 잘 기능하는 사회복지전달체계의 확립이 필요하다. 여기에서 잘 기
능하는 전달체계란 하나의 공급주체가 사회복지의 전달을 독점하거나 수직적인
위계조직을 창출해서 만들어지는 것이 아니다. 그것은 제공주체들간의 역할분담
이 충분한 시너지 효과를 발휘할 수 있도록 사회복지의 전달체계를 정비하는 것
을 말한다. 먼저 공공복지전달체계의 정비가 필요하다. 참여복지체계에 있어서
민간부문이 매우 중요한 역할을 담당하도록 되어 있지만, 한국의 제도적 환경에
서 민간참여는 공공부문의 적극적인 지원이 없이는 불가능하다. 따라서 공공복
지전달체계를 개편·정비하는 것이 필요한데, 특히 지역단위의 일선 행정조직을
구축하는 것이 시급히 요구된다. 다음으로는 민간복지전달체계를 정비해야 한
다. 가령, 민간복지전달체계를 대표하는 사회복지관은 현재 지역주민을 조직화
하여 복지자원을 확보하고 복지서비스를 제공하는 과정에 참여시키는 역할을 거
의 수행하지 못하고 있다. 따라서 참여복지체계가 민간중심으로 복지활동을 펼
칠 수 있기 위해서는 우선 기존의 민간 복지기관들이 주민조직화와 참여를 선도
할 수 있도록 필요한 조건을 정비하는 것이 요구된다.

　　참여복지체계의 구축과 관련하여 제기되는 두 번째의 문제는 전문인력의 문제
이다. 앞서 제기한 전달체계의 문제가 참여복지체계의 하드웨어라면, 담당인력
은 소프트웨어라고 할 수 있다. 사실 사회복지 전문인력을 확충하고 전문성을 강
화해야 한다는 주장은 여러 번 되풀이되어왔다. 하지만, 여기에서 제기하고자 하
는 문제는 전문인력의 확충과 전문성 강화 그 자체보다는 그 방향성이다. 사실
다양한 사회주체들이 참여복지체계에 참여하게 된다면, 전문인력의 업무량은 현
재보다 줄어들 수도 있고, 그 과정에서 전문성 강화가 가능할 수도 있다. 참여복
지체계에서 필요한 사회복지 인력은 연계자의 역할을 적절하게 수행할 수 있는
전문인력이다. 즉, '사회복지 수요자의 통합적 욕구에 대응하기 위해서는 다양한
사회복지 자원을 적절하게 활용해야 하며, 그것은 곧 여러 주체들의 협력을 이끌
어낼 수 있는 역량과 기술을 가진 연계전문가의 역할이 매우 중요하다. 지역사회

에 존재하는 다양한 자원의 소재를 잘 알고 있으며, 사회복지 수요자의 통합적 욕
구를 사정할 수 있는 능력을 가진 사회복지 인력이 참여복지체계의 구축에 필요
한 것이다.

세 번째의 문제는 다양한 참여주체들, 특히 주민(시민)참여를 이끌어낼 수 있
는 제도적 환경의 문제이다. 한국에서 중요한 역할을 수행하는 연복지의 문제점
중 하나는 외부인(stranger)에 대한 배려가 거의 없다는 사실이다. 외부인에 대
한 배려의 부재는 자원봉사활동의 열악한 수준에서 잘 드러난다. 자원봉사자의
활동에 대해 인센티브를 제공하는 제도도 아직은 부족하지만, 더 중요한 것은 한
국의 이러한 사회문화적 특성을 고려하면서, 자원봉사활동을 촉진할 수 있는 방
안이 마련될 필요가 있다는 점이다.

1. 역할분담의 시너지 창출을 제약하는 전달체계

1) 공공전달체계의 역할과 문제점

(1) 공공복지전달체계 개편의 필요성

참여복지체계의 구축을 위해서는 정부기능이 가장 우선적으로 재정비되어야
한다. 전통적인 기능, 즉 세금을 걷어 서비스를 전달한다는 일차원적인 역할로부
터 벗어나 직접 노를 젓기보다는 조타(操舵)하는 정부가 되어야 하며, 따라서 정
부가 문제를 직접 해결하기 보다는 사회 전반에 걸쳐 특정한 행동이 도출될 수 있
도록 촉매역할을 하여야 한다 (Osborne and Gaebler, 1992).

생산적 복지체제하에서의 정부는 과거의 가부장적인 입장에서 벗어나 기업형
정부(entrepreneurial government) 또는 촉매 정부(catalytic government)로
서 기능하여야 한다 (Osborne and Gaebler, 1992). 기업형 또는 촉매정부는
최고 정책결정이나 행정의 방향에 대해서 관심을 집중하고, 정책을 집행하기 위
한 자금을 공공 및 민간부문에 대해서 전달하며, 성과에 대한 평가에 주력을 하는
것으로 이해할 수 있다.

지방자치단체의 경우도 예외가 아니다. 예를 들어 지방자치단체장은 이제 서
비스를 전달하는 것 이상의 역할, 즉, 공공영역과 민간영역을 같이 끌 수 있는 견
인차나 거래중개자의 역할을 수행하여야 한다. 현재 지방자치단체는 서비스 전
달촉진체 또는 전달매체라기보다는 제약을 가하는 실체인 경우가 적지 않다.

정부기능의 재정비는 시장과 시민사회의 자발적 참여를 유도하기 위해서도 매우 시급한 과제이다.

공공서비스에 대한 불만족은 정부에 대한 불신을 초래하여 시민사회의 자발적 참여를 저해하는 가장 중요한 요소로 나타나고 있는데, 일반적으로 정부에 대한 불신은 행정의 비효율성, 재정적 낭비 및 정책의 오류에서 비롯된다.

만약 정부가 무능하고 신뢰할 수 없다고 국민이 믿는다면, 민주주의의 가치를 실현하기 곤란하고 행정의 비용도 필요이상으로 커지고 자원이 낭비되면서 행정의 효율성이 떨어지게 된다. 또한 정부의 간섭과 통제도 지나치게 커지므로 행정서비스에 대한 불만도 커지게 된다(Nye, 1997).

사회복지제도의 실효성은 그 운영의 기반이 되는 사회복지 전달체계, 즉 집행조직과 인력이 어떻게 갖추어지는가에 따라서 좌우된다. 즉, 정책을 집행할 전달체계의 미비는 제도 운용의 비효율과 급여의 수준을 한계 짓는 요인으로 작용할 수 있다. 그러므로 복지제도의 개선은 전달체계의 재편과 병행되어야 그 충분한 효과를 발휘할 수 있는 것이다.

21세기를 앞두고 한국은 산업화의 진전 및 자본주의의 성숙화에 따른 사회운용 체제의 전환, 핵가족화 · 인구 고령화 · 자녀 소산화 등 사회적 여건 변화, OECD 가입을 비롯한 선진국 대열로의 편입 등 경제발전에 주력해 오던 기존 국가운영 시스템으로는 다양한 변화를 감당할 수 없는 상황에 직면하고 있다. 이에 더해 경제 위기로 인한 저성장과 실업의 증가는 국민 개개인의 삶을 어렵게 하고 있다. 현재 정부가 모든 국정 부문에서 추진하고 있는 개혁은 그간 이룩해 온 경제성장의 기조를 회복하고, 선진국으로의 진입을 가능하게 할 것인지를 좌우할 중요한 관문이다. 특히 이와 관련하여 추진되고 있는 정부조직 개편 및 지방자치단체 구조조정은 직접적으로 복지부문의 전달체계 개편을 주도하는 경향이 있다. 이는 행정운용 효율화를 기조로 하여, 전반적인 조직축소와 인원감축을 진행하고 있으므로, 복지전담기구의 설치를 모색할 때 긍정적 여건으로 볼 수 없는 부분이다.

또한, 세계적인 지방화, 분권화의 추세와 함께 지방자치제 실시라는 여건 변화는 중앙주도 방식의 국정운영이 더 이상 유효하지 않음을 알려 주고 있다. 95년 6.27 지방선거가 실시되면서 우리 나라는 본격적인 지방자치시대에 진입하였다. 이는 특히 복지부문과 관련하여 실질적인 영향을 미치고 있는데, 민주화에 따른 지역주민의 참여가 활성화되며, 주민의 권리의식이 제고됨에 따라 생활의 편의, 복지에 대한 관심이 제고될 수 있을 것이다. 그런가 하면 경영주체로서의 지방자치단체는 재정의 확보를 통해 주민들에게 수익을 창출해야 하므로 중앙정부의 정책 우선 순위와 마찬가지로 복지는 뒷전에 밀릴 가능성이 있는 것이다. 이러한 배경 속에서 지역의 복지 제공은 그 규모와 형태가 달라질 수 있다. 최소한의 기초생활보장을 위한 공공부조 및 복지서비스를 국가가 강제하지 않을 때 자율권이 강화된 분권화체제에서 복지의 규모가 축소될 수 있다.

이와 같은 복지환경의 변화 속에서 복지전달체계 개편은 새로운 양상으로 전개되고 있다. 80년대 중반이후부터 복지전담기구의 설치 필요성이 제기되어 왔으며, 95년부터 실시된 보건복지사무소 시범사업을 전환점으로 복지전달체계 개편의 움직임이 지속되어 왔다. 전국 5개 지역에서 실시되고 있는 보건복지사무소 시범사업은 보건 · 복지통합 전달체계의 설치라는 가시적인 목적에 비추어 본다면, 사회복지 전달체계 개편의 실험으로서 대체로 '실패' 라는 평가를 받고 있다. 또한, 새 정부가 지방행정계층 구조의 개편을 위해 읍 · 면 · 동사무소의 기능을 전환하기로 하여, 주민자치센터, 보건복지센터, 주민복지센터(변재관, 1999) 등의 방안이 검토되고 있어,[1] 이러한 상황에서 어렵게 시도되었던 시범사업의 성과를 진단하고 이에 근거한 바람직한 대안 모색이 이루어져야 한다.

여기에서는 우선, 한국의 공공복지 전달체계의 현황 및 문제점을 살펴보고, 지역복지 전달체계 개편의 필요성을 점검한다.

(2) 공공전달체계의 현황 및 문제점

현행 공공복지 전달체계는 공공부조 및 복지서비스 전달체계와 4대 사회보험의 전달체계로 대별되며, 민간부문의 전달체계는 복지서비스 이용시설 및 장기입소시설을 중심으로 구성된다. 4대 사회보험의 경우 각 제도별로 분립된 관리운영기구를 가지고 있으며,[2] 공공부조 및 공공복지서비스는 별도의 전담기구가 설치되지 않고 보건복지부 - 시·도 - 시·군·구 - 읍·면·동사무소의 지방행정조직에서 행정업무와 서비스 전달의 일선 업무를 담당하도록 하고 있어, 정책결정기관(보건

---

1) 읍 · 면 · 동사무소의 기능 전환은 다단계 행정계층구조로 인한 행정능률의 저하를 개선하고, 행정전산화에 따른 읍 · 면 · 동 업무량 감소 등의 행정환경 변화에 적합한 기능으로 전환하려는 목적으로 시도되고 있음. 현재 행정자치부는 주민자치기능, 지역복지, 문화정보기능 등을 강화하여 '주민자치센터' 로 전환하고, 기존 읍 · 면 · 동의 인력을 시 · 군 · 구청으로 이관하거나 감축하여, 최소한의 인원만을 남기고 조정할 계획임(1999. 1. 행정자치부 시안).

2) 사회보험의 경우는 5개 부처(보건복지부, 교육부, 총무처, 국방부, 노동부)로부터 국민연금(국민연금관리공단, 사학연금관리공단), 의료보험(국민의료보험관리공단, 직장의료보험조합), 산재보험 · 고용보험(근로복지공단) 등의 행정체계가 보험별로 분립적으로 운영되고 있음.

복지부)과 집행기관(행정자치부)의 분리로 전달체계 조직구조상의 문제와 서비스 제공의 책임성, 전문성, 효율성, 효과성 미흡의 문제가 제기되어 왔다.

먼저, 중앙과 지방자치단체간 기능배분상의 문제점을 살펴보기로 한다. 중앙과 지방간의 복지기능배분은 주민참여 증대, 서비스 행정에 대한 국민적 관심의 고조, 재원조달 방안 등과 관련하여 매우 중요한 주제이나, 사회복지행정에서 중앙정부와 지방자치단체간에 합리적인 기능배분의 기준이나 방향이 설정되지 않아 서비스 공급에서 적지 않은 비효율을 초래하고 있다(성규탁, 1990). 전체적인 기능이 과도하게 중앙에 집중되어 있어 복지체계가 관료적, 경직성, 획일성, 행정편의주의적이라는 점이 지적되어 왔는데, 이러한 중앙집권화의 특성은 사회복지서비스 전달체계가 지역적 차이 및 지역의 욕구를 반영할 필요성이 증가하기 때문에 점차 지방분권화되어 가는 경향이 있다는 점(Kahn & Kamerman, 1977)에 비추어 심각한 장애물이 아닐 수 없다.

현행 지방자치단체의 기능중 국가 위임사무의 비중이 과다하고 기능배분에 관한 명확한 기준이 결여되어 있어 지방이양 기능에 있어서도 중앙정부가 실질적으로 권한있는 기능을 이양하는데 소극적이며, 지방정부도 이양받은 업무를 수행하는데 필요한 인력과 예산 및 정보와 기술 부족 등으로 서비스 기능을 제약하는 요인이 되고 있다. 이는 법 제도상으로 기능배분이 포괄적 위임방식을 채택하고 있어 자치사무와 위임사무의 구별이 명백하지 않아 경비부담주체, 중앙정부의 감독범위 등이 모호하기 때문이며, 중앙정부가 지나치게 간섭하거나 경비부담의 책임을 전가하는 경향에서 비롯된 것이다. 또한 복지 분야도 관련법으로 서비스 이행책임에 관하여 국가사무를 지방자치단체에 위임하는 방식을 취하고 있다. 이로 인해 책임과 권한이 불명확하고 단체별로 동일한 업무내용을 수행하는데 따른 비효율서의 문제가 있다. 이에 따라 각 지방에서는 지역적 특성을 감안한 복지기능을 수행하지 못하고, 기관위임의 과다로 인한 자치단체의 권한 제약, 재량규정의 모호성으로 인해 자치단체의 복지행정기능을 제대로 발휘하지 못한 문제를 노정하고 있다.

다음으로 행정계층의 다층화로 인한 거래비용 증가 및 비효율성의 문제점을 지적할 수 있다. 현행 지방행정계층 구조는 자치 2계층을 기본으로 하고, 비자치행정계층이 특별시와 광역시의 경우 1계층, 인구 50만이상 시의 경우 2계층, 통합시의 경우 도시지역의 경우 1계층, 농촌지역의 경우 2계층으로 구성되어 있다. 기타 시의 경우 비자치행정계층이 1계층으로 구성되어 있고, 군의 경우 비자치행정계층이 2계층으로 구성되어 있다. 이 경우 리에는 일종의 명예직인 이장만 있고 그 보조기관이 없으므로 우리나라 지방행정계층은 기본적으로 자치2계층과

비자치 1계층의 3계층제라고 할수 있다.

행정계층의 다층화는 행정계층간의 의사결정비용이나 거래비용(transcation cost)을 증대시키는 등 행정의 비효율화를 촉진하고 복잡한 다단계를 거쳐야 하므로 주민의 의사가 행정기관에 신속히 전달되지 못하는 단점이 있다. 계층수가 많을수록 문서의 전달과정에 필요한 단계가 늘어나고 동시에 동일한 과정이 계속 반복됨으로써 소요되는 시간, 노력 및 비용이 증대된다. 실제로 우리나라 행정에서 문서를 처리하는데는 접수-분류-배분-사전공람-처리지시-기안-결재-시행문-발송의뢰-문서통제-발송-기안문회송-편철·보존의 13단계를 거쳐야 한다. 따라서 중앙에서 보고지시 1건이 발생하면 이것이 각 계층을 따라 문서처리단계가 반복되면서 말단 계층에 다다르고 말단 계층으로부터 다시 문서처리단계를 되풀이하며 중앙에 이르면 업무량은 기하급수적으로 늘어나게 된다.

행정계층의 다층화는 또한 기초자치단체와 주민과의 관계를 소원하게 하는 결과를 초래한다. 기초자치단체인 시·군·자치구 밑에 하부행정계층로서 지역에 따라 1계층(동)을 두거나, 2계층(구 - 동 또는 읍·면 - 리)을 둠으로써 주민과 기초자치단체간의 관계가 소원하여 주민의 참여가 저히되고 있으며, 이처럼 외국에 비해 기초자치단체의 하부계층이 많고 주민생활의 최일선까지 행정기관이 관여하고 있는 것은 오히려 지방자치의 발전을 저해할 수 있다.

아울러 행정계층구조가 다층화되면서 중간계층은 상위계층에서 내려오는 명령이나 지시를 그대로 하위계층에 전달만 하는 단순 경유기관(tunnel agency)에 머물고 있다. 이같은 전달위주의 행정으로 인해 정부와 주민간의 의사소통이 원활하지 못하게 되고 이로 인해 그 내용이 왜곡될 뿐만 아니라 행정처리의 소요시간도 대폭 증가되고 있다.

지방행정계층간 기능 및 사무배분의 중복도 중요한 문제점으로 제기할 수 있다. 상위자치단체와 하위자치단체간에 법령상, 직무상의 기능 및 사무배분이 명확히 구분되어 있지 않아서 동일한 행정기능 및 사무를 두 계층의 자치단체가 동시에 관장하는 경우가 많으며, 상위계층은 하위계층에 대해 권한은 이양하지 않고 책임만 부과하는 경향이 있다. 특히 지방지방자치단체인 시·군·구는 중앙과 광역자치단체로부터 이중의 감독을 받고 있어서 행정수행의 자율성이 크게 제한되고 있으며, 말단 계층인 읍·면이나 리는 이중, 삼중의 상부지시와 감독에 시달려 업무수행이 곤란한 실정이다.

지방자치법 제10조 1항에는 광역자치단체의 사무로 광역적 사무, 동일기준사무, 통일적 사무, 연락·조정사무, 독자처리 부적당사무, 대규모시설 설치·관리사무 등 6개의 유형을 규정하고 있으나, 이러한 기준들이 모호하고, 기초자치단체에 대해서는 단지 광역자치단체에 속하지 않는 잔여사무가 기초자치단체의 사무로 귀속된다고 규정하여 기초자치단체에 대해서는 사무배분의 규정이 없는 형편이다. 지방자치법상 동일 또는 매우 유사한 사무가 광역자치단체와 기초자치단체에 각각 배분되어 있어서 자치단체간에 기능 중복을 나타내 주고 있는 복지관련 사무는 모두 33개로 광역자치단체 복지 사무의 43.6%. 기초자치단체 복지 사무의 31.1%에 달하고 있다.

복지서비스 제공과정에서의 공공복지전달체계의 문제점을 정리해 보면 다음과 같다(강혜규, 1998).

첫째, 일선행정체계의 획일성으로 사회복지담당자가 전문성을 발휘하여 자율적으로 업무를 수행하기 어렵다. 둘째, 상의하달식의 수직적 체계로 지역특성과 욕구를 반영한 복지서비스를 제공할 여건이 미흡한 실정이다. 셋째, 복지업무가 읍 면 동과 시 군 구 별개의 행정단위체계로 수행되며 대상분야별 별도관리가 이루어져, 대상자에 대한 중복지원 또는 누락의 가능성으로 인한 급여의 효율성 및 제도간 연계성이 부족하다. 넷째, 취약계층의 자립 자활, 재활을 가능하게 하려면 상담 등의 전문적 대인서비스가 필요하고 사후보호가 반드시 이루어져야 하나, 현재 배치된 사회복지전문요원들은 업무과중과 주변여건의 미비로 이를 실행하기 어려운 형편이다. 다섯째, 일반행정공무원인 상급자가 사회복지분야에 대한 이해가 부족하여 전문적 지도 감독을 하기 어렵고, 동료 전문직간의 사례연구회의 등을 통한 업무의 질적 향상을 기대하기 곤란하다.

이러한 문제점들과 함께 전반적인 복지제도의 발달이 미흡한 상태에서 복지욕구에 대한 국가의 투자가 부족했다는 점, 그 동안 복지서비스를 필요로 하는 욕구가 심각한 사회문제로 인식되지 않았다는 점, 우리 나라의 전통적 가족주의가 복지서비스의 개입을 용이하게 하지 않았다는 점 등은 복지서비스제도 및 이에 따른 전달체계의 발달을 지체시킨 또 다른 원인으로 볼 수 있다. 그러나 최근의 사회적 변화는 복지업무의 증대를 가속화시키고 있다. 이에 따라 기존 일반 행정체계에서 수행되던 사회복지업무는 사회복지전문요원의 배치만으로는 해결하기 힘들고 독립적인 체계에서 수행되는 것이 바람직하다는 주장이 제기되어 왔으며, 92년에는 사회복지사업법이 개정되면서 '복지전담기구 설치' 에 관한 규정[3] 이 신설되었다. 이와 함께 '사회복지사무소' 시범사업이 추진되기도 하였으나, 복지전담기구 설치에 대한 정부 부처간의 이견과 재원 확보의 문제로 95년 보건복지사무소 시범사업이 실시되기까지 복지전달체계의 개편이 지연되었다.

한편, 87년 이후 사회복지사업의 전문성 제고의 일환으로 사회복지전문요원을 읍·면·동사무소에 배치하기 시작하여, 현재 3,000여명이 생활보호 및 복지서비스 업무를 담당하고 있는데, 이들은 저소득층 밀집지역을 중심으로 배치되므로 미배치 지역이 30% 이상을 차지하고 있는 것으로 나타나고 있다. 이와 함께 공적 복지 담당인력으로서 아동복지지도원 및 여성복지상담원 770여명이 근무하고 있다. 또한, 기존 복지전담인력의 부족으로 1인전담인력의 확충이 요구되고 있다. 한편, 공무원법 임용령(93. 9. 13) 및 지방공무원 임용령(92. 12. 26) 개정시 행정직군 내에 사회복지직렬이 신설되었으나, 대부분의 지방자치단체에서 시행하지 않고 있어 전문적 지도·감독이 어려운 형편이며, 신분보장과 처우에서도 차별이 이루어져 사회복지전문인력의 사기저하가 심각하게 나타나고 있다.

---

3) 법 제14조에는 사회복지점담공무원의 규정을 두어 사회복지사업에 관한 업무를 담당하게 하기 위하여 시·군·구 및 읍·면·동 또는 복지사무전담기구에 사회복지전담공무원을 둘 수 있도록 하고, 제15조에는 복지사무전담기구의 설치에 관한 규정을 두어 사회복지사업에 관한 업무를 효율적으로 운영하기 위하여 필요한 경우 시·군·구 또는 읍·면·동에 복지사무를 점담하는 기구를 따로 설치할 수 있으며, 이의 사무 범위·조직 등의 사항은 당해 시·군·구 조례로 정하도록 하고 있음.

<표 3> 복지전달체계의 현황·문제점과 발전방향

	현황 및 문제점	발전 방향
역할	· 지역단위 중심 복지센터 역할 미흡 · 지역별 복지계획의 부재 · 민간복지기관과의 역할 분담 모호	· 시·군·구 수준의 복지전담 행정조직 설치 · 지역복지계획 수립의 법제화
사업	· 현금급여 지급 위주의 사업 수행 · 대인 서비스 수행 미흡	· 도시지역의 민간복지기관 연계 강화 · 농촌지역 공공행정조직의 서비스 제공 기능 확충
	· 취약계층 중심의 제한적 급여	· 일반 주민 이용가능 서비스 확대
	· 복지행정 대상부문간 업무 중복	· 지역담당제 및 업무담당제의 적정 운용 · 급여통합 지급체계 마련
	· 민간복지기관 및 보건소와 서비스 중복	· 보건 및 복지 서비스 전달의 연계 · 소규모 지역별 사업거점(센터) 설치
	· 읍·면·동사무소의 일반행정업무 수행으로 전문적 서비스 제공 곤란	· 복지전담 행정체계 설치
환경	· 고령화, 실업 등 복지수요 급증	· 복지부문에 대한 선별적 재정투자 확대 · 민간자원 동원 활성화
	· 구조조정 등 행정환경 요율화	· 읍·면·동사무소 기능 전환시 복지전담알선 조직마련
	· 민간복지기관의 증대 및 서비스 다양화	· 민간기관과의 역할분담 명확화 · 지역별 복지네트워크 구축
조직	· 복지전담 행정조직의 부재 · 복지전문 인력의 부족 및 전문인력배치의 지역별 형평성 미흡	· 사회복지전문요원의 시·군·구 배치 · 통합 읍·면·동 단위의 알선 사업거점 설치

이와 같이 우리 나라의 공공부조와 사회복지서비스 전달을 담당하는 공공복지행정체계는 투입되는 예산과 인력에 상응하는 효과를 달성하지 못하는 많은 문제점을 안고 있는데, <표 3>은 그것을 요약한 것이다. 따라서, 우리 나라의 사회복지서비스 제공이 민간기관에 의해 주로 이루어지면서도 그 양과 질적 수준이 매우 미흡한 현실 속에서 민간기관과의 균형 혹은 요구되는 역할을 담당하려면 공공 전달체계의 역할이 그 크기와 관계없이 보다 명확하게 규정되어야 한다.

\<표4\>보건소의 현황 · 문제점과 발전방향

	현황 및 문제점	발전 방향
역할	• 낮은 지역보건 계획 수준 • 민간의료기관과의 연계 부재 • 의료보험 보건예방사업의 독자적 수행	• 질병예방사업의 통합 관리
사업	• 다수 사업의 나열식 수행	• 중점관리 사업의 설정
	• 실적위주의 사업 수행	• 평가체계의 도입
	• 방문사업에서의 보건 및 복지 업무의 중첩 • 방문보건사업의 소규모 지역별 담당제 필요 • 보건지소 · 보건진료소의 낮은 업무 수준 • 지역 주민의 낮은 지리적 접근성	• 보건 및 복지 서비스 전달의 연계 • 소규모 직역별 사업거점(센터) 설치
환경	• 보건진료소 관할인구 감소	
	• 팀 체게 조직형태 도입 추세	
조직	• 새로운 사업형태에 부응하는 조직형태 필요 • 행정사무직 과다	• 팀 방식, 문제지향적 조직 운영

자료: 변재관 외(1998), p.4.

   또한 보건소의 경우도 모자보건과 가족계획, 방역, 예방접종, 결핵 및 나병관리, 저렴한 보건의료서비스 제공 등의 업무를 지속적으로 수행해왔으나, 인구의 고령화와 소득수준의 향상 및 질병양상의 변화와 함께 보건사업의 내용을 변화시킬 필요에 당면하게 되었다. 보건의료비의 급격한 상승과 새로운 의학기술의 대량도입에 따른 의료이용의 효율성 추구, 새로운 의료수요의 발생으로 인한 새로운 형태의 의료기관 출현 및 증가, 소비자(환자) 중심의 의료공급체계 강화 등 보건의료환경의 변화가 일어나고 있으며, 이에 따라 보건소 기능에 변화를 요구하고 있다. 공공기관으로서 보건소는 지역주민에 밀착하여 민간의료기관이 제공하지 못하는 비영리적 공공보건의료서비스를 제공하는 것을 임무로 하고 있으며, 변화상황을 능동적으로 수용하여 적합한 서비스 내용을 개발해 나가야 한다. 이러한 과정에서 보건소는 지역사회 보건의료의 기획 · 조정자로서 역할을 담당해야 할 것이다(변재관 · 장원기 외, 1998).

도시지역의 경우 보건소시설만으로는 관할지역의 주민전체에 밀착하여 보건의료서비스를 제공하기가 곤란하다. 따라서 보다 작은 인구단위로 보건의료서비스 제공기능을 분산·강화시킬 필요가 있다. 농어촌지역의 경우는 보건지소 및 보건진료소가 설치되어 있으나, 지속적인 이농으로 관할인구가 감소하고 있으며, 교통의 발달로 오지가 사라져 가는 등 현실적 조건이 바뀌어 감에 따라 서비스 전달조직 형태의 변화필요성이 제기되고 있다. 따라서 보건지소와 보건진료소의 통합·폐지에 대한 움직임이 있어 왔으며, 통합보건지소의 경우 기존 보건지소에 비하여 시설·장비 및 인력의 측면에서 수준을 높일 것이 요구되고 있다.

2) 민간전달체계의 역할과 문제점

민간전달체계는 크게 이용시설과 수용시설(생활시설)로 구별되는데, 현재 이용시설인 사회복지관이 대표적이라고 할 수 있다. 사회복지관은 지역주민의 복지욕구를 해결하기 위한 다양한 서비스를 제공해 오고 있으나, 주민 조직화라는 본래의 기능을 제대로 수행하지 못하고 있는 상황이다. 따라서 주민조직화를 통한 참여활성화를 가능하게 하기 위해서는 사회복지관을 중심으로 하는 민간전달체계의 정비가 필요하다. 한편, 최근 경제위기로 인한 실업자 양산과 저소득층의 확대는 지금까지의 빈곤대책과는 다른 접근방식을 요구하고 있고, 그에 따라 정부의 지원을 받아 운영되는 자활지원센터가 마련되었다. 여기에서는 사회복지관과 자활지원센터를 중심으로 민간전달체계의 문제점을 살펴보겠다.

(1) 민간복지전달체계 개선의 필요성

1980년대 중반 이후 한국의 사회복지는 과거에 비해 상당한 발전과 변화를 보여 주었으며, 특히 사회복지전달체계에 큰 변화가 있었다. 그 중에서 주요한 것으로서 사회복지 전문요원제의 실시와 사회복지관의 급증, 그리고 공공복지전달체계의 개편시도 등을 지적할 수 있다. 사회복지전문요원은 1987년 도입 이후 현재 약 3,000명이 저소득층 밀집지역의 일선행정기관에 배치되어 생활보호업무를 담당하고 있으며, 이들의 활동으로 생활보호사업의 효과성과 신뢰성이 상당히 높아졌다. 또한 주요 지역마다 사회복지관이 증설되었는데 복지관의 증가 추세를 살펴보면, 87년에 27개소에서 90년에 61개소, 92년에 160개소, 94년에 250개소,

96년에 312개소로 증가하였다. 또한 노인복지관이나 장애인복지관 등 단종 복지관까지 설치되기 시작함으로써 지역주민들에게 다양한 서비스를 제공하게 되었다. 그리고 1995년 후반기부터 보건복지사무소가 시범적으로 운영됨으로써 새로운 사회복지 전달체계를 수립하기 위한 모색이 계속되고 있다.

이러한 사회복지전달체계의 변화는 상당히 중요한 의미를 갖는다. 그것은 한 사회가 추구하는 사회복지의 목표와 가치가 사회복지법률이나 정책에 반영되며, 이러한 법률이나 정책의 집행과 구체적인 실천은 바로 사회복지전달체계에 의해 이루어진다는 점 때문이다. 특히 일선의 사회복지전달체계는 사회복지의 대상인 '욕구체계'와 이를 충족시켜 주는 '자원체계'를 직접 연결하는 기능을 담당하므로 더욱 중요하다고 할 수 있다. 따라서 사회복지전달체계는 적절한 조직구조와 인력을 갖추고 필요한 자원을 확보하여 대상자가 쉽게 접근할 수 있도록 효율적으로 만들어져야 한다.

그러나 현재 우리의 사회복지전달체계는 이러한 효율적인 구조를 갖추지 못하고 있다. 민간전달체계의 경우에, 대표적이라 할 수 있는 사회복지관은 많은 기능을 수행하면서 일정한 성과를 보이고 있지만 정부의 재정지원을 받는 과정에서 민간기구로서의 독자성과 자율성을 확보하지 못하고 있으며 그에 따라 사회복지 전달체계에서 차지하는 위치와 성격이 불분명해지고 있다. 이 문제는 지방정부의 사회복지 정책 부서가 기획·조정 등의 역할을 거의 하지 못하고 있는 상황과 결부되어 심각성을 더하고 있다. 또한 무엇보다도 큰 문제는 기존의 공공 및 민간 전달체계의 역할분담과 조정 및 연계 등을 통한 효율화나 정비 시도가 제대로 이루어지지 못하고 있다는 점과 사회복지전달체계에 대한 장기적이고 종합적인 계획이 없다는 것이다.

(2) 사회복지관의 역할과 문제점

사회복지관은 대상자들에게 보호서비스의 제공, 자립능력 배양을 위한 교육훈련의 기회제공 등 그들이 필요로 하는 복지서비스를 제공하고, 가정기능강화 및 주민 상호간 연대감 조성을 통한 각종 지역사회문제를 예방·치료하는 매체로서 주민의 복지증진을 위한 종합복지센터의 역할을 수행하여야 한다. 그래서 운영규정을 보면 사회복지관은 지역사회의 특성과 지역주민의 복지욕구에 대한 조사결과를 바탕으로 사업내용을 자율적으로 결정하되 〈표 5〉에 예시된 분야별 단위사업 중에서 해당 사회복지관의 실정에 적합한 프로그램을 10개 이상 선정하여 수행하도록 되어 있다.

<표 5> 사회복지관의 사업내용

분 야	단 위 사 업
가정복지사업	개인 및 가정문제 종합상담
아동복지사업	방과후 아동보호(선도 및 사회교육) 아동기능교실 및 교육
청소년복지사업	비행예방 및 치료(상담) 청소년 기능교실 및 교육
장애인복지사업	서비스알선 및 이송 재활훈련 및 교육
노인복지사업	공동작업장 운영 무료급식 노인대학 및 교육·여가생활 제공
지역복지사업	후원자개발 및 자원봉사자 양성 물리치료 및 진료 법률상담 사회조사 직업, 부업, 기능훈련 및 취업,부업안내 (저소득층, 노인, 장애자)

그리고 사회복지관의 사업대상은 사회복지서비스 욕구를 가지고 있는 모든 지역사회주민으로 되어 있으나 다만, 생활보호대상자 등 저소득층, 심신장애자나 노인 등 특수문제 주민, 직업·부업·훈련 및 알선의 필요성이 있는 주민, 유아보호 및 교육이 필요한 주민 등은 우선적인 사업대상자로 규정되어 있다. 이러한 운영규정에 따라 사회복지관은 서비스를 제공해 오고 있으나, 다음과 같은 몇 가지 문제들을 드러내고 있다.

먼저, 최근까지 사회복지관이 꾸준히 증설되었지만, 여전히 양과 질의 측면에서 부족한 실정이다. 즉, 노인 장애인 아동 등에 대한 보다 전문적이고 양질의 서비스가 제공되지 못하고 있으며, 지역별로 사회복지관의 분포가 대도시에 집중되고 있어서 소도시 및 농어촌지역의 복지욕구가 해결되지 못하고 있다.

둘째, 사회복지관의 사업이 사회교육 프로그램에 치중하고 있으며, 이것마저도 각 기관마다 거의 비슷한 내용으로 구성되어 있다. 이에 따라 가장 중요한 기능 중의 하나라고 할 수 있는 지역주민의 조직화(Community Organizing) 기능이 거의 실현되지 못하고 있다.

셋째, 사회복지관의 운영이 폐쇄적으로 이루어지고 있다. 지역복지관이어야 함에도 불구하고 지역주민에 대한 개방을 꺼려하고 있으며, 지역 내에 있는 사회복지관끼리 정보의 공유가 제대로 이루어지지 않고 있다. 또한 클라이언트의 의뢰나 프로그램의 공동실시 등이 불가능하고 심지어 사회복지관간에 클라이언트를 확보하기 위한 경쟁까지 빚어지고 있다.

넷째, 사회복지관의 운영주체가 대부분 민간단체인 사회복지법인으로 되어 있지만, 실제로는 '사회복지관 설치 · 운영규정'에 의하여 정부의 지나친 통제와 감독을 받음으로써 민간운영의 장점을 살리지 못하고 있다.

다섯째, 사회복지관의 인력이 최저배치기준을 충족시키지 못하고 있음에 따라[4] 사회복지관 내에서의 업무분담이 명확하지 못하고 사회복지사들은 과중한 업무에 시달리고 있다.

여섯째, 사회복지관의 재정곤란이다. 이것은 대부분의 사회복지관 운영법인의 재정능력(자체동원과 외부조달능력)이 약하여 정부의 재정지원을 받을 수밖에 없는 현실에서 비롯되는 문제이다.

일곱째, 사회복지관을 바람직한 방향으로 유도하기 위한 객관적인 평가작업이 미비하다. 정부는 '운영규정'의 위반여부에만 초점을 둔 감사를 실시해 왔고, 사회복지관은 외부 전문가보다는 내부인력에 의한 주관적인 평가를 주로 실시하였다. 그 결과 사회복지관의 사업내용이나 운영방침이 창의성과 적극성을 띄기 어렵게 되었다.

---

4) 그런데 최저배치기준이 99년의 운영규정에서는 삭제됨으로써 기준 자체가 없어졌기 때문에 이런 지적은 타당하지 않을 수도 있다. 그러나 문제는 이 기준이 없어진 것이 모든 기관이 이것을 충족시키고 있어서 굳이 규정에 포함시킬 이유가 없어졌기 때문이 아니라는 것에 있다. 따라서 여전히 문제로 볼 수 있다.

① 연계와 협조 및 조정체계의 미흡

앞에서 보았듯이 최근까지 사회복지관은 꾸준히 증가해왔는데, 그 결과 도시지역의 경우에 수적으로는 상당한 수준에 이르고 있다. 물론 노인복지관이나 장애인복지관 및 아동복지관과 같은 단종 복지관은 아직도 부족한 상태이지만 이것도 최근 들어 계속 증가하고 있다. 그런데 이처럼 사회복지관이 급증하면서 드러나고 있는 문제가 바로 연계와 협조 및 조정체계의 미흡이다. 사실 이 문제는 사회복지관들의 수가 부족할 때에는 크게 부각되지 않았으나, 사회복지관이 증가하는 과정에서 지역분포에 대한 고려가 다소 부족하여 지리적으로 인접한 곳에 사회복지관이 들어서게 됨에 따라 경쟁과 낭비가 빚어지고 있다. 이 문제는 근본적으로는 지역단위의 복지계획을 수립 하지 못하고 있다는 데에서 비롯되고 있다고 보여진다. 이러한 연계와 협조 및 조정체계의 미흡이라는 문제는 크게 조직간의 연계 문제와 기능상의 연계 문제로 나누어 볼 수 있다. 그리고 조직간의 문제는 다시 공공과 민간간의, 그리고 민간기관간의 문제로 나눌 수 있다.

㉠ 조직간 연계와 협조 및 조정체계의 미흡

• 공공기관과 민간기관간의 연계와 협조 및 조정체계의 미흡

우리 나라의 사회복지 서비스 전달체계를 보면, 서비스의 직접적인 전달은 주로 민간기관인 사회복지관이 담당하고 있는데, 공공기관과 민간기관간에 서비스의 연계·의뢰 체계가 형성되어 있지 않아 서비스 대상자의 욕구에 대응하는 연속적·통합적인 서비스 제공이 이루어지지 못하고 있다.

즉, 공공과 민간간에 의뢰나 알선, 정보 및 자료제공 등의 구체적인 업무협조가 원활하게 이루어지지 못하고 있는 실정이다. 물론 경우에 따라서 사회복지전문요원과 사회복지관이 저소득층 및 요보호 대상자에게 서비스를 제공하는 과정에서 부분적으로 연계체계를 이루고 있다. 그러나 공식적인 연계체계는 구축되어 있지 않기 때문에 대상자에 대한 정보공유와 의뢰를 체계화하기에는 한계가 있다. 지역에 따라서는 협조가 거의 이루어지지 않고 있는 경우도 있으며, 심지어 대상자 관리에 있어서 상호 경쟁관계를 유지하고 있는 경우도 있다. 이와 같이 공공과 민간간의 연계체계가 빈약한 현재 상황에서, 대상자 발굴부터 서비스의 제공과 평가에 이르는 서비스전달과정 전반에 있어서 민간기관과 공공기관은 각각 자체적으로 인력과 예산을 투입하고 있으며 이는 서비스의 중복과 자원 낭비를 초래하

고 있다. (박서춘 외 1999 : 51).

이 외에 보건의료 서비스 제공기관인 보건소와 민간간에도 상호 연계의 필요성이 대두되고 있지만 거의 이루어지지 못하고 있다. 또한 공립 상담시설이나 자원봉사센터 및 고용안정센터 등과도 거의 연계가 이루어지지 못하고 있다.

• 민간기관들간의 연계와 협조 및 조정체계의 미흡

연계와 조정의 미비는 공공기관과 민간기관간 뿐만 아니라 같은 지역사회 내에 위치하고 있는 민간기관간에도 그대로 발생되고 있는 문제이다. 문제의 핵심은 민간기관들의 경우에 사업의 내용과 방법이 유사하고 대상자가 유사하다는 것이라 할 수 있다. 그런데 여기에서 한가지 지적할 것은 기본적으로 사회복지관의 경우에 '사회복지관 설치 · 운영규정' 의 적용을 받기 때문에 복지관들이 각 기관의 사업을 차별화하기에는 한계가 있을 수 있으며, 따라서 복지관들의 사업내용과 방법이 유사하다는 것은 문제가 되지 않을 수도 있다. 그러나 프로그램 내용이 유사하다는 표면적 결과 자체는, 운영규정을 고려한다면 덜 문제가 된다고 생각될 수 있으나 그 이면에는 각 복지관들이 차별화를 위한 노력을 포기하고 있다는 점이 숨겨져 있기 때문에 문제로 간주되어야 한다고 생각한다. 특히 앞으로 진행될 상황을 염두에 둔다면, 우리 사회에서 비록 '종합' 사회복지관이라 할지라도 장애인이나 노인 등 어느 한 분야를 전문화시키는 노력이 필요하다고 생각한다. 예컨대 각 기관들이 '다양한 것처럼 보이는' (달리 표현하자면 획일적인) 사업방식을 유지하되 장애아동 언어치료를 강화한다든지 또는 고령자취업을 강화한다든지 등등의 핵심분야를 육성할 필요가 있으나 이런 노력이 부족하다는 것이다.

또 다른 문제로 대상자의 발굴 · 관리와 자원동원을 위한 협조체제가 없다는 것이다. 예컨대 인접지역에 대한 욕구조사를 공동으로 한다든지 자원봉사자의 개발 · 관리를 공동으로 한다든지 등의 업무협조가 이루어지지 못하고 있다. 각 기관들이 자원봉사의 필요성을 느끼면서도 쓸만한(?) 자원봉사자를 찾기 힘들다는 문제점을 공유하면서, 이를 타개하기 위한 공동의 노력이 없다. 그리고 서비스 대상자가 타 지역으로 이주할 경우 이전의 이용시설에서 파악해 놓은 정보를 새로운 지역의 이용시설로 제공해 주는 것도 하지 못하고 있다. 이는 이주 전 지역에서 파악한 대상자의 정보를 활용한다면 이주 후 지역에서는 새로이 정보를 파악해야 하는 노력을 하지 않아도 되고, 대상자에게는 지속적인 서비스를 제공할 수 있는 장점이 있다. 이것은 e-mail 등을 통하면 간단히 될 수 있는 일이지만, 정보의 교류가 체계적으로 이루어지지 않고 있는 실정이다.

ⓛ 기능상의 연계 문제

지금까지 살펴 본 조직간의 연계 이외에 기능상의 연계도 부족하다. 여기에서 기능상의 연계란 보건과 복지서비스의 연계를 말한다. 대부분의 사회복지대상자는 빈곤문제 뿐만 아니라 보건·의료의 문제도 함께 지니고 있으나, 현재 이들에게 보건과 복지가 통합된 형태로 제공되지 못하고 있다.

보건과 복지의 연계는 세계적인 추세라고 할 수 있는데, 우리의 경우에는 그 필요성을 절감하면서도 이를 실현하기 위한 노력이 부족하다. 일본의 경우에는 이러한 기능의 연계를 위하여 조직통합까지 시도되고 있다. 일본에서는 복지욕구와 보건의료욕구를 동시에 지닌 노인인구의 급속한 증가에 대한 대응책으로 보건과 복지의 연계시스템을 구축하고 있는데 특히 1994년에 지역보건법이 제정됨으로써 전국적으로 확산되고 있다. 이러한 통합형태는 공공기관인 보건소와 복지사무소를 조직상으로 결합시킨 것에서부터 간호지도 등 대인서비스 기능만을 복지사무소에 도입한 형태까지 그 내용과 규모가 다양하다. 일본에서의 보건과 복지의 조직간 통합방식은 우리의 현실을 고려할 때 다소 어려울 수도 있다. 그러나 점차 보건의료서비스와 복지서비스의 통합 필요성이 높아지고 있기 때문에, 보건과 복지간의 '조직간 통합'은 아니더라도 '기능적인 연계'는 이루어져야 한다.

② 사회복지관의 기능편향

지역복지의 핵심 기관으로서 사회복지관은 개별상담(Case work) 등을 통한 직접적인 서비스 제공뿐만 아니라 지역주민들을 조직화하고 지역 내의 서비스를 조정하는 지역사회조직의 기능도 수행해야 한다. 사회복지관은 주민조직화의 출발점으로서, 그리고 주민조직화의 촉매자로서의 기능을 지녀야 한다. 특히 지방의 시대에 있어서 이러한 주민조직화는 매우 중요하다. 그러나 일반적으로 사회복지관들은 대부분 미용·요리·컴퓨터 등의 사회교육 프로그램을 지나치게 강조함으로써 사회복지관의 고유기능이라 할 수 있는 주민조직화를 거의 수행하지 못하고 있다. 사실 이러한 기능은 시민운동단체들이 독점(?)하고 있는 상황이다. 이 주민조직화의 미비는 사회복지관의 폐쇄적 운영과 맞물려 지역주민을 위한 복지기관으로서의 위상을 확보하지 못하게 하는 결과를 낳고 있다. 폐쇄적 운영이란 사회복지관이 지역의 자원을 동원하여 지역주민을 위한 서비스를 제공하면서도 사회복지관의 의사결정과정에 주민을 '참여' 시키지 않고 있는 것이다. 현재와 같은 기관장 주도의 의사결정방식은 앞으로 사회복지관의 생존을 위협하는 요인으로 작용할 것으로 예상된다. 사회복지관의 과제와 미래상에 대해서 논의하고 있는 많은 자료들에서 이에 대한 언급은 매우 적거나 형식적으로 다루어지고 있다. 앞으로 지방자치가 확대되고 참여의 시대가 열리게 된다면, 그리고 사회복지관이 지역 내에서 주민의 복지욕구를 해결하는 핵심조직으로 존재하기를 원한다면 주민조직화에 보다 관심을 기울여야 할 것이다.

③ 사회복지관을 둘러싼 환경의 문제

　지방자치제 하에서 지역의 사회복지(민간부문도 포함)는 지방정부에게 달려 있다. 그러나 현재 지방정부의 사회복지실태를 보면 지방의 특성을 반영한 정책기획이 전혀 이루어지지 못하고 있으며 그 영향이 민간부문에서 그대로 나타나고 있다. 사회복지 서비스의 공급을 위한 행정체계가 행정자치부의 지방행정 체계에 편입되어 있어서 사회복지서비스의 특성과 전문성을 살리지 못하고 있으며, 일관성 있고 효율적인 사회복지 서비스의 공급이 이루어지지 못하고 있다. 시·도 및 시·군·구청의 사회복지 담당부서는 사회복지전문가의 부재로 인해 독자적으로 사회복지업무를 계획·지원·관리하는 것이 아니라, 보건복지부의 지침을 숫자 조정하는 데에 머무르고 있는 실정이다. 이것은 지방자치제 하에서 지방정부가 무엇을 해야 하는가 또는 무엇을 할 수 있는가라는 근본적인 물음을 떠올리게 한다. 이처럼 우리 사회의 사회복지는 주로 (사회복지전담조직이 아닌) 일반행정기관에서 (사회복지전문직이 아닌) 일반 행정직에 의해서 주도되어 왔으며 상의하달식의 업무수행체계 등으로 인해 지역사회의 특성과 주민들의 다양한 욕구를 반영하지 못하고 있는데, 그 영향이 민간 복지전달체계인 사회복지관에 그대로 미치고 있는 것이다.

　앞에서도 지적했듯이 사회복지관은 정부의 지도감독을 받는 과정에서 민간기관으로서의 특성을 전혀 살리지 못하고 있다. 여기에서 근본적인 문제로 제기되는 것이 사회복지관(넓게 보아 민간 복지전달체계)의 정체성에 대한 부분이다.

즉, 사회복지관이 현재 우리 나라의 전달체계에서 어떤 위치를 차지하고 있는가, 사회복지관은 어떤 역할을 담당해야 하는가에 대한 고민이 생겨나게 된다. 현재처럼 정부가 사회복지관으로 하여금 사업의 종류와 대상자를 한정짓고 있는 것이 바람직한가라는 물음도 제기된다. 이러한 문제제기에 대해서는 우리의 사회복지 전체를 놓고 그 답을 찾아야 할 것으로 보여진다. 만약 정부의 규제와 감독으로 인해 사회복지관이 제 위치를 찾지 못하고 있다는 점에 초점을 둔다면, 사회복지관으로 하여금 이러한 규제로부터 벗어나 다양한 사업들을 다양한 계층을 대상으로 실시할 수 있도록 해야 한다고 주장해야 한다. 그런데 이 경우에는 다시 재정적으로 정부의 지원을 계속 받을 수 있는가 그리고 현재 서비스를 받고 있는 저소득층은 어떻게 될 것인가라는 등등의 문제에 직면하게 된다. 이처럼 이것은 쉽게 어느 한 측면만을 생각해서 결론짓기 어려운 문제이다.

이와 관련된 또 다른 문제는 (사회복지관의 입장에서 볼 때) 정부의 지도감독이 '간섭'으로 간주되고 있는 현실이다. 이것은 정부의 보조금이 현실적이지 못하다는 것, 그리고 이러함에도 불구하고 지도감독은 엄격하다는 것이다. 그 결과 사회복지관은 상당한 불만을 가지게 되었는데, 이 문제는 사회복지전문가가 본청에 없다는 것과도 연관되는 측면도 있다고 생각된다. 반대로 정부의 입장에서는 국가의 재정이 지원된 만큼 그에 대한 지도·감독은 필요하다는 것이다. 양측의 주장이 모두 타당성을 지니고 있는데, 문제의 핵심은 지도·감독의 방식과 성격에 있다. 즉, 정부가 민간에 대해서 지도·감독하는 것이 그 사업이 원래의 목표대로 수행되도록 하기 위한 것이라면, 규제나 간섭이 아닌 '지원'이 될 수 있도록 해야 할 것이다. 그러나 우리 사회의 관료적 가치관이 변화하지 않는 한 이런 성격전환은 당분간 어려울 것으로 예상된다. 결국 제도적인 변화가 불가능한 현실에서, 지도·감독을 담당하고 있는 관료들이 사회복지에 대하여 이해하려고 하는 태도의 변화를 기대할 수밖에 없으며, 단기적인 대안으로서 사회복지전문요원의 본청 배치가 필요하다고 생각된다.

(3) 자활지원센터의 역할과 문제점

① 자활지원센터의 역할

그 동안 자활지원 차원에서 민간이나 공공이 추진한 정책은 크게 두 가지로 구분할 수 있다. 첫째는 보건복지부가 운영비를 지원하는 자활지원센터를 통한 자활사업이고, 둘째는 취약계층의 자발성에 기초를 두고 생산자 공동체 또는 생산협동조합방식으로 집단적 자활방안을 모색하는 것이다.

이 두 가지는 상호 밀접하게 연계되어 있으며, 실제 사업에서는 구별되지 않을 수도 있다. 상당수의 자활지원센터들이 종전의 빈민지역에서 시도했던 협동조합 경험을 모태로 출범했을 뿐 아니라, 각 센터들이 자활지원사업의 일환으로 채택하고 있는 사업들도 대부분 공동체형 창업 중심이기 때문이다.

자활지원센터는 현재 전국에 20개소가 설치되어 있는데, 1개 센터 당 연간 8천만 원의 예산이 지원되며 저소득층의 자활의욕 고취를 위한 교육·문화사업, 주민공동사업(공동작업, 용역사업, 가내부업) 지원과 자활공동체 설립 지원 등을 실시하고 있다.

자활공동체는 주민의 자발적 참여 하에 근로, 생산, 유통, 소비공동체 등을 결성·운영하여 자립기반을 다지는 조합형태의 사업으로, 국공유지 우선 임대, 지방자치단체가 실시하는 사업의 우선 위탁, 자활촉진을 위한 각종 사업에 대한 지원을 받을 수 있다.

② 자활지원센터의 문제점

1996년부터 시작된 자활지원센터 활동은 저소득층 복지정책의 새로운 가능성을 열었다는 점에서 그 의의가 크다. 그러나 현실적으로 대부분의 자활공동체들이 영세한 상태에서 경영에 큰 어려움을 겪고 있다. 업종 역시 저소득층이 이미 보유하고 있는 기술과 적은 자금으로 할 수 있는 일을 찾다보니, 봉제, 영세 집수리업, 청소용역, 간병, 도시락 제조 등이 중심이 되고 있다.

국공유지 우선 임대 혹은 유휴 공공시설의 임대 등 정책적인 지원을 제공하는 데에도 어려움이 많아 기능이 활성화되지 못하고 있다. 이 점과 관련해서는 지방 정부의 협력과 지원이 부족하다는 점이 큰 문제로 지적되고 있다. 나아가 자활지원센터의 활동범위가 소규모 지역에 그치는 관계로, 광역적인 지원이 필요한 사업의 경우 별도의 지원센터 기능이 요청되고 있다.

한편 창업에 필요한 자금지원을 위해 영세민 생업자금 등의 융자제도가 있지만, 저소득층에게는 담보나 보증인을 제공할 여력이 없는 경우가 많아 수혜를 받기가 쉽지 않다. 자활사업을 위한 물적·인적 토대가 준비되지 않은 상태에서, 창업지원이 사실상 겉돌고 있는 것이다.

3) 복지재정 운영체계의 역할과 문제점

(1) 복지재정운영체계 개편의 필요성

경제성장 중심의 국가운영기조에 따라 복지부문에 대한 투자비중은 상대적으로 적었다. 이에 따라 공공부문 차원에서 집합적으로 대응해야 할 복지관련 쟁점들이 개인적 차원에서 해결될 수밖에 없었다. 개별적인 복지 대응으로 인해 사회적 비효율성이 잠재되고 있다. 수혜자들의 의견을 적극 반영할 수 있는 참여형 복지재정체계를 구축하기 위해서는 무엇보다 국민적 복지수요의 증가에 따라 국민들이 체감할 수 있는 정도의 재정투자 확대가 필요하다.[5] 복지 예산의 확대, 경직적 예산 과목 구조, 추가적인 세입원 발굴의 한계 등으로 재정투자 확대가 곤란한 점은 인정될 수 있지만, 재정투자 확대에 대한 명확한 비전 제시 없이는 생산적 복지의 국정철학이 단순한 수사에 불과하다는 비판이 제기될 수 있다.

그런데, 복지재원의 확대 뿐 아니라 주어진 재정운영체계에 대한 재검토 역시 마찬가지의 중요성을 가지고 있다. 즉 중앙집중식 복지재정운영체계에 대해 검토할 필요가 있다. 예산운영의 기본적인 전제가 되는 성과중심의 재정운영을 위해서는 환경변화에 대한 즉각적인 대응과 지역실정에 따른 다양한 정책개발, 그리고 집행단계에서의 재량확보가 필수적이다. 하지만 보조사업별로 중앙-광역-기초로 연계되는 수직적인 지출체계에서는 전국규모의 표준화와 획일적인 집행, 그리고 현실을 반영하지 못하는 경직적인 재정운영으로 인해 의도한 정책의 성과를 충분히 확보하기 힘들 가능성도 있다.

현재의 복지재원 배분체계는 중앙정부의 조정장치를 경유하여 지방에 전달되는 통제지향적 구도를 형성하고 있다. 이는 지방의 재정집행이 비효율적이어서 통제되어야 한다는 중앙·지방간 불신구조가 유지되기 때문이기도 하다. 또한 보조금 중심의 재정운영에서는 중앙·지방간 재정기능을 각 부문별 역할분담(예, 국방과 문화체육)이 아니라 개별부문의 과정별 역할분담(계획과 집행) 체계를 형성하게 된다. 이에 따라 지방정부가 수행하는 각종 부문별 정책기능들이 중앙정부의 조정과 관리 대상으로 설정되고 있다.

따라서, 복지재정이 적절한 대상자에 대해 적정 규모로 적기에 제공되고 있는지에 대한 면밀한 검토가 필요하다. 복지예산의 편성과 집행과정에서 수요자 및

---

5) IMF의 재정통계에 따르면, 우리 나라 예산에서 『사회보장 및 복지』부문이 차지하는 비중은 10% 내외인 반면, 서구 선진국가들은 40~50%를 차지하며 상당수 중진국들도 20~30% 수준은 유지한다.

일선기관의 참여 메커니즘 부재 등으로 수혜자의 도덕적 해이와 무관심이 초래될 가능성도 있다. 주어진 복지재정의 규모 내에서 복지투자의 성과를 최적화시킬 수 있는 결과중심의 재정체계가 구축되어야할 것이다.

한편, 대부분의 복지관련 투자정책들을 살펴보면 계획은 중앙에서 표준적으로 이루어지지만 집행은 지역의 다양한 환경 속에서 추진되고 있다. 이에 따라 중앙에서 의도한 복지재정의 성과가 실제 지역단위로 확보되고 있는지에 대한 성과검증이 필요하다. 또한 검증된 성과는 사회적으로 공개되어 복지재원의 집행과정 및 성과의 투명성이 확보되어야 복지부문의 투자에 대한 사회적 타당성을 확보할 수 있다.

이하에서는 참여형 복지재정체계의 구축을 위해서 복지재원의 대폭 확충과 주어진 재원의 합리적 활용이 필요하다는 점을 전제하고, 특히 후자의 쟁점에 대해 성과지향적인 복지재정체계의 관점에서 현행 복지재정운영체계가 안고 있는 쟁점과 개편과제에 대해 살펴보고자 한다.

(2) 복지재정운영체계의 현황 및 문제점

① 복지예산 결정 및 배분과정에서 수요자 참여 미흡

복지부문은 국가에서 대상자들에 대한 일방적 혜택 지원이라는 성격이 강하였기 때문에 수혜를 받는 대상자 입장에서 적극적으로 복지재원의 배분과정에 참여할 수 있는 여지는 협소하였다. 또한 각종 복지계획들은 국비지원사업 중심으로 추진되기 때문에 실제 복지수혜자들이 상대적으로 참여하기 용이한 일선행정기관인 시·군단위의 참여가 활발하지 못한 경향이 있다.

즉, 계획은 국가 혹은 도의 기본계획중심으로 재정계획이 수립되고 시·군은 여기에 대한 매칭펀드 형식으로 부담할 뿐이며, 지방의 자체 계획 수립 자체가 큰 비중을 차지하지 못하였다. 중앙 입장에서는 시·군별로 지역특성을 반영한 복지계획들이 수립되기를 기대하지만 (시·군의 복지기획능력의 취약성 여부를 떠나) 실제 모든 주요한 사업의 복지재원에서 중앙정부의 지침에 따라 국고보조금이 지원되면 중앙의 지침을 그대로 수용하는 것이 행정적으로 (특히 감사와 관련하여) 가장 안전하기 때문에 시·군의 자체 기획이 힘들다.

합리적인 재정운영을 위해서는 투자의 편익을 향유하는 수요자의 선호를 최대한 고려해야 하는데 예산과정에서의 복지단체 참여가 활성화되지 못하고 있다는 점도 지적될 필요가 있다. 복지재정의 성격상 불특정 다수에 대한 표준적 지원이

이루어지기 때문에 수혜자들의 개인적 참여가 활성화되기는 힘들다. 따라서 이
해관계를 같이하는 관련 단체 중심으로 정부의 재정정책 결정과정에 참여하여 합
리적인 예산과정을 도출할 필요가 있다. 하지만, 중앙집중식 복지계획 수립과 지
방단위의 실천이라는 복지재정의 특징상 실제 지역복지정책을 수행하는 일선기
관 혹은 지역의 민간단체들이 중앙에서 전문적으로 결정되는 예산배분과정에
직접적으로 참여하는데는 한계가 있다.

② 복지계획과 재정계획의 연계 미흡

복지문제가 사회적 쟁점으로 부각될 때마다 어느 정도는 이미 패키지화 되어
있는 각종 복지정책들이 쏟아지고 있지만[6] 정부의 예산편성에서는 여전히 경제
투자를 중심으로 한 별도의 논리가 작동하고 있어 정책제시에 따른 재정적 실천
력이 뒷받침되지 못하고 있다.

정부는 중산층 붕괴로 인해 증폭된 사회적 불만을 경감시키기 위해 올 6월 "중
산층 및 서민생활안정대책"을 제시한 이후 계속 각종 정책방안들을 구상하고 있
으며 특히, 대통령은 8·15 경축사를 통해 생산적 복지의 구현을 제시한 바 있
다. 여기서 핵심 중 하나는 국민기초생활보장법의 시행이다. 그런데, 국민기초생
활보장법이 시행되기 위해서는 관련 사업별로 많은 예산이 요구된다. 하지만, 충
실한 이행을 위한 재원 확보 방안이 전제되지 못하였다.

복지이외의 다른 국가계획에서도 확인되는 일반적인 특징 중 하나는 재정투자
를 실제 집행하기 앞서 관련 부문의 수요자들이 가지는 기본적인 욕구와 사회발
전단계별 기본 재정수요 파악이 충실히 이루어지지 않아 계획과 실제 예산운영이
일관성을 확보하지 못한다는 점이다. 복지부문의 경우는 특히 이러한 쟁점이 부
각되고 있는데, 국가최저수준에 대한 분석과 합의도출 없이 재정형편을 고려한
대증적인 복지재정운용 경향이 지배적이다.

복지재정의 궁극적 목표와 최소 수준 목표가 구체적으로 설정되지 않는 가운데
복지수혜자의 기본적인 욕구와 수요 수준이 명시적으로 제시되지 않고 있다. 수
요자 중심의 재정계획을 수립하기보다는 가용예산을 총액수준에서 확보한 이후

---

6) 올 6월 중산층의 경제적 부담을 덜고 중산층 붕괴에 따른 후유증을 완화 하고자 중산층 및 서민생
   활안정화 지원대책을 마련한 바 있다. 주요 내용은 첫째, 봉급생활자의 세금부담 경감과 재정금
   융지원 확대, 둘째 중산층·서민의 재산형성 및 소득관련 제도의 개선이었다. 그러나 정책이 서
   로 중복되고 백화점식으로 나열되었다는 비판적인 평가가 제기된 바 있다.

형편에 따라 지원기준을 결정하는 역산방식이 적용되는 경향도 있다. 주요 국가들과 복지비 지출규모에 대한 수평적 비교보다는 사회발전단계를 고려한 적정복지수준, 복지욕구 해소측면에서 필요한 재정수요가 제시되고 이에 따른 사회적 타당성을 확보해야할 것이다.

1998년 4월초에 중앙정부로부터 지방자치단체에 시달된 한시생활보호사업은 중앙의 [표준화된 계획]이 재정투자의 비효율성으로 연계되었던 좋은 사례로 지적되고 있다. 한시생활보호대상자가 증대되면 경노연금, 보육료, 학비, 의료보호 등과 같이 자동적으로 지급되어야 하는 항목이 많은데, 이러한 비용에 대한 재원조치 없이 추진하여 시·군에서 많은 혼란이 야기되었다. 더욱이 지방비 부담이 매칭되어야 하는 경우에는 국가적 차원에서 표준적인 수준의 서비스가 제공되어야하는 사업부문에서도 지방재정의 격차에 따라 지원 수준이 차등화 되어 복지의 지리적 불균등 현상을 창출하고 있다.

한시생활보호사업에 대한 경기도의 평가

당시 중앙정부의 계획에 대해 31개 시·군 모두 동일한 형식의 계획을 수립하여 사업을 착수하였다. 하지만 IMF로 인한 한시적 실업 대상자에 대한 정확한 인식이 부족하였고 본 사업에 대한 심각성을 제대로 인식하지 못한 까닭에 적극적인 사업추진을 하지 못하였다. 하지만 11월초에 시달된 특별기간 설정에 대한 시책이 시행된 이후에 애초에 책정되었던 목표들이 초과 달성되기도 하였다. 결과적인 수치상으로 목표의 초과달성이 돋보이지만 사업시행연도의 연말에 대상자들의 대부분이 발굴됨으로써 대상자들에 대한 실질적인 지원이 이루어지지 못하였다. 특히 책정된 대상자에 대한 목표 또한 시·군의 상황에 부적합한 경우가 있었던 것으로 평가된다. 인구수에 비례하여 목표치가 단순히 설정되었거나, 도시와 농촌지역에 상관없이 목표가 설정되었다. 이와 같은 지침시달은 일선 시·군이 사업을 수행함에 있어서 사업추진 및 완수측면의 무리한 계획 및 집행을 할 수 있는 원인을 제공하고 있으며, 실제적인 생활 환경과는 동떨어진 대상자를 선발하는 부작용을 낳았으며, 기존의 생활보호 대상자가 중복으로 선정되는 현상을 가져오는 것으로 판단된다.
자료 : 경기도(1999), [1998 도정주요시책평가결과]

<그림 2> 한시생활보호사업에 대한 경기도의 평가

한편, 지역실정이 충분히 고려되지 못한 복지계획의 또 다른 대표적인 사례로 공공근로사업관련 재정투자부문을 들 수 있다. 1998년 4월에 지역별 실업현황 파

악 자체가 부실한 가운데 공무원 정원수나 해당관할구역의 인구수 등을 기준으로 자금이 배정되었다. 대도시는 노동부의 기준에 부합되는 실직자가 많아 공공근로사업이 원활히 추진되었던 반면 농촌에서는 실제 실직자가 많지 않았다.[7] 이에 따라 노동부의 계획에 관련된 공공근로대상 인력은 사실상 많지 않았으며, 이와 같은 이유 등으로 인해 실제 1998년 11월까지 노동부에서 계획한 물량의 공공근로사업이 추진되지 못하면서 보조금 집행 실적은 매우 낮았다.

그런데, 공공근로사업을 강화하고 배정된 보조금을 모두 집행하도록 지시하면서부터 시·군의 실정과 현실 적합성 등에 대한 충분한 고려 없이 노동부 기준에 국한된 대상자(15세이상 65이하 경제활동인구)와 사업(국가지시 혹은 자체적으로 계획한 공공근로사업)을 중심으로 불과 몇 개월 동안에 잔여사업비를 전액 지출하였다. 노동부 소관 보조금은 지속적으로 확충되었던 반면 농촌지역에서 필요했던 농가소득증대사업이나 노인복지수당 등에 대한 지원은 상대적으로 취약하였지만 두 가지 보조사업에 대해 할당된 재원들을 지역실정에 맞게 상호 전용하여 사용할 수 없었다.

③ 복지재정 자금배정의 정시성 확보곤란

자금배정 시기가 지연됨에 따라 복지비 지원의 정시성 확보가 곤란한 대표적인 분야로 생계비 지원사업을 들 수 있다. 저소득계층에 대한 생계비지원의 경우 수혜자들에 대한 정시지원이 중요하지만, 지원시점 기준으로 중앙으로부터 국고보조금이 배정되는 시기가 촉박하여 지방에서는 정시배정에 애로를 겪고 있다.

예를 들어, 경기도의 경우 매월 100억 이상 국비가 지원되어야 하는데 (행정처리를 위해 필요한 최소기간이라고 할 수 있는) 지급기준 10일전에 자금이 배정되지 못하는 경우가 빈번히 발생한다. 이에 따라 지역별로 행정체계나 담당자의 업무능력에 따라 차이는 있지만, 수혜자들에 대해 최대 4일 정도 늦게 생계비가 지급되기도 하였다. 또한 유사한 성격의 생계비가 지급되는 일시들이 자금 유형별로 달라[8] 실제 자금을 집행하는 시군 담당자(사회복지전문요원)의 업무부담을 가중시키고 있다. 특히 담당자의 업무여건에 따라 지역별로 차이가 심한 편이다.

---

7) 농촌지역에 입지하였던 공장들이 폐쇄될 때 발생한 실직자들의 상당수는 외지인들이고, 이들은 직장을 찾아 대도시지역으로 이주하였기 때문에 농촌지역에 정주하는 실직자는 상대적으로 적었다.

생계비 지원의 정시성 문제

각종 생계비의 경우 대개 해당 재원은 [국비:도비:시군비가 80:10:10]으로 구성되고, 행정절차상 [보건복지부 – 도 – 시·군 – (구) – 읍·면·동 – 수혜자]의 계통을 통해 지급된다. 이에 따라 각 단계별로 관련 문서 처리(매월 단계별 수요자 파악)를 위해 이틀의 기간이 소요되기 때문에 최종 수혜자에게 정시에 자금이 도착하기 위해서는 최소한 10일 정도 행정처리 기간이 필요하다. 경기도의 경우 500여개 읍·면·동이 있는데, 업무여건에 따라 처리일자가 차이가 많다. 사회복지전문요원 1인당 담당 가구수를 보면 경기도 평균 488가구이지만, 성남시 중탑동의 경우는 복지사 1명당 2천가구가 넘는 반면 과천시 중앙동의 경우는 110가구에 그친다. 사회복지전문요원을 지속적으로 확충하고 있지만 현재와 같은 계획 수준에서는 담당자가 아직 배치되지 않는 시군에 우선 배정하기 때문에 기존에 1명이라도 사회복지전문요원이 있는 지역에 대한 추가적이 인력지원은 힘들 것으로 판단된다. 따라서 담당인력의 대폭 확충이 현실적으로 힘든 경우에는 생계비 지원체계의 단순화를 통해 관련 행정업무를 대폭 경감시킬 수 있는 장치가 마련되어야할 것이다.

〈그림 3〉 생계비 지원의 정시성 문제

　자금지원의 정시성 문제가 쟁점으로 부각되고 있는 또 다른 사례로 의료보호비 지원부문을 들 수 있다. 일선 담당자의 견해에 따르면 저소득층 입장에서는 생계비와 대등한 차원에서 의료지원이 중요하다. 이들에 대해서는 국가에서 의료보호 혜택을 지원하고 있으나 실제 자금지원 시기가 늦어 기대한 만큼의 효과를 거두지 못하는 것으로 확인되고 있다.

　의료보호의 경우, 관련 자금 지원이 의료보험에 비해 늦게 이루어져 민간의료기관에서 서비스가 기피되기 때문이다. 의료보험비는 의료보험관리공단을 통해 매월 지급되지만, 의료보호는 통상 3~4개월(종전에는 1년 이상) 늦게 지급되어 의료기관의 금융부담이 증대된다. 따라서 행정적인 조치를 강화해도 지금과 같은 재정운영체계가 지속될 경우 의료보호서비스의 적극적인 확대는 기대하기 힘들 것으로 판단된다.[9]

---

8) 예를 들어, 기본생계비와 장애인 생계보조수당은 분기별 매월 20일에 지급되지만 자활생계비는 6개월 동안 매월 말일에 지급되고 학자금의 경우는 분기별로 20~30일 사이에 지급되고 있다. 이에 따라 사회복지전문요원들은 생계비 배분과 관련된 각종 행정업무에 상대적으로 많은 시간을 할애할 수밖에 없어 실제 현장의 복지업무에 충실히 대응하기 힘든 실정이다.

9) 경기도의 경우는 중앙에서 자금이 배정되지 않아 체납된 의료보호비가 1999년 말 현재 500억에 이르고 있으며 1998년도부터 시작된 한시생활보호사업으로 인해 의료보호 대상자가 종전 8만명에서 21만명으로 급증하였으나 적절한 재원대책이 마련되지 않아 기대한 만큼의 의료보호 서비스 효과를 거두지 못하고 있다.

④ 투입중심의 국비보조금 운영에 따른 문제점

㉠ 관리지향적 보조금과 영세보조금의 비효율성

현행 국고보조금 지원체계가 안고 있는 일반적인 쟁점으로, 단위 사업별로 보조예산이 배분될 경우에는 지방자치단체의 자율적이고 탄력적인 의사결정이 곤란하다는 점이 지적되고 있다. 복지재정의 상당부문이 보조금 형식으로 지원되기 때문에 보조금이 안고 있는 투입지향적인 일반 쟁점들이 제기되고 있다. 즉 사업별 재원전용이나 연도말 집행잔액(불용액) 등에 대해 일반 행정적인 관리·통제 측면에서 관련 재원이 운영되어 실질적인 서비스의 효과 혹은 성과에 대한 관심은 상대적으로 약화된다.

우선, 예를 들어 생계비의 경우, 예산과목이 세분화되어 있어 집행잔액을 고려한 연도말 조정이 불가피하지만 지방의 자율적인 예산전용은 제도적으로 매우 힘들거나 불가능하다. 특히 중앙시각에서 표준적으로 예산이 배정될 경우 지방의 다양한 실정이 적절히 반영되지 못한 사업별로 배정된 예산이 조정될 필요성이 제기되는 경우에는 상황이 인지되었을 때 즉각적으로 대응하지 못하고 통상적으로 중앙정부의 추경예산편성과 이에 따른 광역 및 기초자치단체의 추경예산 편성이 이루어진 이후에나 가능하기 때문에 대응 시기가 늦어지고 그만큼 서비스의 효과가 감소된다.

둘째, 중앙정부 중심의 하향적 계획에 바탕을 두고 전국 시·군이 같은 방향으로 재정투자가 이루어지기 때문에 지역의 실정을 적절히 반영하지 못하여 각종 복지시설(예, 의료장비, 복지회관 등)의 과다공급 및 과소 공급, 그리고 민간부문과의 중복투자 등으로 인한 비효율성 문제가 창출된다.[10]

셋째, 종류는 많으나 재원배정 규모가 적은 영세보조금이 많아 세분화될 경우 관련 행정절차가 복잡하여 즉시 서비스 시행에 곤란할 뿐 아니라 실제 복지서비스 공급보다는 문서작업에 상대적으로 많은 시간을 배분하게 된다. 더욱이 영세사업의 경우는 사업의 효과성에 상당한 의문이 제기되어 생색내기에 그친다는 재정 낭비적인 측면이 부각되기도 한다.

---

10) 민간부문과 중복투자될 가능성이 있는 경우에 대해 예를 들면, 보건소 MRI 장비 확충에 대해 보조금을 지원할 경우 동일 생활권내 위치한 민간병원에서 MRI장비가설치되어 있어도 일선 보건소의 국고보조금 신청에 따라 국비가 지원된다. 이 경우 동일 생활권내에서 의료장비의 중복투자로 인한 비효율성이 발생하게 된다.

<표 6> 보건 복지 분야의 영세보조금 예시

분야별	경기도 국고보조 내시(2000년도)
가족계획시술비	5,700만원
청소년성교육 교관훈련비	288만원
임산부 · 영유아 검진	1.300만원
장애인 체육관 운영	3,200만원
장애인 공동생활가정 운영	3,700만원
수화통역센터 운영	2,400만원
노인단기보호사업	4,900만원
노인건강진단비	2,600만원

주 : 동 재원은 경기도의 31개 시군에 배분되는 총액으로 대부분 시군당 백만원 이하의 단위로 보조
금이 지급되고 있음.

ⓛ 연도말 불용액의 일괄 국고반납

복지수혜 대상자들의 지리적 이동이 빈번한 지역에서는 단위사업별로 소요 예산규모를 정확히 산정하기가 힘들기 때문에 일정 수준의 여유 재원이 확보되어야 한다. 하지만 보조금을 중심으로 복지재정이 운영됨으로 일반적인 재정관리상 정확한 결산이 필요한데, 이 과정에서 지역실정을 충분히 고려되지 못할 경우 시 · 군의 복지재정 운영에 유연성이 저해되고 있다.

예를 들어, 경기도의 경우 1999년에 거택보호자 관련 생계비가 80억 원 정도가 삭감된 바 있다. 이는 집행잔액을 고려하여 전국 표준적인 기준에서 삭감된 것이다. 하지만 경기도의 인구이동요인을 고려하면 집행단계에서의 신축적인 재정운영을 저해하게 된다. 20일 지급이후 정산하여 국고로 반납할 경우 추가적인 요인이 발생하면 재차 보조금을 신청해야 하는 등[11] 행정절차가 번잡해지는 비효율성이 야기된다. 즉 생계비가 20일에 지급되지만 매월 말일 전까지 신청요인이 발생하면 해당 월에 생계비를 모두 지급해야 한다.[12]

---

11) 보조금의 집행절차는 『보조금신청 및 계상 →교부신청→교부조건 결정통보→집행상황 보고→
실적보고→도 및 중앙정부의 현지감사』 등으로 구성된다. 소액보조사업의 경우에도 보조금 절
차 이행이 다른 보조사업과 동일하게 실시되고 있어 사업 추진을 위한 간접비용이 교부한 보조
금 보다 많은 경우도 발생한다.
12) 실무자들은 안정적인 복지운영을 위해서는 인구이동이 심한 지역에서는 최소한2~3% 정도의
여유자금은 확보되어야 한다는 의견을 제시하고 있다.

ⓒ 국고보조금 지원 기준의 객관성 미흡

복지분야의 국고보조금 지원의 경우, 사업별로 지방비 부담 비중이 다양하게 설정되어 있어 객관적인 기준 정립이 필요하다. 예를 들면 [장애인직업재활시설 기능보강]의 경우는 국비와 도비가 각각 50:50이지만 유사한 유형의 서비스를 제공하는 [장애인직업재활시설운영]에 대한 재원구성은 70:30이다. 또한 [장애인자녀교육비]는 국비와 시·군비가 80:20이며 [저소득주민자녀학비지원]은 국비:도비:시군비가 80:10:10으로 설정되어 있다.

중앙·지방간 분담비율이 재정형편에 따라 임의적으로 결정될 경우 해당 사업에 대한 책임주체를 명확히 설정하기 곤란하다. 즉 중앙과 지방이 관련 사업에 대해 책임질 범위가 재정분담 구조를 통해 구체화된다고도 판단할 수 있는데, 중앙정부가 재정여건에 따라 임의적 혹은 행정 편의적 및 관례 답습적으로 보조기준을 설정할 경우 모든 사안에 대해 중앙과 지방이 공동으로 책임지지만 구체적 책임이라기보다는 도의적 책임에 그치게 된다. 과거 지방자치 이전에는 중앙이나 지방 모두 일반행정기관의 성격을 가지기 때문에 굳이 재원구성체계가 문제되지는 않지만, 지방자치 이후에는 통치구역이 다르다는 권력 속성이 내재되기 때문에 주체별 책임영역이 명확해야 한다.

ⓓ 재정적 외부효과로 인해 지방의 투자 기피 현상

전액 국고보조금 지원사업이 아닌 경우 일정 수준의 지방비가 부담되어야 하는데, 현행 제도에서는 보조사업의 입지 지역을 중심으로 분담비율이 규정되어 있다. 따라서 사업의 사회·국가적 중요성과 과소 공급여부, 그리고 실제 이용과정에서의 지리적 파급효과 등에 대해 충분히 고려되지 못하고 있다. 예를 들어, 경기도 가평군 [가평 꽃동네]와 여주군 [오순절평화의 마을]의 경우, 시설 입주자들 중 관내 거주자의 비중은 매우 미미하지만 국·도비 지원기준으로 군비 부담을 시설 소재지 자치단체가 부담하게 됨에 따라 재정이 열악한 군의 부담이 가중되어 시설수용 수요자가 발생할 경우 시설 수용 여유분이 있어도 암묵적으로 기피하고 있다.

재정력이 취약한 군의 경우 복지시설 설치 및 기존 시설 운영 확대 자체를 기피하는 반면, 지가 등의 요인으로 복지시설은 도심이외 지역에 설치되는 경향이 있어 이와 같은 시설에 대해서는 보다 광역적 차원에서 재정 대응이 필요하다. 이와 같은 현상은 복지시설의 지리적 파급범위를 적절히 고려하지 못하고 대부분 기초단위 관할구역 중심으로 시설이 투자되며 운영체계 역시 기초단위로 설계되어 있기 때문이다.

(단위 : 명, 백만원, %)

<표 7> 대규모 복지시설의 관외 거주자 분포 예시

	시설수용자분포				지방비부담	
	합계	당해시군	도내타시군	타시도	도비	시군비
오순절평화의 마을 (경기도 여주군)	114 (100.0)	3 (2.6)	105 (92.1)	6 (5.3)	162	162
가평꽃동네 (경기도 가평군)	1,454 (100.0)	60 (4.1)	802 (55.2)	592 (40.7)	472	472

주 : 지방비 부담액은 2000년노 당초예산액임.

　　다른 한편으로, 기초단위 관할구역을 기준으로 개별시설에 대해 보조금을 지원하면 동일한 생활권내 시 · 군간 중복투자 문제가 발생한다. 즉 공공시설의 지리적 파급효과가 광역화되는 시설에 대한 투자가 급증하지만, 보조금 지원에서는 여전히 1시군 1개 시설 등의 원칙을 적용하고 있어 공동투자가 사실상 힘든 것이 현실이다. 더욱이 광역자치단체의 기획관리기능의 취약할수록 독립적인 개별 보조금 운영체계가 형성되어 중복투자의 비효율성이 발생할 가능성이 크다. 또한 각종 복지시설들이 혐오시설로 인식되면 실제 수혜자들이 이용하기 불편한 생활권 밖에 설치되는 경향도 있는데, 광역대응체계를 갖추지 않을 경우 적정 규모의 시설투자가 이루어져도 실제 이용 혹은 서비스 공급실적은 기대만큼 이루어지기 힘들게 된다.

68

2. 연계 전문인력의 부재

1) 복지인력의 확충 및 전문성 향상의 필요성

참여복지체계의 구축을 위해서는 사회복지 외부에 존재하는 자원을 끌어들이기 위한 사회복지 전달체계를 정비해야 하고, 특히 사회복지 인력체제를 안정적으로 갖추는 것이 전제되어야 한다. 즉, 참여복지체계의 인프라를 구축하기 위해서는 사회복지 인력체제의 정비가 필요하다는 것이다. 현재 공공부문과 민간부문에서 활동하고 있는 사회복지인력은 우리 사회의 복지욕구와 사회문제를 해결하는 데에 많은 기여를 해왔다. 그러나 사회복지인력의 양적·질적 부족과 사회복지 전달체계의 미비로 인하여 기존의 사회복지 인력체제는 사회복지업무를 수행하는 데에 있어서 일정한 한계를 노출시키고 있으며, 지역사회의 다양한 자원을 끌어들여 효율적으로 활용하지 못하고 있다. 즉, 기존의 사회복지 인력체제는 인력관리와 재교육이 적절히 이루어지지 못하여 인력의 전문성을 충분히 활용하지 못하고 있으며, 안정적이고 효율적인 업무수행이 이루어지지 못하고 있는 실정이다.

따라서 사회복지 인력체제를 시급히 정비하여 민간참여 복지체계의 인프라를 구축하도록 해야 하는데, 이를 위해서는 먼저 사회복지 인력의 정확한 규모와 이들의 직무 수행실태에 대한 파악이 필요하다. 불행히도 현재 어느 기관에서도 사회복지인력의 실태에 대한 정확한 실태를 파악하지 못하고 있기 때문이다. 그리고 이러한 인력분석자료를 토대로 기존 인력을 효율적으로 활용하기 위한 공공과 민간인력의 역할분담을 결정하고, 이들의 업무환경 및 조건을 정비하는 등 적절한 인력활용 및 전문성향상 방안을 모색해야 한다. 특히 이들이 연계 전문가로서의 전문성을 발휘할 수 있도록 체계적인 재교육을 실시하는 방안 등을 모색해야 한다. 뿐만 아니라 앞으로 고령화사회가 도래할 경우에 다양한 복지욕구가 점차 증대할 것으로 예상되며, 이에 대한 대응은 공공부문 뿐만 아니라 민간부문의 적극적인 참여가 필요하므로 이에 대비하기 위한 인력수급계획을 수립해야 한다.

2) 복지인력의 현황 및 문제점

(1) 일반현황

사회복지에 대한 수요의 증가와 함께 사회복지 전문인력의 배출이 크게 증가하여 사회복지사 자격증 소지자는 1999년 현재 33,642명에 이르고 있다. 사회복지사는 1급·2급·3급의 세 종류가 있는데, 이 중 사회복지사 1급 자격증 소지자는 18,281명으로 54.3%이며, 2급 자격증 소지자는 6,758명(20.0%), 3급 자격증 소지자는 8,603명(25.7%)이다. 이들 중 4,100명에 달하는 사회복지 전문요원이 읍·면·동에 배치되어 있으며, 생활복지시설에 약 1,500명이 종사하고 있고, 대표적인 이용시설인 종합사회복지관에 약 2,000명의 사회복지사가 종사하고 있다(이 수치는 사회복지관에 평균4.1명, 부설재가복지센터에 평균 2.1명이 근무한다는 조사자료를 토대로 추산한 것임). 기타 노인복지관, 장애인복지관, 사회복지단체나 협회, 사회복지협의회, 의료기관 등 사회복지기관 및 시설에도 상당수의 사회복지사가 종사하고 있으나 그 규모를 파악할 수 있는 자료가 없다.

(단위 : 명)

<표 8> 사회복지사 현황(1999. 6. 30 현재)

등 급	계	남	여
1급	18,281	5,669	12,612
2급	6,758	2,041	4,717
3급	8,603	1,873	6,730
계	33,642	9,583	24,059

자료 : 한국사회복지사회, 복지사회 2000, p.50

(2) 연계 전문인력의 부족

사회복지사는 매우 다양한 역할을 수행한다. 사회복지사는 조력가(enabler), 전문가(expert), 치료자(therapist), 계획가(planner), 옹호자(advocate) 등의 역할을 수행하지만, 동시에 연계자(mediator)로서의 역할을 수행하기도 한다. 참여복지체계의 구축을 위해서는 다른 무엇보다 연계자의 역할이 중요하다. 왜냐하면, 연계적 기능(liaison function)이란 주민들을 그들이 필요로 하는 지역사회 자원에 접할 수 있게 자원의 소재를 밝혀주는 것이기 때문이다. 지역사회에서 자원은 다양한 사회주체들이 가지고 있기 때문에, 자원의 소재를 밝힌다는 것은 그에 비례하여 다양한 사회주체들의 참여를 동반한다. 이 참여는 각 주체들의 자발성에 근거하여 이루어지기도 하지만, 그것이 시너지 효과를 가지기 위해서는 각각의 주체들을 협력적인 관계로 연계하는 사회복지사의 역할이 필수적으로 요구된다. 하지만, 한국 사회복지 인력의 현황을 살펴보면, 이러한 역할을 적절하게 수행하는 사회복지사는 거의 없음을 알 수 있다. 사회복지사가 연계자의 역할을 수행할 수 있도록 하기 위해서는 일반사회복지사(general social welfare practitioner)의 역할을 수행할 수 있는 대학 교육체제의 정비와 현직 사회복지사에 대한 재교육이 필수적으로 요구된다.

(3) 사회복지 전담공무원의 실태

사회복지 전담공무원은 생활보호법에 의한 생활보호 업무수행을 위한 사회복지 전문요원과, 아동복지지도원 · 노인복지상담원 · 장애인복지지도원 · 모자복지상담원 · 보육지도원 · 부녀상담원 등이 있다(〈표 9〉 참조).

이들 중 사회복지 전문요원을 중심으로 사회복지 전담공무원의 실태에 대하여 살펴보면 다음과 같다. 사회복지 전문요원은 1999년 12월 현재 약 4,100명이 전국 저소득층 밀집지역 읍 · 면 · 동사무소에 배치되어 있는데, 이들은 생활보호대상자 선정 및 사후관리, 생업자금융자, 직업훈련 등 각종 자립자활 시책 추진과 자립 · 자활상담 및 취업알선, 기타 사회복지 서비스업무를 담당하도록 되어 있다. 사회복지 전문요원이 생활보호업무를 맡게 됨에 따라 공공부조행정은 상당히 개선되는 효과를 가져왔다. 그러나 현재 사회복지전문요원은 인원수가 부족하여 각자가 담당해야 하는 사회복지관련 업무량이 매우 과다한 상태일 뿐만 아니라 일반행정조직인 읍 · 면 · 동사무소에 배치된 까닭에 사회복지업무 외에 환경이나 위생과 같은 일반행정업무를 수행하도록 요구받고 있다. 따라서 보호대상자에 대한 개별적인 상담이나 사회복지서비스 제공은 거의 기대할 수 없는 실정이다. 이러한 사회복지 전문요원의 실태를 보건사회연구원이 조사한 자료(99년 11월)를 통해 알아보면 다음과 같다.

먼저, 사회복지 전문요원 1인이 담당하고 있는 생활보호가구 수는 평균 250가

<표 9> 공공부문의 사회복지 인력체계

명 칭	업 무	자　　　격	법적 근거
사회복지 전담공무원	복지에 관한 사항 상담 · 지도	사회복지사 3급 이상	사회복지사업법 및 동 시행령
아동복지 지도원	아동복지에 관한 사항 상담 · 지도	1. 전문대 이상의 보건복지부장관이 인정한 사회복지 관련학과 졸업 2. 고졸 이상의 3년 이상 사회복지행정 경력자 3. 2년 이상의 유 · 초 · 중 · 고등교사경력자 4. 전문대 이상 졸업자로서 보건복지부 장관이 시행하는 아동복지지도원 자격시험 합격자	아동복지법 및 동 시행령
노인복지 상담원	노인의 복지 담당	사회복지사 3급 이상	노인복지법 및 동 시행령
장애인복지 지도원	장애인의 복지증진을 위한 상담 · 지도	1. 사회복지사 3급 이상 2. 1년 이성의 특수교사 경력자 3. 고졸 이상의 사회복지행정, 장애인복지단체 5년 이상 경력자	장애인복지법 및 동 시행령
모자복지 상담원	모자복지에 관한 사항 상담 · 지도	사회복지사 3급 이상	모자복지법 및 동 시행령
보육지도원	영 · 유아 보육에 관한 사항 지도	1. 사회복지사 2급 이상 2 전문대학 이상의 학교에서 보건복지부령이 정하는 유아교육 또는 아동복지에 관련된 학과를 졸업한 자 3. 아동복지 기타 사회복지에 관한 행정업무에 3년 이상 근무한 경력이 있는 자 4. 유 · 초 · 중 · 고등 교사자격증을 가진 자.	영유아보육법 및 동 시행령
부녀상담원 (수석상담원)	윤락 및 요보호 여성에 관한 사항 상담 · 지도, 일반상담원 업무 지도 및 감독	1. 대졸자로 1년 이상 사회사업경력자 2. 5년 이상 사회사업행정 경력자 3. 5년 이상 교원 경력자 4. 3년 이상 일반상담원 경력자	부녀상담원임 용 및 배치에 관한 규칙
(일반상담원)	윤락 요보호여성에 관한 사항 상담 · 지도	1. 초대졸업 이상의 2년 이상 사회사업학 전공자 2. 2년 이상 교원 경력자 3. 3년 이상 사회사업행정 경력자 4. 사회복지사 3급 이상	

구, 공공복지서비스 담당 가구 수는 516가구로, 총 766가구를 담당하고 있는 것으로 나타났다. 이들이 복지업무에 투여하는 시간은 주 평균 47.5시간(83%)이고, 일반행정업무에는 9.8시간(17%)을 투여하고 있었다. 복지업무 중 가장 많은 시간이 할애되고 있는 업무는 서류작성이나 보고 등의 행정업무였고(8.2시간, 14.7%), 생활보호대상자의 보호신청 및 민원접수(6.2시간, 10.5%), 보호대상자 책정(6시간, 10.5%) 등의 순으로 나타났다. 사회복지전문요원의 수행업무 중 보호대상자 등 주민을 대면하는 업무시간은 36.4%, 행정처리 등 서류작업에 투여하는 업무시간은 63.6%로 나타났다.

그리고 사회복지 전문요원으로서 전문성을 어느 정도 발휘하고 있다고 생각하는가를 질문한 결과, 잘 발휘하고 있다는 응답이 전체의 44.6%를 차지하였고 그렇지 못하다는 응답은 32.2%로 나타났다. 전문성을 잘 발휘하지 못하는 주된 이유로는 업무량 과다가 75.4%로, 업무성격상 전문성 발휘할 기회가 적다는 이유가 19.3%로 나타났다. 이러한 현실에서 사회복지 전문요원이 중점적으로 수행해야 한다고 생각하는 업무는 자원 발굴·정보제공 등 지역 자원관리·조정·기획(42.6%), 방문보건복지서비스·상담 등 사회복지서비스 업무(32.4%), 공공부조 업무(23.9%)의 순으로 나타났다.

이러한 결과를 볼 때 사회복지 전문요원이 지닌 전문가로서의 능력이 충분히 활용되지 못하고 있음을 알 수 있다. 특히 이들은 현재의 근무환경 하에서 일반행정공무원과 사회복지사라는 이중의 역할을 수행하도록 요구받고 있으나, 이러한 두 가지 역할을 병행하기란 사실상 불가능하기 때문에 실제 업무수행에서 심각한 고통을 겪고 있다. 또 다른 문제로 읍·면·동사무소의 상급기관인 시·군·구청 및 시·도청의 사회복지 관련 부서에 사회복지 전문요원이 배치되지 않음으로 인해서, 중앙정부에서 시달되는 사회복지업무를 체계적이고 효율적으로 추진하기가 어려울 뿐만 아니라 지역단위의 독창적인 사회복지사업들이 개발되지 못하고 있다. 또한 지역사회가 지닌 민간자원을 활용하고 민간참여의 활성화를 유도하여 사회복지의 발전을 도모하기 위한 다양한 정책개발이 이루어지지 못하고 있다.

(4) 민간 사회복지인력의 실태

1999년 말 현재 사회복지사 자격증 소지자가 약 33,000명에 이르고 있지만, 여기에는 공공부문에 종사하고 있는 사회복지인력까지 포함되어 있고, 이들을 제외한 순수 민간 사회복지인력이 어떤 분야에서 어떤 역할을 수행하고 있는지는 조사된 자료가 없어서 파악하기 어렵다. 현재 민간 사회복지인력은 주로 사회복지관과 같은 이용시설이나 보육시설 등의 생활시설에 종사하고 있는데, 이들은 지금까지 사회복지대상자들이 필요로 하는 서비스를 제공해 오면서 우리 사회의 복지문제를 해결하는 데에 일정한 기여를 해 왔다. 그러나 각 민간기관 마다 재정이 빈약하여 인력을 충분히 확보할 수 없어서 기존 인력들은 과중한 업무부담을 지고 있으며 그 결과로 이직률이 높게 나타나고 있다. 이러한 민간 사회복지인력의 실태를 이용시설 종사자와 생활시설종사자로 구분하여 검토하겠다.

① 이용시설에 종사하는 사회복지사

사회복지 이용시설은 최근 10년 동안 급격히 증가되고 있으며, 이에 따라 그 종사자들도 꾸준히 늘어나고 있다. 일반국민을 대상으로 하는 종합사회복지관(및 부설 재가복지센터)을 비롯하여 노인과 장애인을 대상으로 각종 사회복지서비스를 제공하는 노인복지관, 장애인복지관, 재활 병·의원, 주간보호 및 단기보호시설 등을 포함하면 1999년 현재 약 500개소를 상회할 것으로 추측된다. 여기에 종사하는 사회복지 전문인력(사회복지사)의 수는 정확히 조사된 자료가 없기 때문에 추정치를 산출할 수밖에 없는데는 적어도 약 2,500명에 이를 것으로 보여진다. 이와 같이 사회복지 이용시설의 증대로 인해 시설종사자의 수가 크게 늘어났으며, 앞으로 이러한 증가 추세는 당분간 지속될 전망이다.

이용시설들은 지금까지 저소득 계층 및 일반 지역주민의 복지욕구를 해결하기 위한 다양한 서비스를 제공해 왔다. 그러나 사회복지 이용시설에 종사하는 사회복지사들은 현재 업무부담이 상당히 과중한 상태이다. 이러한 상황에서 이들이 전문가로서의 자질과 능력을 신장시키기 위해서는 각종 교육 및 훈련 프로그램에 참여하는 것이 필요하지만 현실적으로 그 기회가 제한되어 있기 때문에 이들의 전문성은 점점 한계에 직면하고 있다. 이것은 최종적으로 사회복지의 대상자에게 악영향을 초래하게 된다.

② 생활시설에 종사하는 사회복지사

최근 들어 이용시설이 많이 증가하기는 했지만 생활시설들은 여전히 우리 나라 사회복지사업에서 중요한 부분을 차지하고 있다. 생활시설은 특수한 욕구 또는 가정 생활상의 이유로 보호가 필요한 클라이언트에게 가정을 대신하여 생활의 장을 제공해 주며, 자활 및 재활서비스를 제공하여 이들의 사회복귀를 돕는 것을 목적으로 하고 있다.

(단위 : 명)

<표 10>사회복지시설 종사자 현황(1998년)

구 분	계	아동시설	노인시설	장애인시설	여성시설	부랑인시설	정신요양시설
계	11,704	3,024	2,228	4,151	331	889	1,081
시설장	775	254	187	167	57	43	67
총무	811	263	189	190	58	44	67
상담요원	94	2	–	15	7	70	–
생활지도원	610	85	87	168	67	203	–
직업보도요원	138	39	–	87	12	–	–
보육사·보조원	5,516	1,562	861	2,381	11	215	486
의사 *	272	–	87	110	–	8	67
간호사	857	106	247	204	12	61	227
영양사	177	–	–	160	–	17	–
기 타	2,454	713	570	669	107	228	167

주 : * 촉탁의사 포함
자료 : 한국보건사회연구원, 사회복지시설 운영개선방안 모색을 위한
　　　　공청회 자료집, 1999.

이 사회복지시설(생활시설)의 직원 수는 〈표 10〉에서 보듯이, 98년 12월말 현재 총11,704명으로 법정인원의 7할 정도에 불과하다. 생활시설에 종사하는 인력의 핵심은 사회복지사라고 할 수 있는데, 사회복지사의 규모는 최근의 자료가 없어서 1996년의 자료를 통해 살펴보면, 총 1,447명으로 전체 종사자의 18.3%에 해당된다. 이들을 자격증 급수별로 구분해 보면 사회복지사 1급 자격증 소지자는 711명(49.1%), 2급 자격증 소지자 399명(27.6%), 3급 자격증 소지자 337(23.3%)명이다. 그리고 시설종류별로 전체 종사자 중 사회복지사의 비율을 보면, 여성시설이 45.2%로 가장 높았고 부랑인시설(24.1%), 아동시설(22.1%), 노인시설(18.4%), 장애인시설(13.6%), 정신요양시설(11.6%)의 순으로 나타났다. 이처럼 우리 나라 생활시설 직원의 자격증 소지율은 20%에도 미치지 못하고

있는데, 이것은 결국 각 시설에 사회복지사가 1~2명뿐이라는 것을 의미한다. 보다 큰 문제는 시설보호의 성격상 전문적인 업무를 수행해야 할 총무나 생활지도원의 자격증 소지율은 50%에도 미치지 못하다는 것이다.

이러한 생활시설 종사자의 양적·질적 미비는 시설보호의 비전문성, 시설운영의 비효율성, 공급자 중심의 서비스제공, 시설의 운영비리 및 인권침해 등 많은 문제점들을 발생시키는 결정적인 원인이 되고 있다. 이로 인해 결국 시설입소자는 기본적인 욕구를 제대로 충족하지 못하고 있으며, 이 문제를 해결하기 위한 종합적인 대책 마련이 시급한 실정이다.

3. 외부인(stranger)에게 무관심한 연복지의 폐쇄성

집합주의 문화가 지배적인 우리 사회의 중요한 특성은 각종 연이 강조되며, 개인들 역시 자신이 속해있는 내집단에서 정체성을 찾는다는 점이다. 동시에, 개인들은 확대가족 또는 내집단 속에 태어나서 충성심을 바치는 대가로 계속 보호를 받는다. 고용여부와 승진결정에 종업원이 속해있는 내집단이 고려되며, 집단에 따라 법률과 권리도 달리 적용되는 경향이 있다. 불확실성 회피 문화 역시 마찬가지이다. 불확실성을 회피하고자 하는 성향이 크면, 당연히 낯설거나 이질적인 것을 거부하게 된다. 한국인들이 낯설거나 이질적인 것에 대해 대응하는 방식은 비공식적 결속을 활용하는 것이다. 낯설거나 이질적인 것이 내가 속한 다양한 비공식적 결속과 어떤 관계를 가지는지를 따지는 것이 매우 중요한 일이 된다. 낯선 사람의 출신배경이나 성씨 등을 확인하면서, 내가 속해있는 비공식적 결속에 그 역시 포함되는지를 탐색한다. 그 결과로 그와 내가 같은 비공식적 결속의 한 부분이 확인되면, 안심하게 된다. 반대로, 비공식적 결속의 관계 속에 그가 포섭되지 않음이 확인되면, 대체로 그를 무시하거나 외면한다. 결코 낯설거나 이질적인 것을 그 자체로 대면하고자 하지는 않는다는 것이다. 연복지로 복지욕구를 충족하는 관행이 지속되어온 이러한 배경에서 외부인에게 관심을 가지는 자원봉사가 활성화되기는 무척 어렵다.

자원봉사는 1990년대에 들어 시민운동의 활성화와 교육과정에의 도입 등을 바탕으로 급속히 확대되었고, 특히 최근 3~4년 사이 자원봉사활동에 대한 국민의 관심과 참여가 증가하여 그 수가 1998년에는 전체 국민 중 약 10%에 이르는 것으로 추정되고 있다(김미숙 외, 1998). 하지만, 아직까지 그 활동의 양과 폭은 대단히 미흡한 실정이라고 평가된다.

1) 자원봉사의 현황

(1) 자원봉사 참여율 및 참여동기

현재 자원봉사자에 대한 관심과 참여가 증가하고 있으나, 전국민의 자원봉사 참여율은 여전히 낮고 자원봉사활동을 하는 연령층은 주로 10~30대의 젊은 연령층으로 외국과는 달리 노인들의 참여가 저조하다. 직업적으로는 주부와 학생에 편중되어 있는데, 학생의 참여율이 전체의 35%를 차지하고 주부(26.7%), 회사원(16.2%)의 순으로 나타났다. 참여 빈도수는 자원봉사자들의 2/3 이상이 월 1~2회 및 주 1회 이상 활동하고 있었고, 1회 평균자원봉사활동 시간으로는 과반수 이상이 평균 3~4시간을 활동하고 있는 것으로 나타났다. 참여기간은 자원봉사자의 73.1%가 1년 이상 활동하고 있는 것으로 나타났고, 6개월 이상~1년 미만은 11.8%로, 6개월 미만은 15.0%로 나타났다. 특히, 1개월 미만인 경우는 전체의 3.9% 이하였다.

그리고 자원봉사에 참여한 봉사자의 참여동기는 사회적인 책임이나 이타적인 동기에서 이기적이고 경험추구적인 욕구로 변모되고 있는 것으로 나타났다. 즉, 아직까지 참여동기는 불우이웃을 돕기 위하여(51.1%)가 주된 동기로 지적되고 있다. 그러나 여가선용 및 자기발전(24.9%) 등의 동기가 점차 커지고 있어, 참여동기의 성격이 이타주의나 사회적 책임의 동기로부터 점차적으로 여가선용, 자기발전 등의 이기적이고 경험추구적인 동기로 변화되고 있다.

(2) 자원봉사 분야 및 프로그램

자원봉사활동은 현재 사회복지분야에 집중되고 있는데, 주로 사회복지시설 수용자 및 거택보호대상자들이 주요 대상이 되어 왔다. 반면, 보건의료분야, 교육분야, 그리고 공공행정분야와 환경분야는 잠재적인 수요가 증가하고 있으나 자원봉사 활동을 위한 개발이 미진하다. 실제로 자원봉사자를 모집·훈련·배치하는 전국의 자원봉사센터가 자원봉사자들을 배치하는 곳은 주로 사회복지시설이었고, 다음으로 공공기관, 사회복지 관련 단체, 재가복지의 순으로 나타났다. 그리고 자원봉사자들이 희망하는 활동분야 및 기관도 사회복지분야와 사회복지시설이 많았다. 이것은 참여자들이 자원봉사에 대하여 매우 한정된 인식을 갖고 있음을 의미하는데, 자원봉사는 공공성을 띤 모든 부문에서 다양하게 이루어져야 한다는 점에서 자원봉사자들의 인식전환과 자원봉사 수요처 개발이 시급히 이루어져야 한다.

또한 자원봉사 프로그램이 다양하지 않고 노력봉사가 주류를 이루고 있다. 한국사회복지협의회(1998)의 조사에 의하면, 주된 봉사 내용은 노력봉사(23.5%), 가사보조(21.6%), 학습지도(16.7%) 등이었고, 전문봉사(8.4%)의 비중은 매우 낮은 것으로 나타났다.

(3) 자원봉사를 위한 법적 · 제도적 지원

정부는 자원봉사를 활성화하기 위하여 1994년에 행정자치부를 자원봉사관련 주무부처로 결정했는데, 행정자치부는 각 지역에 자원봉사센터를 설치하여 운영을 지원하고 있다. 이 외에 업무성격에 따라 보건복지부, 여성특별위원회, 문화관광부, 법무부 등도 자원봉사를 활성화하기 위한 조직을 운영 · 지원하고 있다. 그래서 현재 다양한 명칭의 자원봉사 지원기구가 설치 · 운영 중인데, 이 기구들을 통한 활동분야는 사회복지에 편중되고 있다.

〈표 11〉에서 보듯이 자원봉사센터는 현재 5개 부처 산하에 소속되어 있어 개별적으로 운영되고 있다. 행정자치부, 보건복지부, 문화관광부, 여성특별위원회, 법무부에서 직영 혹은 위탁하여 운영하고 있다. 행정자치부는 시 · 군 · 구에 '종합자원봉사센터'를, 보건복지부는 시 · 도의 사회복지협의회에 '자원봉사정보안내센터'를, 문화관광부는 시 · 도의 청소년 관련 단체에 위탁하여 '청소년자원봉사센터'를, 여성특별위원회는 행자부와 마찬가지로 시 · 군 · 구에 '여성자원활동센터'를 두고 있다. 그런데 이들 센터는 자원봉사 지원기구로서 본연의 업무인 자원봉사자와 수요처를 연계시키는 등의 지원기능이 약하고, 다른 자원봉사 활용단체와 마찬가지로 일정한 프로그램에 직접 자원봉사를 활용하고 있다. 그러므로 자원봉사활동이 활성화되기 위해서는 이 센터가 다양한 자원봉사자를 발굴하고 이들을 욕구에 따라 수요처나 수혜자에게 연결시켜주는 기능에 전념해야 할 것이다.

<표11>각 부처별 자원봉사활동 지원기관 및 역할(1998.8)

정부 부처 (담당부서)	지원기관 명칭	역 할
행정자치부 (사회진흥과)	종합자원봉사센타 (71개소)	환경, 지역사회개발, 복지 등 여러 분야 자원봉사의 상담, 모집, 교육ㆍ훈련, 배치, 프로그램 개발, 지도 및 평가
보건복지부 (복지자원과)	자원봉사정보안내센터 (16개소)	사회복지분야 자원봉사자 모집, 배치 등에 관한 상담과 자문, 자료와 정보 제공
문화관광부 (청소년정책실)	청소년자원봉사센터 (16개소)	학생자원봉사자 교육, 훈련중심
여성특별위원회 (협력조정관실)	여성자원활동센터 (262개소)	여성자원봉사인력의 모집, 교육, 훈련, 배치, 프로그램 개발 등

자료 : 김미숙 외, 1998, p.14

한편, 우리 나라에는 아직까지 자원봉사를 제도적으로 지원할 만한 법체계가 마련되어 있지 않다. 현재 자원봉사활동지원법(안)이 국회에 상정되어 있는 상황이다. 이 법이 통과되면 자원봉사자들에 대한 지원 및 법적인 보호가 강화될 전망이다. 특히 자원봉사활동에 대한 경력인정, 취업 및 진학시의 혜택 등이 법제화되어 자원봉사활동이 향후에는 활성화될 것으로 예상된다. 또한 자원봉사활동 중에 발생하는 사고에 대한 보호조항이 있어, 자원봉사자가 사고발생 시에 대한 부담이 덜어져 보다 안심하고 자원봉사활동에 참여할 수 있을 것이다.

실제로 자원봉사 활성화에 대한 설문조사 결과를 보면, 자원봉사의 문제점으로는 봉사자 보호 및 혜택 미비(34.0%), 통일된 정부정책 부재(30.1%), 국민의 자원봉사에 대한 인식부족(27.0%)의 순으로 지적하였고, 자원봉사자에 대한 정부지원이 가장 필요한 분야는 자원봉사활동 중 사고에 대한 보장(94.1%), 즉 보험제에 대한 지원으로 나타났다. 그리고 자원봉사자들의 약 1/3은 보상을 받기 원하는 것으로 나타났는데, 희망하는 보상의 내용은 봉사활동에 필요한 경비나 식비 등의 활동비(44.5%), 자원봉사저축제도(35.6%), 봉사활동의 사회적 경력인정(30.6%), 각종 행사제공 및 지원(26.2%), 정부ㆍ기관의 포상(14.4%)의 순으로 나타났다.

2) 자원봉사의 문제점

현재 자원봉사에서 나타나고 있는 문제점은 크게 자원봉사기관(자원봉사자를 활용하고 있는 기관을 의미)의 문제와 자원봉사지원체계(자원봉사자를 모집하고 교육하고 배차하는 업무를 전담하는 기구를 의미함)의 문제, 그리고 자원봉사자의 문제로 정리할 수 있다.

먼저 자원봉사기관의 문제점은 자원봉사자 교육과 관리가 체계적·전문적이지 못하다는 것으로 요약될 수 있다. 자원봉사자에 대한 교육의 문제는 각 기관별로 일시적·산발적으로 이루어지고 있으며 기관 내에 전담직원이 부족하거나 없다는 점이다. 즉, 전담직원이 부족하거나 다른 업무와 겸하고 있기 때문에 자원봉사자의 특성을 파악한 후 그에 맞는 효율적·적극적인 교육이 실시되지 못하고 있다는 것이다. 그리고 교육 후에 자원봉사자의 전문성·적성·희망에 맞는 적절한 프로그램을 개발하여 배치하지 못함으로써 단순히 노력봉사만 하게 된다. 그 결과 처음 자원봉사에 참여할 때 지녔던 동기와 의욕이 실망과 좌절감으로 바뀌게 되어 많은 자원봉사자들이 중도 탈락하게 되는 것이다. 또한 자원봉사기관의 재정상태가 빈약하여 자원봉사자에 대한 보상이나 지원을 제대로 제공하지 못함으로써 자원봉사자 관리에 어려움이 가중되고 있다. 따라서 사회적 차원의 보상이 필요한데, 이것 또한 거의 없어서 자원봉사자에게 희생만 감수하도록 요구하고 있는 것이 우리의 현실이다.

다음으로 자원봉사 지원체계의 문제점은 첫째, 자원봉사 활성화를 위한 사회적 지원체계가 정착되지 못하고 있다. 즉, 자원봉사에 대한 홍보가 부족하고, 봉사활동 중 당한 사고나 불이익에 대한 보상제도가 미비하고, 자원봉사활동에 대한 포상 및 경력인정 등 사회적 보상이 약하다는 것이다. 둘째, 자원봉사 수요와 공급을 관리하는 지원체계가 미비하다. 자원봉사 전문교육기관이 없어서 자원봉사자를 위한 체계적 교육이 이루어지지 못하고 자원봉사지도자의 양성도 부족하다. 또한 지원기구가 정착되지 못하여 이들을 적절히 배치하고 사후관리하지 못하고 있다. 현재 앞에서 보았듯이, 정부가 자원봉사활동의 활성화를 위해서 자원봉사센터를 설립하여 운영하고 있으나, 이들이 자원봉사자를 조직화하고 관리하여 수요처와의 연결·조정을 담당하는 기능을 제대로 수행하지 못하고 있다. 그 이유는 우선 센터의 담당인력이 부족하다는 것과 자원봉사의 주요분야가 사회복지임에도 센터를 관할하는 시·군·구의 담당 부서가 사회복지와 무관한 부서여서 긴밀한 협조가 어렵다. 더구나 부족한 예산으로 운영되던 자원봉사센터는 경제위기로 인해 예산 배정 우선 순위에서 밀려나 더욱 어려운 지경에 처해 있다. 따라서 자원봉사센터가 주도하여 자원봉사를 활성화하기에는 역부족인 상태에 있다. 셋째, 정부부처간 협조가 미흡하다. 보건복지부, 행정자치부, 문화부 등 관련부처별로 별도의 자원봉사 정보제공 및 안내체계를 수립해 운영하고 있어서 비효율과 낭비가 발생되고 있다. 넷째, 자원봉사 관련단체간의 협력이 부족하다. 그래서 민간단체들이 독자적 경쟁적으로 활동을 전개함으로써 효율성 저하와 자원낭비를 초래하고 있다.

끝으로 자원봉사자의 문제는 참여율이 낮다는 것, 자원봉사 활동기간이 짧다는 것, 그리고 활동분야는 다양하지만 오히려 실질적 도움은 적다는 것을 들 수 있다. 이는 자원봉사자를 활용하는 기관의 입장에서 볼 때, 한 사람의 자원봉사자를 교육하고 숙달시키는 데 상당한 시간과 비용 및 노력이 소모되기 때문에 자원의 낭비를 가져오는 결과가 된다. 자원봉사의 활성화를 위해서는 다양한 인센티브를 제공하는 방식의 제도적 환경 개선이 필요하지만, 특히 중요한 점은 외부인(stranger)에게는 큰 관심을 두지 않는 한국인의 사회적 행태를 고려하면서, 이를 완화할 수 있는 방안을 모색하는 것이다.

|참여복지체계 구축을 위한 중점추진과제 |

참여복지체계의 구축을 위해서는 다양한 방향의 노력이 필요하다. 우리는 이러한 노력들을 크게 두 가지로 구분하여 제시할 것이다. 첫 번째 방향의 노력은 구체적인 정책방안과 실천지침, 그리고 그를 위한 시범사업을 포함한다. 이러한 방향의 노력은 주로 참여가 직접 이루어지는 지역을 단위로 한다는 점에서 미시적인 차원에서의 참여복지체계 구축방안이라고 부를 수 있다.

참여복지체계의 구축을 위한

중점추진과제

▶ 공공과 민간의 다양한 파트너쉽 모형의 개발
▶ 지역단위의 복지네트웍 구축
▶ 적정수요예측과 평가체계의 구축

추진의 원칙

▶ 지역 단위에서 실행
▶ 성과의 측정을 위한 6개월~1년 단위의 시범사업 운영
▶ 위계조직의 창출보다는 느슨한 네트웍 구조의 활용
▶ 경쟁과 협력을 통한 시너지의 창출

한편, 참여복지체계의 구축을 위해서는 다양한 사회주체들의 참여를 유인할 수 있는 인센티브 구조의 창출, 또는 개선이 필요하다. 이러한 인센티브 구조의 창출은 결국 정부의 법률 및 규정의 제, 개정 작업과 장기적인 정책목표의 맥락에서 이루어질 수 있을 것이다. 우리는 이러한 방향의 노력을 4장에서 제도적 환경의 개선방안으로 다룰 것이다.

참여복지체계를 구축하기 위한 지역단위의 정책방안으로 우리는 세 가지의 추진과제를 제시한다. 각각의 과제는 모두 지역 수준에서의 시범사업(pilot)을 통해 성과의 평가를 필요로 한다.

1. 공공과 민간의 다양한 파트너쉽 모형의 개발

공공과 민간의 관계유형에 있어 순수한 정부지배모형과 순수한 민간지배모형을 배제한다면, 4가지 형태의 공공과 민간의 파트너쉽 관계를 상정할 수 있다 (Gidron, Kramer, and Salamon).

첫 번째의 모형은 병행보완 모형(Parallel Supplement Model)으로, 공공과 민간이 각각 재원을 조달하고 급여를 제공하지만, 급여의 대상은 다른 경우이다. 이 경우 공공과 민간의 파트너쉽은 결국 급여의 대상자를 선정하는 과정에서 이루어진다. 가령, 민간은 공공급여의 사각지대에 위치한 수요자에게 급여하는 역할을 수행하는 것이다.

두 번째의 모형은 병행보충 모형(Parallel Complement Model)인데, 공공과 민간이 각각 재원을 조달하고 급여의 대상도 같지만, 서로 상이한 급여를 제공하는 것이다. 동일한 복지 수요자에게 민간은 사회복지서비스를, 공공은 현금급여를 제공하는 경우가 여기에 해당되는데, 공공과 민간의 파트너쉽은 결국 급여의 내용을 결정하는 과정에서 이루어진다.

세 번째의 모형은 협동대리 모형(Collaborative Vendor Model)이다. 여기에서 공공은 재원조달의 책임을 맡고, 민간은 급여의 책임을 맡는다. 다만, 공공과 민간의 관계가 일방적이라는 특성을 가진다. 즉 이 모형에서 민간은 정부의 대리인으로 기능하며, 정부는 민간의 역할을 세세하게 측정, 평가, 감독한다. 이 모형에서 정부와 민간의 파트너쉽은 재원을 배분하는 과정에서 이루어진다.

네 번째의 모형은 협동동반 모형(Collaborative Partnership Model)이다. 공공이 재원조달의 책임을 맡고, 민간이 급여를 맡는다는 점은 앞의 세 번째 모형과 동일하지만, 공공과 민간의 관계가 쌍방적이라는 점에서 다르다. 즉 이 모형에서 민간은 프로그램 관리나 정책개발에서 상당한 재량권을 가질 뿐 아니라, 공공의 정책 결정과정에도 영향을 미친다.

이상의 네 가지 모형과 관련하여 우선 강조되어야 할 것은 공공과 민간의 역학 관계에 따라 쉽게 하나의 모형에서 다른 모형으로 변화될 수 있다는 점이다. 가령 협동대리 모형에 기초한 파트너쉽은 민간조직의 역량강화에 따라 협동동반 모형의 그것으로 전환될 수 있다. 반대로 협동동반 모형에 따라 파트너쉽에 참여한 민간조직이 공공재원의 활용을 위해 조직의 목표를 변화시키게 되면 공공과 민간의 파트너쉽은 협동대리 모형에 더 가까운 것이 된다.

또한, 각각의 모형이 가진 장단점은 현실의 제도적 환경 속에서 의도하지 않던

파트너쉽 모형의 개발 방안

파트너쉽 실제사례의 탐구
(예 : 전북대실직자사회복지지원센터, 평화나눔공동체)

⬇

파트너 쉽 모형의 적용

⬇

시범사업의 운영

⬇

장단점 및 현실적합성의 평가

방향으로 나타날 수 있다는 점을 지적할 필요가 있다. 그렇기 때문에 참여복지체계의 구축과 관련하여 각각의 모형이 가진 비교우위는 선험적으로 평가될 수 없다는 점을 인식해야 한다. 그러므로 필요한 과제는 지역수준에서 이루어지고 있는 공공과 민간의 다양한 파트너쉽 사례들을 탐구하고, 각각의 사례들을 네 가지 모형의 틀에 적용시켜보는 작업이 이루어지고, 그것에 기초하여 몇 개의 시범사업을 시도해보는 것이다.

1) 참여의 실제 사례에 대한 파트너쉽 모형의 적용

우리나라에서 사회복지에 대한 민간의 참여는 아직 미흡한 실정이다. 하지만, 민간참여가 전혀 없는 실정은 아니다. 참여복지체계를 구축하기 위한 공공과 민간의 파트너쉽 모형의 개발을 위해서는 우선 파트너쉽의 실제 사례를 탐구할 필요가 있다. 가령 경제위기 이후 다양한 활동을 시도했던 실업극복국민운동이나 지역단위의 관악실업극복운동, 간병인 사업단 '평화나눔공동체', 전북대학교 부설 실직자사회복지지원센터 등의 다양한 사례들, 사회복지관, 자활지원센터 등의 여러 사례들은 지금 이 시간에도 나름대로의 활동을 전개하고 있는 생생한 사례들이다.

파트너쉽의 실제 사례에 대한 탐구는 많은 시간과 비용이 필요한 작업이 아니다. 이미 다양한 연구자와 종사자들에 의한 평가와 사례보고가 이루어져왔기 때문이다. 다만, 이들의 산 경험을 종합적으로 도출하기 위해서는 1~2차례의 간담회가 관련 전문가, 실무 종사자 및 정책결정 및 집행 스텝들 사이에서 이루어질 필요가 있다. 이러한 과정을 통해 현실에서의 공공과 민간 파트너쉽이 어떤 어려움이 있고, 그것을 헤쳐나갈 만한 방안이 실천적인 차원에서 모색될 수 있다.

사례로 발굴된 몇 개의 사업들이 위에서 언급한 네 가지의 파트너쉽 모형에 완벽하게 들어맞는 일은 거의 없을 것이다. 위의 네 가지 파트너쉽 모형은 어디까지나 하나의 이념형(Ideal Type)으로 간주되어야 한다. 다만, 각각의 모형에서 실제적으로 파트너쉽이 발현되는 지점과 관계의 방향성은 구별할 수 있다. 이러한 점에 기초하여 발굴된 사례들은 네 개의 모형을 대표하는 사례로 분류될 수 있고, 그에 기초하여 이론적-현실적 장단점이 포괄적으로 평가될 수 있을 것이다.

(1) 병행보완모형

병행보완 모형은 복지 수혜자에 대한 대응과 관련하여 공공조직과 민간조직의 파트너쉽이 마련되는데, 중요한 전제는 공공조직에서 제공하는 복지급여로부터 제외된 복지 수요자가 존재한다는 점이다. 공공조직에서 제공하는 복지급여로부터 제외된 복지수요자는 현실적으로 두 가지의 이유 때문에 항상 존재한다.

첫 번째의 이유는 공공조직이 제시하는 자격기준과 관련된다. 공공조직이 제시하는 자격기준은 재정의 부족이나 정책목표와 관련하여 언제나 자격미달자를 남겨둘 수 밖에 없다. 이 경우 자격미달자는 복지에 대한 수요를 가짐에도 불구하고, 공공이 제공하는 급여를 제공받을 수 없게 된다. 한편, 자격을 충족하지만 정보의 부족이나 서비스에 대한 접근성, 혹은 심리적 문제 때문에 공공의 복지급여로부터 제외된 복지수요자가 존재할 수 있다. 민간조직은 이러한 복지수요자를 대상으로 서비스를 제공하는 역할을 수행하게 되며,

그 과정에서 복지급여의 중복이 발생하지 않도록 공공과 민간의 파트너쉽 구축이 필요하게 된다.

　하지만, 참여복지체계의 구축과 관련하여 병행보완모형이 가지는 약점은 재원조달부터 급여의 생산에 이르는 과정을 독자적으로 주도할 수 있는 민간조직은 그리 많지 않다는 점이다. 그러므로 병행보완모형에 기초한 파트너쉽 구축 방안에서는 지역사회에서 자발적인 자원동원 능력이 상대적으로 우월한 참여주체들, 즉 기업과 종교단체가 우선적으로 고려될 필요가 있다.

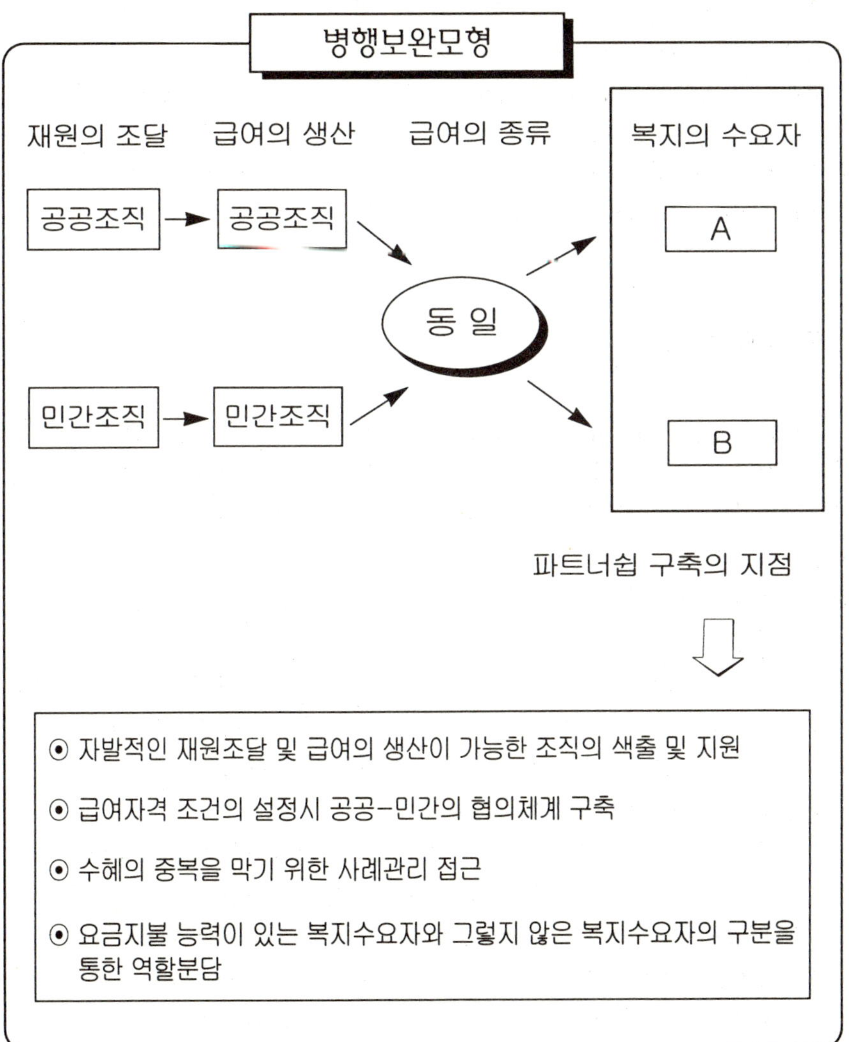

병행보완모델에 입각한 참여복지체계의 구축을 위해서는 특히 다음과 같은 정책방안이 지역수준에서 모색될 필요가 있다.

첫째, 자발적인 재원조달 및 급여의 생산이 가능한 민간조직들을 색출하고, 이들의 참여를 지원할 필요가 있다. 세제상의 우대조치 방안은 물론이고, 이들에 대한 공공요금의 할인, 요금지불 능력이 있는 복지수요자의 경우에 실비의 요금을 받을 수 있도록 허용하는 방안이 모색되어야 한다.

둘째, 공공조직이 제공하는 복지급여의 자격조건 설정시 민간조직들이 참여할 수 있는 구조를 창출할 필요가 있다. 특히 각종 사회복지서비스의 자격조건을 설정할 때는 뱅행보완모델에 입각하여 참여복지체계에 참여하는 민간조직들이 정책결정과정에 참여할 수 있도록 해야 한다.

셋째, 공공조직이 제공하는 복지급여의 수혜자와 민간조직이 제공하는 급여 수혜자의 중복을 막기 위해 사례관리 접근(case management approach)이 이루어져야 한다. 이 사례관리 접근은 시·군·구 단위에서 이루어져야 하기 때문에 보건복지사무소가 담당한다.

(2) 병행보충모형

병행보충모형은 재원의 조달과 급여의 생산에 있어 공공조직과 민간조직이 제각각의 역할을 수행한다는 점에서는 앞의 병행보완모형과 같다. 하지만, 병행보완모형이 복지 수요자의 선택과 관련하여 파트너쉽이 설정되는데 비해, 병행보충모형은 제공하는 급여의 종류와 관련하여 파트너쉽이 마련된다. 이 모형의 기존전제는 복지 수요자의 욕구는 다층적이기 때문에, 특정한 제공주체가 복지 수요자의 욕구를 모두 충족시키기는 것은 불가능하다는 점이다.

이 모형에 입각하여 참여복지체계를 구축하기 위해서는 지역수준에서 사회성원들이 가진 다양한 욕구들이 구체화되고, 우선순위화되어야 한다. 그를 위해서는 지역 단위의 포괄적인 욕구조사가 이루어질 필요가 있다. 그 결과를 기초로 하여 다음과 같은 파트너쉽의 설정이 가능하다.

첫째, 욕구가 기초적인가 부가적인가에 따라 파트너쉽을 구축할 수 있다. 기초적인 욕구는 정부의 사회보장프로그램에 의해, 부가적인 욕구는 지역의 민간조직을 통해 대응하는 것이다. 둘째, 욕구충족효과가 큰 정도에 따라 분담할 수 있다. 효과가 크지만 민간에서 담당하기에는 많은 투자가 필요한 경우에는 정부조직이 담당한다. 교육, 녹지건설, 범죄예방 등이 그 예이다. 셋째, 사회유지에 필수적인

가가 기준이 될 수 있다. 치안, 법질서 확립, 군대유지 등은 정부조직이 담당해야 할 것이다. 그러나 개인의 부를 지키기 위한 부가적 방법이나 경호 등은 민간조직의 책임이 될 것이다. 넷째, 사회변화에 따른 새로운 욕구인가도 기준이 될 수 있다. 대체로 새로운 사회욕구가 나타나면 융통성과 실험성, 기동성이 강한 민간조직이 대응하게 되지만 그것이 점차 일반화되면 정부조직이 감당하게 된다.

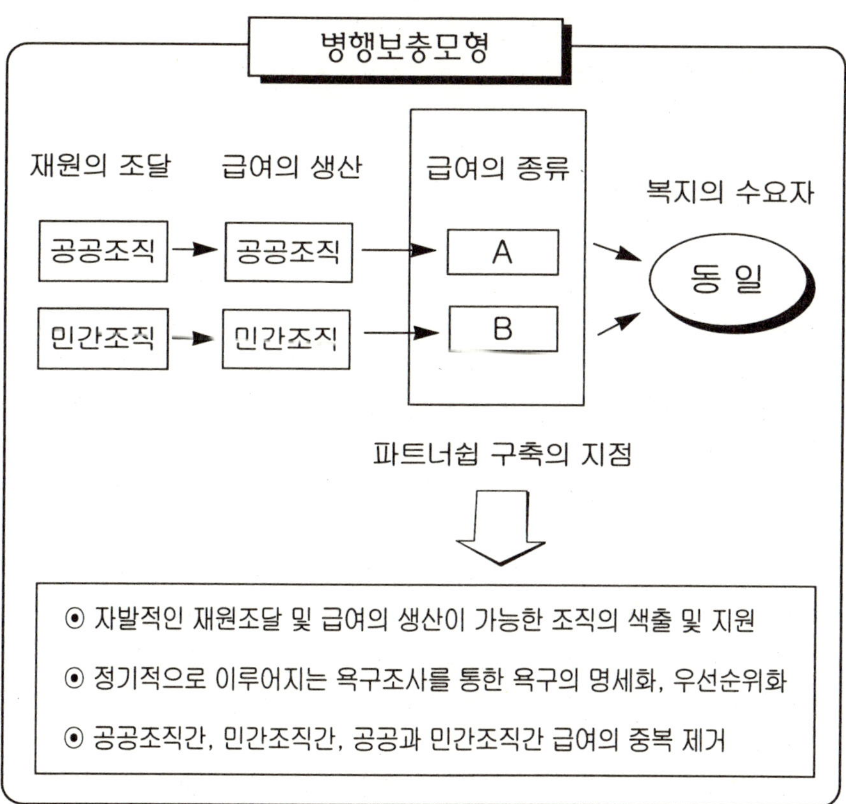

　병행보충모형에 입각한 참여복지체계의 구축을 위해서는 특히 다음과 같은 정책방안이 모색되어야 한다.

　첫째, 병행보완모형과 마찬가지로 자발적인 재원조달 및 급여의 생산이 가능한 민간조직들을 색출하고, 이들의 참여를 지원할 필요가 있다. 세제상의 우대조치방안은 물론이고, 이들에 대한 공공요금의 할인, 요금지불 능력이 있는 복지수요자의 경우에 실비의 요금을 받을 수 있도록 허용하는 방안이 모색되어야 한다.

둘째, 지역주민이 가진 욕구를 명세화하고 우선순위할 수 있는 욕구조사가 정기적으로 이루어질 필요가 있다. 그리고 그러한 욕구조사에 기초하여 공공조직과 민간조직의 역할분담 방안이 모색되어야 한다.

셋째, 복지급여의 중복을 제거해야 한다. 파트너쉽의 시너지 효과를 위해서 동일한 복지급여를 여러 조직에서 제공하는 사례들은 제거될 필요가 있다. 그를 위해서는 지역 단위에서 제공되는 복지급여의 전체 목록을 작성하고, 지역현실을 감안하여 급여의 주체들을 선정하는 작업이 이루어질 필요가 있다. 물론 이러한 작업은 민간조직들이 참여하는 지역복지 네트웍을 통해 이루어져야 한다.

(3) 협동대리모형

협동대리모형은 재원의 조달은 공공조직이, 급여의 생산 및 제공은 민간조직이 수행한다는 특성을 가진다. 이 경우 파트너쉽은 공공조직이 조성한 재원을 민간조직들에게 배분하는 지점에서 구축된다. 이 모형은 공공조직과 민간조직의 특성상 공공조직은 재원의 조달에, 민간조직은 급여의 생산 및 제공에 더 적합하다고 가정한다. 즉 공공조직은 재원을 좀 더 안정적으로 공급할 수 있으며, 기부자들의 개인적 선호가 아닌 민주적 정치과정에 기초하여 우선 순위를 설정할 수 있으며, 급여를 하나의 권리로 인정할 수 있을뿐더러, 민간조직의 분파주의를 극복하고 질적 통제기준을 통해 보호의 질을 개선시킬 수 있는 잠재력을 가진다는 것이다. 반대로, 민간조직은 공공조직보다는 더 작은 규모로 운영되기 때문에 관료제의 문제를 피할 수 있으며, 서비스를 수요자의 입장에서 개별적으로 제공할 수 있을뿐더러, 경쟁을 통해 더 효과적이며 효율적인 급여를 제공할 수 있다는 것이다.

이 모형에 기초해서 참여복지체계를 구축하기 위해서는 다음의 실천방안들이 마련되어야 한다.

첫째, 재원조달의 책임을 공공조직이 가지는 만큼, 이 모형에서는 민간조직에 대한 공공 관여의 필요성이 인정되어야 할뿐더러, 민간조직에 대한 회계적 책임 요구를 공공조직이 해야 한다. 즉 민간조직은 급여의 생산 및 제공에 관한 책무성(accountability)을 입증해야 하며, 공공조직은 그것을 정기적으로 모니터링해야 한다. 책무성의 강화를 위해서는 수의계약 방식의 재원배분보다는 기간을 설정한 공모계약(competitive bidding) 방식, 혹은 보조금 지급 방식의 재원배분이 바람직할 것이다.

둘째, 참여의 시너지 효과를 높이기 위해서는 다양한 사회주체들의 공조나 협력, 공동사업 형태의 급여 생산 및 제공에 더 많은 인센티브를 부여할 필요가 있다. 가령, 공모 시에 이러한 사업주체에 대해 약간의 가산점을 부여하는 방법 등이 검토될 수 있다.

셋째, 민간조직의 참여를 촉진하기 위한 몇 가지의 인센티브를 제시할 필요가 있다. 즉, 공모계약이나 보조금의 지불방식이 민간조직으로 하여금 많은 비용을 수반하지 않도록 해야하며, 급여의 생산 및 제공과 관련되지 않는 민간조직의 기능에 대해서는 정당하지 않은 간섭을 피해야 한다. 또한 민간조직의 융통성, 독립성의 유지에 중요한 민간기부금을 계속적으로 장려함과 동시에, 그러한 노력을 보상하는 자금지원방식을 개발해야 한다.

넷째, 재원배분의 투명성 확보와 특정 민간조직과의 유착을 피하기 위해 다양한 주체들이 참여하는 자원배분 위원회를 독립 비상설 기구로 설치할 필요가 있다. 이 위원회는 공공조직과 민간조직의 압력을 예방하기 위해서 독립적이어야 할 뿐 아니라, 전체 지역주민을 대표할 수 있는 배분위원을 무작위로 선정하여 배분이 필요한 시점에서만 한시적으로 운영하는 것이 바람직할 것이다.

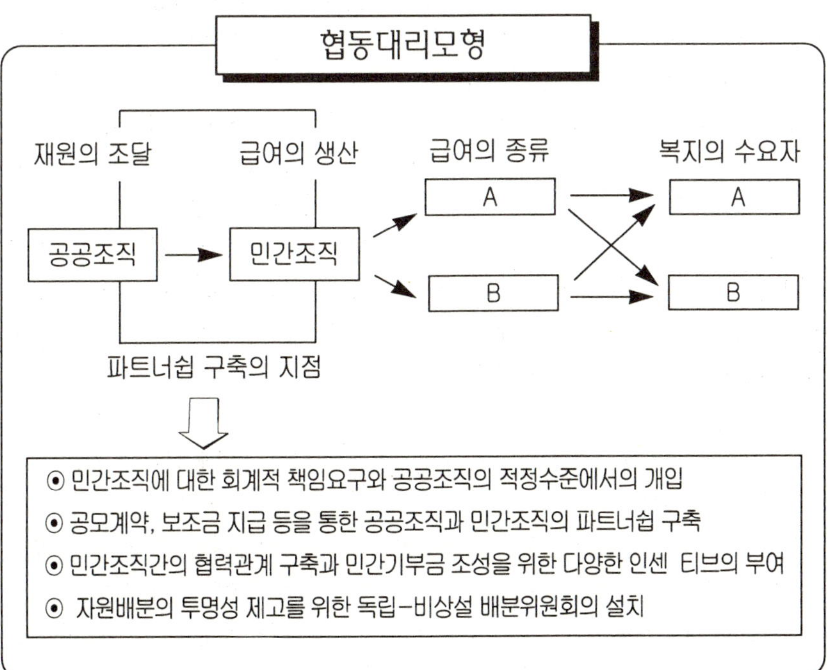

(4) 협동동반모형

협동대리모형은 여러 면에서 다양한 사회주체들의 참여를 통한 참여복지체계의 구축에 적합하다. 하지만, 협동대리모형이 가질 수 있는 중요한 문제점은 민간조직이 공공조직의 재원조달에 의존함으로써 자율성과 독립성을 상실하거나 정부재원 활용을 위해 조직의 목적을 변화시킬 수 있다는 점, 또한 그 결과로 민간조직의 장점을 상실하여 관료화되거나 과잉전문화 될 위험이 상존한다는 점이다. 이러한 점은 앞서 지적했던 바와 같이 우리나라 민간전달체계에서도 나타나는 문제점이다. 이를 극복하기 위해서는 공공조직과 민간조직의 관계가 쌍방적일 필요가 있다. 그러한 측면이 강조되는 것이 여기에서 말하는 합동동반모형인데, 이 모형에서 민간조직은 프로그램 관리나 정책개발에서 상당한 재량권을 가질 뿐 아니라, 공공조직의 정책결정과정에 직, 간접적인 영향을 행사할 수 있다.

협동동반모형은 사실 매우 이상적인 형태의 파트너쉽을 염두에 두고 있다. 그것은 이 모형이 매우 바람직스럽긴 하지만, 그에 비례하여 현실적합성은 상대적으로 적다는 것이다. 그 이유는 다음과 같다.

첫째, 급여를 생산·제공하는 민간조직이 직접 정책결정과정에 참여하게 되면, 아무래도 자신들에게 유리한 방향으로 정책결정할 가능성이 높다. 이것은 재원배분의 공정성과 민간조직의 책무성을 저해하는 결과를 가져올 가능성이 높다. 정부로부터 재원을 제공받는 조직에게 흔히 관변이나 어용의 딱지가 붙는 한국의 현실에서 이 점은 더 큰 문제가 될 수 있다.

둘째, 이러한 문제를 막기 위해서는 민간조직간의 역할조정이 필요하다. 즉 제공자(provider)의 역할을 수행하는 민간조직과 대변자(advocate), 행동가(activist)의 역할을 수행하는 민간조직, 그리고 정부조직이 파트너 쉽을 구축하는 방안이 모색될 수 있다. 이 경우 대변자, 행동가의 역할을 수행하는 민간조직은 정책결정과정에 참여하고, 제공자의 역할을 수행하는 민간조직은 급여의 생산·제공에 참여하는 것이다. 하지만, 이를 위해서는 민간조직이 더 많이 활성화되어야 하며, 민간조직간의 역할분담이 필요하다.

협동동반모형을 통한 참여복지체계의 구축을 위해서는 결국 다음과 같은 실천방안이 모색되어야 한다.

첫째, 재원조달의 책임을 공공조직이 가지는 것은 협동대리모형과 같기 때문에, 민간조직에 대한 회계적 책임요구권을 공공조직이 가져야 한다. 또한 민간조직의 책무성의 강화를 위해서는 기간을 설정한 공모계약(competitive bidding) 방식, 혹은 보조금 지급 방식의 재원배분방식이 활용되어야 한다.

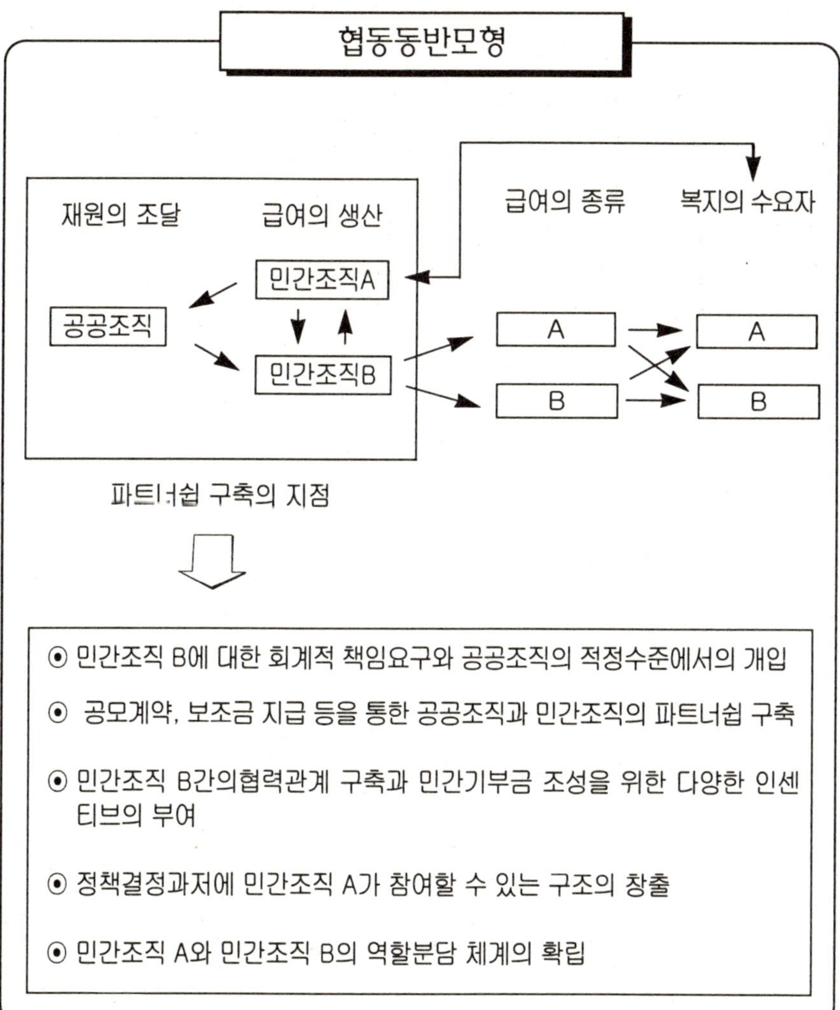

둘째, 참여의 시너지 효과를 높이기 위해서 다양한 사회주체들의 공조나 협력, 공동사업 형태의 급여 생산 및 제공에 더 많은 인센티브를 부여할 필요가 있다.

셋째, 민간조직의 참여를 촉진하기 위해 공모계약이나 보조금의 지불방식이 민간조직으로 하여금 많은 비용을 수반하지 않도록 해야하며, 급여의 생산 및 제공과 관련되지 않는 민간조직의 기능에 대해서는 정당하지 않은 간섭을 피해야 한다. 또한 민간조직의 융통성, 독립성의 유지에 중요한 민간기부금을 계속적으로 장려함과 동시에, 그러한 노력을 보상하는 자금지원방식을 개발해야 한다.

넷째, 정책결정과정에 민간조직이 참여할 수 있는 구조를 창출한다. 이 구조는 정책형성과정이나 정책평가과정 중의 어느 곳에 만들어도 상관없다. 가령 특정 이슈에 대해 민간조직이 참여할 수 있는 지역수준의 공청회, 포럼 등이 상설화되어야 하며, 정책집행에 대한 감시평가활동의 자율성이 보장되어야 한다.

다섯째, 대변자, 행동가의 역할을 수행하는 민간조직과 제공자의 역할을 수행하는 민간조직이 분화되어야 한다. 가령 지역 단위에서 활동하는 복지관련 시민운동단체는 대변자나 행동가의 역할을 수행할 수 있고, 사회복지관이나 자활지원센터 등은 제공자의 역할을 수행할 수 있다. 여기에서 중요한 점은 두 개의 기능을 모두 수행하는 민간조직은 가능한 한 없는 것이 바람직하다는 것이다.

2) 각 모형의 현실적합성 평가

선택된 몇 가지의 파트너쉽 사례들은 각각의 모형에 기초하여 위치지워진 후, 실제의 파트너쉽 관계와 사업수행상의 문제점, 현실적합성 등을 중심으로 평가될 필요가 있다. 여기에서는 그러한 사례 탐구의 몇 가지 예를 소개하겠다.

(1) 실업극복국민운동 ; 병행보완모형

현재 경제위기 극복을 위해 다양한 활동을 하고 있는 대표적인 민간조직 협의체로 실업극복국민운동이 있다. 실업극복국민운동은 각 지역의 실업대책기구들에게 지속적인 지원사업을 펼치고 있다. 현재 실업극복국민운동의 지원사업에 참여하고 있는 대표적인 지역협의체는 1999년 6월 현재 31곳이 활동 중인 것으로 파악되고 있다. 서울의 경우 서울북부실업자사업단 등 6곳에서, 경기도 역시 부천, 안산, 광명 등 6곳에서 그리고 전국적으로 실업대책관련 조직체가 활동 중에 있다. 그 외 여러 지방자치단체들이 실업극복을 위한 민간단체 협의체 구성을 준비하고 있다.

실업극복 국민운동의 대표적 사업 중의 하나는 저소득실직가정돕기, 범국민결연사업으로 전국의 민간단체들을 총동원해 전국 단위로 정부지원의 사각지대에 있는 저소득 실직가정을 찾아내 일정기간(3개월 정도)동안 최소한의 생계유지에 필요한 월 10만원 상당의 물품을 지원하는 운동이다. 이 운동은 정부의 공공부조 대상에서 제외되어 있으나 지원이 필요한 사각지대의 대상가정을 민간의 전달체계를 이용해 돕는 운동인 것이다.

서울시 관악구에서는 15개 지역단체들이 실직자 돕기 '한가족운동' 을 통해 실업자 가장에서 자녀까지 종합지원을 하고 있다. 한가족운동은 고용안정지원센터와 생활안정지원센터를 중심으로 이루어지고 있는데, 예를 들어 한 실직가정이 생활안정지원센터에 구직신청을 하면, 가장에게는 일자리를, 주부에게는 특별취로사업을 알선해주고 학교에 다니는 자녀에게는 방과후교실, 미취학 어린이에게는 보육지원단체를 연결해주는 종합적인 지원을 가능하게 하는 것이다.

그 외 대표적인 지역의 활동사례들을 보면, 수원의 경우는 지역의 노·사·정·시민단체 협의체 건설을 통한 실업문제 해결을 추구하고 있으며, 전북은 조례제정을 통한 실업문제 해결을, 부천은 55개에 달하는 대규모 조직의 참여를 통한 종합적인 실업극복운동을 펼치고 있다. 수원의 경우는 1998년 3월 경제난 극복을 위한 각계 인사 간담회, 시민단체 경제토론회 등을 거쳐 경제살리기 수원시민협의회를 결성하여 10개 분야 60개 항목의 공동협약문을 채택하였다. 공동협약문에서 채택한 10개 항목은 물가 및 생활안정, 고용 및 실업대책, 시정의 효율화, 지역경제활성화 및 외국인 투자 유치, 협력적 노사관계 확립, 중소기업 및 벤처기업 지원, 기업의 사회적 책임 제고, 금융의 건전성 확보와 서비스 개선, 자원재활용 및 환경보전, 시민생활과 화합 등이다.

전북지역은 1998년 5월 전북지역 종교, 학술, 노동, 시민, 학생 등 26개 사회운동단체들이 주체가 되어 고용실업대책 전북도민운동본부를 출범시켰다. 전북도민 운동본부는 2차례 토론회를 거쳐 '전라북도 저소득층 및 실직자 지원에 관한 조례 '를 제정하기 위해 활동했었다. 지역차원에서 실직자 지원을 위한 조례를 제정하려고 하는 것은 중앙정부 차원에서 실시하는 사회보장제도가 미흡하여 현재의 고용보험제도나 생활보호제도에 포함되지 않는 다수의 저소득층이 존재하고 있는 현실을 반영한 것이다.

1998년 10월 창립대회를 치르고 활동에 들어간 실업극복 부천시민운동본부에는 부천시 종교계, 의료계, 학계, 경제계, 금융계, 언론계, 문화계, 노동계, 그리고 각종 시민사회단체 등 총 55개 단체가 참여하고 있다. 부천시민운동본부는 부천시와 협력하여 실업극복을 위한 다양한 사업을 구상하고 있다. 실업유형별 사회보장프로그램을 구분하여 부천시를 비롯한 공공기관과 관내 복지관 등 민간단체에서 제공하는 각종 프로그램을 소개하고 연결해주는 일을 하고 있다.

실업극복 국민운동의 성과를 살펴보면, 대규모 실업사태를 맞이하여 공공부조 등 정부 실업대책의 혜택을 받지 못하고 있는 저소득 가정에 대하여 그들의 어려움을 도울 수 있다는 최소한의 성과를 가져왔다. 그러나 현재와 같은 공공근로의 민간 위탁과 관련해서 현행의 위탁체 선정방법은 개선되어야 한다. 무엇보다 사업을 위탁받기 위해서는 관련 사업에 대한 과거의 실적과 사업에 대한 구체적인 계획안이 마련되어 있어야 한다. 그리고 과거의 위탁사업에 대한 전체적인 평가사업이 선행되어야 한다.

(2) 전북대 실직자 사회복지지원센터 ; 병행보충모형

① 설립배경 및 목적

한국전쟁 이후 최대 국난이라는 국제통화기금(IMF) 구제금융 사태 발생과 더불어 전북의 실업률은 1998년 5월에 5.6%까지 증가. 이는 전국의 평균실업률(6.9%)보다는 낮으나 이는 7대 광역시를 제외하면 경기도에 이어 두 번 째로 높은 것으로 조사·보고되어 있다. 또한 부부갈등, 청소년문제, 이혼, 가출, 노인유기 및 방임, 술과 마약, 도박, 생계형 범죄, 부랑인(홈리스)과 같은 실업으로 인한 문제와 공원, 낚시터, 등산로, 전주천변, 역주변 등에서 소일하는 실직자가 증가하고 있다.

이러한 현실은 교육, 연구, 봉사를 3대 사명으로 하는 대학의 관여를 촉구하고 있고, 전북지역의 중추적인 고등교육 기관인 전북대학교는 대학이 지닌 인적자원과 물적자원을 동원하여 실직자를 돕고 실업문제해결을 위한 노력을 기울이기로 하고, 그 일환으로 1998년 7월 6일, 실직자 사회복지 지원센터를 개소하기에 이르렀다.

이후 2년에 걸쳐, 봄과 가을에 각각 담쟁이 학교를 실시하고, 여름과 겨울에는 각각 담쟁이캠프를 실시하여, 현재 전주시의 15개 동에서 실시하고 있는 꿈나무교실의 원형적인 모델을 제시하였을 뿐만아니라, 정서지원 및 무료학습지도 프로그램을 받는 실직가정 자녀들과 실직가정 부모들에게도 매우 긍정적인 평가를 도출하게 되었다.

② 인력구성 및 기구도

· **운영인력**
　　소장 1인(교수, 비상근)
　　사무국장 1인(사회복지사, 상근)
　　사무간사 1인(학부재학생, 상근)
　　프로그램운영부장 1인(대학원생, 상근)
　　상담사업부장 1인(대학원생, 비상근)
　　상담사업부 간사 1인(대학원생, 상근)
· **운영위원 : 전북대학교 내 관련학과 교수 10여명으로 구성**
· **자문위원 : 전북대학교 내외 인사 10여명으로 구성**

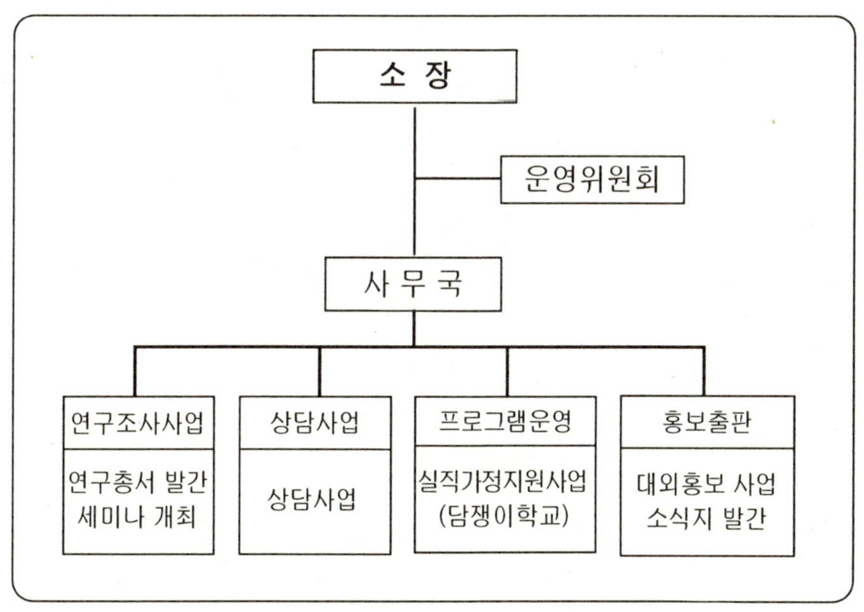

③ 운영예산(지원기관)

1998년도 : 실업극복국민운동본부. 국고지원(전북대학교 본부 기획연구실).
          전주시
1999년도 : 실업극복국민운동본부. 국고지원(전북대학교 본부 기획연구실).
          전주시 자원봉사과. 대학생자원봉사단
2000년도 : 실업극복국민운동본부. 국고지원(전북대학교 본부 기획연구실).
          공동모금회

④ 활동실직

실직자녀 지원 프로그램

사 업 명	내 용
98여름담쟁이학교	기 간 : 98년 8월 3일 ~ 8월 14일 (2주) 장 소 : 전북대학교 교내 및 전주시의회, 익산 미륵사지 대 상 : 실직가정 자녀중 초등학생 35명
98가을담쟁이학교	기 간 : 98년 10월 12일 ~ 12월 20일 (10주) 장 소 : 전북대학교 사회과학대학 /전주시 덕진동사무소 회의실 대 상 : 실직가정 자녀중 초 · 중 · 고등학생 80여명
99겨울담쟁이학교	기 간 : 99년 1월 21일 ~ 23일 장 소 : 청정인성수련원(전북 완주군 구이면 안덕리 소재) 대 상 : 실직가정 자녀중 초 · 중학생 100여명
99봄담쟁이학교	기 간 : 99년 4월 6일 ~ 5월 30일(8주) 장 소 : 전북대학교 사회과학대학 / 전주시 덕진동사무소 회의실 대 상 : 실직가정 자녀중 초 · 중학생 60여명
99여름담쟁이학교	기 간 : 99년 8월 12일 ~ 14일 장 소 : 대광 수련원(전북 진안군 백운명 소재) 대 상 : 실직가정 자녀중 초 · 중학생 60여명
99가을담쟁이학교	기 간 : 99년 9월 27일 ~ 11월 21일(8주) .장 소 : 전북대학교 사회과학대학 / 덕진동사무소 회의실 / 전북대 　　　　 전자계산소 대 상 : 실직가정 자녀중 초 · 중학생 60여명

자원봉사자 모집 및 교육 프로그램

사 업 명	내　　　　　　　용
자원봉사자교육	일　시 : 98년 7월 20일 장　소 : 전북대학교 실직자 사회복지 지원센터 대　상 : 전북대학교 실직자 사회복지 지원센터에 등록한 자원 　　　　봉사자 20명
98가을담쟁이학교 자원봉사자모집	기　간 : 98년 8월 24일 ~ 9월 5일 지원자 : 전북지역내 대학생 101명 지원카드 작성
98가을담쟁이학교 자원봉사자모집	일　시 : 98년 9월 24일 18 : 00 장　소 : 전북대학교 합동강당 103 세미나실(70명 참석)

사 업 명	내　　　　　　　용
99겨울담쟁이캠프 자원봉사자모집	일　시 : 99년 1월 6일 15 : 00 장　소 : 전북대학교 사회과학대학 315강의실(30명 참석)
99봄담쟁이학교 자원봉사자모집	일　시 : 99년 3월 19일 18 : 00 장　소 : 전북대학교 사회과학대학 315강의실(50명 참석)
99여름담쟁이캠프 자원봉사자모집	일　시 : 99년 7월 29일 18 : 00 장　소 : 전북대학교 실직자 사회복지 센터(40명 참석)
99가을담쟁이학교 자원봉사자모집	일　시 : 99년 9월 13일 17 : 00 장　소 : 전북대학교 사회과학대학 317강의실(45명 참석)

실업관련 상담사업 (98년 7월 6일 ~ 98년 12월 31일)

내 용	(재)취업교육	취업정보 및 구직상담	교내서비스이용	실직급여 및 대출문의	자녀 학습지도	기 타
건 수	39건	43건	8건	5건	32건	5건

아동 및 청소년대상 개별상담(99년 10월 28일 ~ 99년 12월 27일)

담쟁이학교 대상 학생 중 4명을 중심으로 상담 실시

세미나 및 연구사업

사 업 명	내　　　　용
전북지역 실업극복 국민운동 심포지엄	주 제 : "실직가정 겨울나기와 민관협력 체계구축" (노숙자와 실직 귀농자에 대한 심층면접 및 전화조사, 민간과 정부의 실업대책활동 조사 발표) 일 시 : 98년 10월 21일 10 : 00 장 소 : 동학혁명 100주년 기념관
제 2차 전북지역 실업문제 해결을 위한 토론회	주 제 : "실직근로자의 실태와 정부의 실업대책", "전라북도 저소득층 및 실직자 지원에 관한 조례 제정의 의의 및 조례(안)" 일 시 : 98년 7월 28일 18 : 30 장 소 : 전북대학교 행정대학원 세미나실
실업시대의 사회복지 서비스를 위한 프로그램 워크샵	일 시 : 98년 8월 28일 09 : 30 ~ 18 : 00 장 소 : 전북대학교 행정대학원 세미나실
제 1기 사회복지학교	기 간 : 98년 9월 11일 ~ 29일(총 6강) 장 소 : 전북대학교 행정대학원 세미나실

사 업 명	내　　　　용
IMF체제하의 실업문제와 사회적 위기	일 시 : 98년 9월 25일 13 : 30 ~ 17 : 30 장 소 : 전북대학교 합동강당 103 세미나실
IMF체제하의 사회복지의 대응	일 시 : 98년 10월 16일 10 : 00 장 소 : 전북대학교 합동강당 103 세미나실
실업극복을 위한 NGO의 활동과 성과	일 시 : 99년 6월 17일(목) 14 : 00 ~ 18 : 30 장 소 : 전북대학교 합동강당 103 세미나실
국민기초생활보장법 설명회 및 향후운영방안에 관한 간담회	일 시 : 99년 9월 10일 16 : 00 장 소 : 전북대학교 사회과학대학 세미나실
실업자 대상 집단 프로그램 실천을 위한 상담원 워크샵	기 간 : 99년 10월 9일 10 : 30 ~ 19 : 00 장 소 : 전북대학교 사회과학대학 217 대학원 세미나실

⑤ 활동의 의의

실직가정 자녀들에게 무료로 학습지도 및 정서지원 프로그램을 실시하는 '담쟁이학교'는 지난 98년 가을 담쟁이학교를 마치고 난 뒤 대상 학생 중 중등부 21명을 대상으로 구조화된 설문조사를 실시한 바 있다. 실직가정 자녀라는 특성을 가지고 있으나 담쟁이학교와 같은 프로그램에 참여하지 않은 15명의 학생을 통제집단으로 설정한 뒤 이들 각각에게 설문 조사를 실시한 뒤 그 결과를 비교분석하고 그에 대한 자체적인 평가를 실시한 바 있다. 그 결과는 다음과 같다.

담쟁이학교에서 실시한 학습지도의 유용성 여부에 대상 학생 중 68.2%가 '매우 유익하거나 유익했다'고 응답하였고 42.1%의 학생은 학습지도 이 후 '성적이 올랐다'고 응답하였다. 정서지원 집단프로그램의 유용성에 대해서는 80%의 학생들이 '매우 유익하거나 유익했다'고 응답했다. 또한 과반수 이상의 학생들이 담쟁이학교에서의 경험을 통해 학교 생활하는데 있어서(50%)나 친구를 사귀는데 있어(63.6%) 자신감을 갖게 되었다고 응답하였다. 자원봉사자와의 학습지도와 정서지원 프로그램은 실직가정들에게 건강한 성인으로서의 모델링을 제시하는 기회가 되었으며 초, 중학교 학생들에게 방과후의 시간을 보람되게 보낼 수 있도록 하는데 기여했다고 평가된다. 이 설문결과 분석을 바탕으로 한 박현선(전북대학교 행정복지학부, 실직자 사회복지 지원센터 자문교수)교수님의 연구보고서가 실직자 사회복지 지원센터의 개소 1주년 기념 세미나에서 발표되었으며, 이는 전주시 교육청의 많은 관심을 받기도 하였다.

또한 전북대학교 실직자 사회복지 지원센터에서 실시하는 '담쟁이학교'는 99년 8월 전주시 자원봉사 우수 프로그램으로 선정되어 자원봉사 활성화에 기여한 것으로 인정되었고 99년 상반기부터 전주시에서는 담쟁이학교와 유사한 형태의 '꿈나무 학습교실'을 전주시 15개 각 동에서 실시하여 실직 및 저소득가정 자녀에 대한 지원사업을 실시하고 있다. 이는 담쟁이학교가 전주시에 자원봉사 활성화 및 실직 · 저소득가정 지원을 위한 하나의 모델을 개발하고 제시하는 지역 파급효과를 가져왔음을 알 수 있다.

(3) 관악실업극복운동 ; 협동대리모형

① 지역비영리 민간단체의 개요

관악구는 약 53만의 인구에 저소득층이 전통적으로 많이 몰려 사는 지역이다. 서울시에서도 신림동과 봉천동의 속칭 '달동네', '산동네' 라 불리는 저소득층 밀집지역은 가장 대표적이라 할 수 있다. 최근에는 이러한 저소득층 밀집지역이 재개발 사업으로 많이 해체되어 아파트 단지로 바뀌고 있지만, 아직도 저소득층이 많이 밀집해 있는 대표적인 지역이다.

이 곳에는 1980년대 중반부터 봉천 2동과 3동, 5동, 6동, 9동, 그리고 신림 7동과 10동 등에서 많은 비영리 민간단체들이 저소득층의 권익향상과 복지서비스를 제공하기 위해 활동해 왔다. 이러한 단체들이 1995년에 함께 모여 '관악주민연대' 라는 단체를 결성하여 지금까지 활동하고 있다. 이 '관악주민연대' 를 모태로 지금은 '관악사회복지', '관악자활지원센터' 등이 설립되어 활동하고 있다. IMF로 인해 관악구 내 저소득층들의 생활문제가 위기에 처하자, 위의 제 단체들(23개 단체)은 관악실업극복운동본부를 설립하여 저소득 실직가정의 생활안정 지원사업과 고용지원 사업을 펼치고 있다. 여기에서는 특히 민간조직인 관악실업국민운동본부가 실업극복국민운동본부 및 정부조직에서 지원받아 펼치는 지역사회안전망 구축 사업을 사례로 다루고자 한다.

② 저소득층 지원사업

민간지역사회안전망 구축을 위한 생활안정지원사업

생계비 지원사업
· 결식아동 생계비 지원 : 1가구 당 14만원씩 500가구 지원
· 실직가정돕기 범국민결연운동 : 1가구 당 30만원의 생계비 1,703가구 지원
영유아 보육지원사업 : 180명에게 보육료 지원(총 지원액 18,200,000원)
의료지원사업 : 의료단체와 함께 정기적인 건강검진 및 건강관리(498명), 건강교사 양성(9명), 구충약 복용(920명), 치과치료 등의 사업 펼침
아동 청소년 방과후 지도 및 보호상담 사업
· 방과후 아동지도 : 390명

· 보호상담 : 45가정
무료급식 : 1,379명에게 34,475식 제공
실직노숙자 지원사업 : 연인원 1,140명에게 숙식제공
푸드뱅크 서울남부지역운동본부
· 음식물 공급처 52곳, 수요처 30곳(일일 평균 200명에게 음식제공)

고용지원사업

장애인 직업재활사업 : 실직 정신지체장애인 20명에게 직업재활교육 및 취업알선
인턴사원고용 : 9개월 간 월 22명 비영리 민간사회단체에 근무케 함
구인구직 알선 : 상용직 알선 272건, 일용직 알선 126건
특별취로사업 : 1인 실인원 29명(1999년 말 기준) ; 사회복지 도우미, 세탁, 헌옷
　　　　　　　재활용 등
공공근로 자활사업단 :
· 시래기 가공 사업단 : 연인원 1,600명(1일 16명 100일)
· 저소득 가정 집수리 사업 : 1일 20명(1998년 12월~1999년 9월)
· 공공시설 도색사업 : 1일 20명(1999년 7월~1999년 12월)
· 지역지킴이(복지 도우미)사업 : 1일 15명(1998년 10월~계속)
노숙자 자활사업단 : 도시락 사업단, 의류임가공사업단, 재활용품 수거/처리사
　　　　　　　　업단
자활공동체 사업
· 부업장 3개소
· 공동작업장 1개소
· 용역사업부 2개소

③ 민간사회안전망 구축사업

　민간 사회안전망 구축사업은 말 그대로 민간이 지역사회에서 저소득층들에게
필요한 복지서비스를 총괄적으로 제공할 수 있는 사회안전망을 구축하겠다는 것
이다. 이러한 사회안전망의 성공여부는 그 서비스가 얼마나 필요한 이들에게 적
절하게 전달되는가 하는 전달체계와 이들에게 필요한 만큼의 서비스를 제공할 수
있느냐의 여부에 의해 결정될 것이다. 그런 점에서 현재 관악실업극복운동본부는

복지전달체계와 서비스의 질과 양에 있어 기존의 공공 중심의 그것보다 발전한 형태라 볼 수 있다.

관악구의 저소득층에 대한 복지전달체계는 주로 시범보건복지사무소(보건소 + 복지사무소)에 의해 이루어지고 있다. 여기에는 사회복지전문요원 16명이 근무하고 있다. 따라서 이들은 복지서비스가 필요한 지역에서 멀리 떨어져 있으며, 이 인원으로 필요한 이들을 제대로 발굴하여 이들에게 적절한 서비스를 전달하는 데에 한계가 많은 실정이다. 그러나 이에 반해 관악실업극복국민운동본부는 관악구에 전체 5개의 창구를 마련하여 주민들에 대한 상담 및 홍보, 그리고 지원활동을 펼치고 있다. 그러나 이러한 창구는 단순히 관악구를 5개 권역으로 나누어 복지서비스를 제공하는 것이 아니다. 이 사무실은 앞에서 언급한 관악구의 빈민지역에서 대부분 10년 이상 활동하여 온 제 비영리 민간복지시설과의 긴밀한 연관성 속에서 운영되어지고 있다. 그리고 이러한 비영리복지시설의 실무자들은 대부분 그 지역에서 주민들과 함께 살아가는 이들이라는 점에서 주민들과 아주 친밀하고 밀접하게 생활하고 있다. 따라서 이 사무실은 해당 지역에서 일상적으로 활동하고 있는 비영리 민간복지시설의 일상적 네트워크를 통해 주민들의 실생활형편을 보다 밀접하게 관찰하고 지원의 종류를 선정할 수 있다는 장점을 갖고 있다.

이렇듯 관악구의 예는 공공의 정책이 미처 파악하지 못하는 정책사각지대를 발굴하는 것에 탁월한 기능을 발휘하고 있다. 또한 민간비영리기구의 다양한 기존 활동과의 연계로 인해 필요한 이들에게 필요한 다양한 서비스를 제공할 수 있게 되었다. 한 예로, 봉천 1, 5 ,9, 본동을 관할하는 창구에서는 1998년 10월부터 1999년 9월말까지 387건의 내방상담을 하였고, 주변의 비영리 민간복지시설과의 네트워크를 통해 구직 및 공공근로 민간위탁사업, 생계비 지원, 영유아 보육 및 아동청소년 방과후 지도, 의료지원사업 등의 서비스를 적절히 제공하였다. 이는 특히 저소득층의 문제가 단지 실업 등의 한 가지 문제만을 의미하지 않기 때문에, 한 가구에 대해서 가장에게는 일자리 알선이나 자활공동체에서 일할 수 있도록 일거리를 제공하고, 그 가정에 대해서는 생계비 및 의료지원사업을 제공하며, 방치된 이들의 자녀들을 위한 보육 및 방과후 보호사업 등을 한꺼번에 연결해 주는 즉 one stop service를 제공한다는 장점을 갖고 있다.

또한 정책사각지대에 놓여있는 주민들을 정책의 대상자가 될 수 있게끔 한 사례를 한시적 생활보호대상자를 선정하는 과정을 통해 잘 알 수 있다. 한시적 생활보호대상자를 선정하는 사업은 저소득층의 광범한 실업사태를 맞아 이들에게 최소한의 생계비를 제공하고자 하는 사업의 취지에도 불구하고 주민들에게 홍보가 제대로 되지 않아 필요한 사람이 선정되지 못하는 문제점을 안고 있었다. 이는 사회복지전문요원들이 직접 지역을 돌아다니며 각 가정의 생활실태를 파악하지 못하기 때문에 생길 수밖에 없는 문제점이었다. 그러나 봉천 1동과 5동, 9동, 그리고 본동을 관할하는 사무실에서는 인근의 비영리 민간복지시설과 자체 내방객의 상담을 통해 지금까지 58가구를 한시적 생활보호대상자로 추천할 수 있었다. 즉, 공공의 홍보로는 파악하지 못했지만 한시적 생활보호대상자의 기준에 맞는 이들을 발견하여 이들을 관계기관에 추천하거나 신청절차 등을 안내하여, 이들이 한시적 생활보호대상자가 되도록 지원한 것이다.

(4) 간병인 사업단 '평화 나눔 공동체' ; 협동대리모형

① 전개과정

1996년에 설립된 노원 자활지원센터에서는 초기부터 성북 자활지원센터와 연대하여 간병, 파출부, 보모, 산후 조리 등의 사업을 시작하였다. 이 당시의 사업형태는 광고를 통해 구직자와 구인자를 모집하여 서로 연결하는 용역사업과 같은 형태를 띠었다. 그러나 구직자에 비해 구인자가 적어 사업은 흐지부지 중지되었다. 하지만, 1998년 하반기에 보건복지부로부터 특별취로사업을 위탁받으며, 본격적으로 지역에 봉사할 수 있는 일로 간병인 사업을 모색하였다. 초기에는 이 사업에 대한 구체적인 계획이 없이 동사무소 등을 통해 경제적 사정으로 간병인이 필요함에도 구하지 못하는 사람들을 소개받고 실사를 거쳐 간병인을 파견하는 방식으로 사업을 진행하였다. 이러한 사업을 진행하면서 느낀 문제점은 중증환자와 경증환자에 따라 노동의 강도가 다르고, 일하는 자세 등에 대해서도 통제가 되지 않음으로 인해 간병인으로 일하는 사람들 내부에 불만이 생기는 등이다.

그리고 소수의 인력(12명)으로 간병이 필요한 저소득층들을 모두 포괄할 수 없어 1999년 1월에는 특정 지역을 선정하였다. 중증환자가 많고 하루 종일 서비스가 필요한 노인이 많은 지역인 영구임대주택단지 두 곳(하계 9단지, 중계시영 3단지)이 선정되었다. 그리고 이러한 사업을 하는 중 가정에서 간병을 받던 사람들이 병원으로 가는 경우가 생기기도 하여, 지역내의 상계 백병원과 을지병원을 선정하여 간병인을 파견하기 시작하였다. 병원에서는 사회복지과나 간호과에서 소개한 사람을 직접 실사를 통하여 간병인을 파견하는 형식을 취하였다. 실사는 간병을 신청한 사람의 경제적 상황과 간병의 필요성 정도를 함께 고려하여 이루어 졌다.

이를 위해 취로사업에 종사하는 1인이 경증환자를 간병하며 가정에 파견되는 간병인의 감독책임자로 일하도록 하였고, 병원에 파견되는 간병인은 자활지원센터의 실무자가 맡았다. 감독자는 항상 현장을 방문하여 환자의 상태나 간병인들의 작업상황을 점검하였다.

이러한 사업을 펼치자 서울시 가정복지과에서 운영하는 가정도우미들과 갈등이 일기 시작했다. 즉, 이들은 한 사람이 4~5인을 방문하기 때문에 환자 한 사람이 일주일에 한번 정도의 서비스밖에 받지 못하였다. 이럴 경우 중증환자의 경우에는 도움이 안되기에, 중증환자를 모두 평화 나눔 공동체로 소개하였다. 따라서 평화 나눔 공동체에서 일하는 사람들의 불만이 쌓이기 시작한 것이다. 이에 따라 서울시에서 운영하는 가정복지도우미와 차별성을 두어야겠다는 생각과 현실적으로 병원과 가정을 모두 담당할 만한 능력이 없어 가정간병을 그만두고 위의 병원 두 곳에서만 간병을 담당하게 되었다. 그러나 가정간병을 그만두는 과정에서 서비스를 받던 환자들에게 "예산이 안 나와서 더 이상 도움을 드릴 수 없다"라는 말을 하지 못해, 시설입소가 필요한 분들은 시설입소를 주선해 주고, 시설입소가 불가능한 사람들은 서울시의 가정복지 도우미들에게 연결시켜 주었다. 그러나 중증 환자 3명은 시설에도 입소하지 못하고 서울시 가정복지도우미들의 간병으로는 별 도움이 되지 않아, 현재까지도 이 환자들의 간병을 맡고 있다.

또한 병원에서는 간병인이나 간병을 담당할 보호자가 없는 경우 입원이 허용되지 않는다. 그리고 병원에 입원한 환자의 경우 24시간 간병이 필요한 경우도 많았다. 그러나 현 제도상으로는 8시간 이상의 노동이 허용되지 못하였다. 이에 따라 평화 나눔 공동체에서는 구청과 노동시간 및 임금에 대한 협상을 시작하였는데, 구청 측에서는 1일 3교대는 가능하지만, 초과 임금이나 시간연장은 불가능하다는 입장을 취하였다. 그러나 간병인을 바꾸는 것은 환자를 불안하게 만드는 요소가 될 수 있기 때문에, 아주 위급한 환자의 경우에만 2교대, 3교대를 하고 나머지는 하루 8시간의 간병만 하게 되었다. 그리고 간병인들이 비록 취로사업으로 이 일에 참여하고 있다고 하더라도 간병을 하면서 맺은 관계로 인해 필요한 경우 자원봉사로 일을 추가적으로 하기도 하였다.

활동을 하던 중, 위의 두 병원에서 치료하지 못하는 환자들이 국립병원 등으로 이송되는 일이 발생하였다. 그러면서 저임금을 받고 활동하던 간병인들의 경우 먼 곳으로 차를 타고 가면서 계속 간병하는 일이 어려워 졌다. 이에 평화 나눔 공동체에서는 간병인 사업을 위한 공공근로를 신청하였고, 서울시내의 종합병원에 간병인 신청을 받는다는 공문을 돌려 국립재활원, 국립의료원, 원자력 병원, 적십자 병원, 청량리 성바오로 병원 등에서 간병인 파견을 요청하였다. 공공근로사업에서는 요청을 한 병원에 일정한 인원을 배치하여 병원 안에서 이들을 자체 관리하고 실무자는 작업관리만 하는 체계로 바뀌었다.

② 현황

　1999년 11월 16일 현재 특별취로사업에 12명이 결합되어 있고, 공공근로는 40명이 일하고 있다. 특별취로사업으로 일하고 있는 이들은 3명이 시설에 입소하지 못하지만 full time(하루 8시간) 간병이 필요한 이들을 위한 간병활동을 하고 있으며, 나머지는 병원에서 간병활동을 하고 있다. 그리고 공공근로로 일하고 있는 간병인은 국립재활원 13명, 국립의료원 6명, 성바오로 병원 8명, 원자력 병원 5명, 적십자병원 3명이 현재 일하고 있다. 애초에 공공근로로는 40명의 인원을 신청하였는데, 일이 힘들어 중간에 그만두는 이들이 생겨 5명이 결원인 상태이고, 또 다시 인원을 보충할 계획이다.

　간병인의 경우 그 특성상 기운을 어느 정도 쓸 수 있는 나이의 사람들이 할 수 있는 일이며, 이 때문에 일이 힘들어 중간에 그만둔 사람도 있다. 특히 국립재활원 같은 곳에서 일하기 위해서는 환자들을 옮길 수 있을 정도의 기운이 있어야 하므로 노동강도가 센 편이다. 그리고 원자력 병원의 경우 암환자가 많아 호스피스의 역할까지 해야 하므로, 어느 정도 전문성이 요구되어진다. 이를 위해 간병인으로 신청한 이들은 본격적으로 현장에 투입되기 전에 1주일간 간병에 필요한 기술교육을 받으며, 병원에서 진행하는 교육에도 가능한 참여하도록 한다. 그리고 격주에 한번씩 공동체 교육 등의 소양교육을 평화 나눔 공동체에서 시행한다.

　이러한 사업을 시행하는 데에 있어 드러나는 문제점은 첫째, 하는 일에 비해 임금이 지나치게 낮다는 것과 근무시간이 낮동안의 8시간에 한정되어 있어 간병을 필요로 하는 이들에게 효과적인 서비스를 제공하지 못한다는 것이다. 그리고 마지막으로는 공공근로 및 특별취로사업으로 이 활동을 전개하기 때문에, 일을 하면서 어느 정도 전문성이 생긴 사람들을 지속적으로 이 사업에 투입하지 못한다는 것이다.

③ 의의

평화 나눔 공동체의 경우도 대한성공회에서 운영하는 '나눔의 집'을 통해 10년 이상 빈민지역에서 주민사업을 하여 온 이들에 의해 결성되었다. 따라서 이들은 지역의 현황을 잘 파악하고 있으며, 주민들에게 필요한 서비스의 내용과 질을 잘 파악하고 있다. 따라서 기존의 공공사회복지에서는 담당하지 못했던 간병인 사업을 시행할 수 있었으며, 서울시의 가정복지 도우미와 달리 필요한 이들에게 적절한 서비스의 양과 질을 제공하려는 헌신성도 갖추고 있다. 즉, 간병인의 상황에 따라 유연하게 24시간 간병에서부터 공공서비스 영역에서는 포괄하지 못하는 정책 사각지대의 서비스 수요자를 발굴하여 서비스를 제공할 수 있는 조건을 갖추고 있는 것이다.

같은 간병인 사업을 시행하더라도 서울시에서 운영하는 가정복지 도우미와는 달리 필요한 이들에게 필요한 양의 서비스를 제공하기 위해 노력하고 있으며, 지역 내에 주민공동체를 건설하려는 활동들을 오래 전부터 해오고 있었으므로, 임금 등을 문제를 떠나 지역봉사활동으로서 주민을 동원할 수 있는 교육 및 실천활동을 할 수 있는 조직적 틀과 내용을 이미 갖추고 있다고 할 수 있다. 그러나 공공의 유연하지 못한 복지전달체계는 이들의 활동을 제한하고 있다.

3) 시범사업의 운영

지역수준에서 이루어지고 있는 공공과 민간의 다양한 파트너쉽 사례들을 탐구하고, 각각의 사례들을 네 가지 모형의 틀에 적용시켜보는 작업이 이루어지고 난 후에는 몇몇 지역의 단위사업을 기초로 한 시범사업을 실시한다.

이 시범사업은 앞 단계에서 탐구된 사례들을 기초로 이루어지는 것이 바람직하다. 즉 네 가지 모형을 기준으로 몇 개의 사례들을 고르고, 광역시와 중소도시 등 지역수준에 따라 몇 개의 대상지역을 선택하여 6개월에서 1년 정도의 시범사업을 운영하는 것이다.

이러한 시범사업은 철저한 사전설계에 입각하여 사전계획과 집행과정에 대한 모니터링 및 사후 평가의 과정을 거치도록 한다.

2. 지역단위의 복지네트웍 구축

참여복지체계를 실현하기 위한 구체적인 방안은 지역단위의 복지네트웍의 구축을 통해 제시될 수 있다. 이 네트웍은 지역 내에 있는 사회복지관련 이용시설(사회복지관, 재가복지센터 등)과 생활시설(양로시설, 육아시설, 장애인요양시설 등), 자활지원센터, 고용안정센터, 자원봉사센터, 시민단체, 의사협회나 변호사회 등의 전문가단체, 종교기관, 정부조직(시·군·구청의 사회복지과와 보건소, 주민복지센터) 등을 망라하여 구성된다. 처음부터 이들 모두가 함께 참여하기는 어려울 수 있으므로 참여가 가능한 부문부터 구성해 나가도록 한다. 이 네트웍 내에 각 기관의 대표자들로 구성되는 대표자위원회와 각 기관의 과장급 이하 실무자들로 구성되는 실무자회의를 두며, 긴급한 사안이 발생할 경우에 특별위원회를 두도록 한다.

복지네트웍의 구체적 모형은 앞서 제시한 파트너쉽 모형에 기초하여 각 지역마다 상이할 수 있다. 또한, 몇 개의 지역단위에서 복지네트웍을 시범적으로 작동시켜보고, 그에 대한 엄밀한 평가과정을 거쳐야 한다는 짐이 중요하다.

복지네트웍의 참여주체

공공조직 : 동사무소 사회복지전문요원, 보건소 방문간호사, 가정도우미,구청 사회복지

민간이용시설 : 사회복지관, 노인복지관, 장애인복지관, 장애인재활병원, 기타 재가복지시설, 자활지원센터 등

민간수용시설 : 양로원, 요양원, 장앤인수용시설, 영육아보호시설, 청소년보호시설 등

주민단체 : 주민운동단체, 부녀회, 노인회, 자원봉사회 등

기타단체 : 병원, 전문가단체, 종교기관, 기업단체

▶ 네트웍의 실제구조는 파트너쉽 모형에 기초하여 지역별로 편차를 가지도록
▶ 몇 개의 지역에서 시범적인 작동과정을 거쳐서 운영방안을 확정

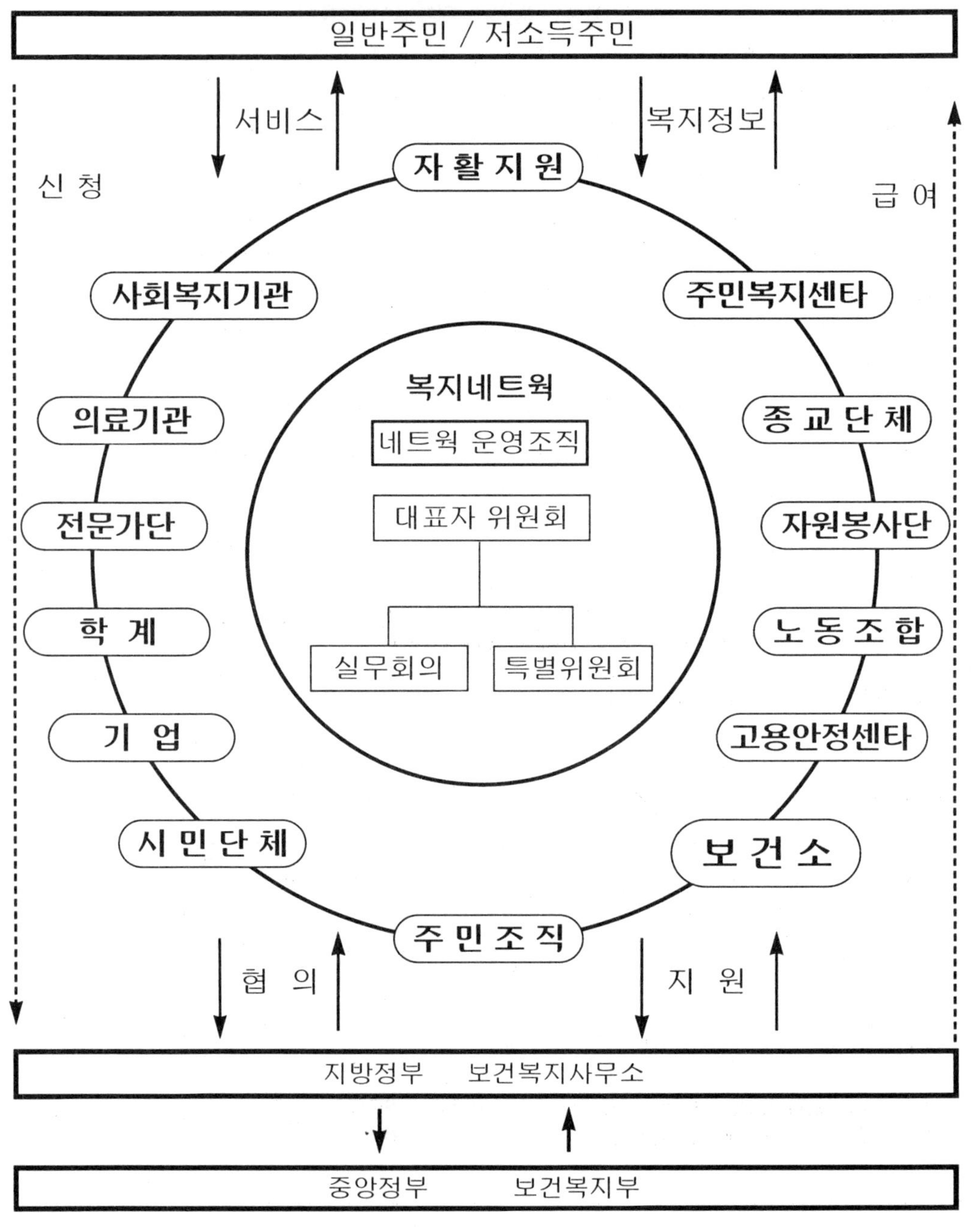

복지네트웍의 모형 (안)
일반주민 / 저소득주민
서비스
복지정보
신 청
급 여
자 활 지 원
사회복지기관
주민복지센타
의료기관
종 교 단 체
전문가단
자원봉사단
학 계
노 동 조 합
복지네트웍
네트웍 운영조직
대표자 위원회
실무회의
특별위원회
기 업
고용안정센타
시 민 단 체
보 건 소
주 민 조 직
협 의
지 원
지방정부   보건복지사무소
중앙정부   보건복지부

1) 고려사항

(1) 복지네트웍의 참여주체와 리더쉽

복지네트웍의 지도력을 고려할 때, 먼저 과연 지도력의 구심점을 어디에 두어야 할 것인가를 고민해야 한다. 그것은 지역사회에서 가장 고통받는 사람들, 즉 욕구가 가장 필요한 수요자 집단이 지도력을 발휘해야 하는가 아니면 중산층 출신의 사회운동가 집단이 지도자가 되어야 하는가 하는 점을 고려해야 하는 것을 의미한다.

복지네트웍이 펼치게 될 지역 사회복지운동의 주체가 누가 되어야 하는 것에 대해서는 사회복지 전문가의 주도적인 활동과 일반 시민들의 적극적인 참여가 동시에 이루어져야 한다는 입장이 우리 현실에 비추어 볼 때 적합할 것이다. 그러나, 이 주장에도 복지대상자 집단이 사회복지운동의 주체가 되어야 한다는 고려는 보이지 않는다. 왜냐하면 우리 나라의 경우 복지대상자가 지역사회복지운동의 주체가 되어야 한다는 주장이 실천현장에서 설득력을 보여주기에는 아직 미흡하다고 생각되기 때문이다. 그것은 우리나라의 경우 아직 욕구가 필요한 복지대상자 중심의 지역복지운동의 경우보다는 중산층 중심의 사회운동가 주도의 지역복지운동이 대부분을 차지하고 있기 때문이다.

선진국의 사회복지운동의 역사를 보더라도, 우리 나라와 마찬가지로 일부 사회운동가의 활동 여하에 따라 사회복지운동의 성쇠가 결정되고 있다. 미국의 대표적 2세대 복지권 운동조직인 뉴욕 도심복지옹호센터(The Downtown Welfare Advocate Center)의 역사를 보면, 초기 운동을 이끌던 2명의 사회운동가의 퇴장은 바로 조직의 와해로 이어지고 있다. 그러나 그렇다고 해서 수요자 중심의 사회복지운동의 경험이 전무한 것은 아니다. 미국의 무주택 부랑인(Homeless) 운동이 바로 그러한 경험의 예이다.

전통적으로 무주택 부랑인은 의존적이고 조직화가 어렵기 때문에 정치적으로 무능력한 집단으로 간주되며, 따라서 무주택 부랑인들을 위한 정치적 행동은 무주택 부랑인들에 의한 사회운동이 아니라, 그들을 위한 사회운동이 필요하다고 판단되는 경우가 대부분이었다. 그러나, 1987년 미국의 메인주 포들랜드시의 사례는 무주택 부랑인들의 자기 문제해결 과정을 잘 보여주고 있다(Wagner & Cohen, 1991). 1987년 7월 임시 무주택 부랑인시설 폐쇄에 대항하여, 무주택 부랑인들은 ‘무주택자와 빈민들의 존엄성연합(the Coalition for the Dignity of the Homeless and Poor)’ 이라는 조직활동을 통해 시청청사 점거를 거쳐 공원에 집단

텐트촌을 형성하였다. 이러한 텐트촌의 형성은 지역언론의 관심을 가져 왔으며, 결국 무주택 부랑인 운동 전문가의 중재에 의해 시로부터 지속적인 임시거처 마련, 일시부조 지급, 근로연계 프로그램의 철폐, 그리고 시 정책의 홍보 등의 성과를 가져왔다. 뿐만 아니라 조직 내부에 고충처리위원회가 결성되어, 무주택 부랑인 혹은 과거 무주택 부랑인 경험이 있는 사람들에 의한 '동료 옹호인' 활동이 활성화되었다. 이와 같은 사회운동의 경험은 물질적 혜택의 증가라는 결과 외에도 운동참가자들에게 '연대감', '역량강화', '재사회화' 의 계기를 제공함으로써 향후 지역사회운동에의 적극적 참여 동력을 제공하였다.

우리 나라의 경우 경제위기 이후 사회복지의 주요 수요집단으로 등장한 무주택 부랑인(Homeless)들의 문제가 일부 전문가들과 사회운동가들에 의해 제기되어 해결책이 모색되고 단편적이지만 공공과 민간의 서비스가 제공되고 있다. 그러나 무주택 부랑인들이 주체가 된 조직적인 문제 해결 모색은 아직 보이지 않고 있다. 결국, 우리 나라의 경우 복지네트웍의 지도력과 관련해서 복지수요자 집단이 지금 당장 지도력을 발휘할 수 있는 상황은 아니며, 지역복지운동가와 지역복지전문가 중심의 지도력이 발휘되어야 한다고 본다. 다만, 지역 문제 해결의 중심에 항상 그 문제로 가장 고통받는 집단이 함께 해야 한다는 사실을 고려한다면, 복지수요자 집단이 미래에 지도력을 발휘할 수 있도록 그들과 연대할 수 있는 구조를 만들어야 할 것이다.

지도자의 지도력 못지 않게 중요한 것은 네트웍에 참여하는 구성원들이다. 네트웍이 실효성을 거두기 위해서 참여하는 개별 조직 대표자들이 조직으로부터 제공받는 합법적 권위를 가져야 하며, 관련 집단들로부터 신뢰를 얻어야 한다. 동시에 그들은 네트웍의 활동을 위해 가치로운 자원을 동원할 수 있어야 한다. 조직 구성원들은 조직 목표 달성을 위해 조화로운 체계 형성을 위해 노력해야 하며, 비록 신념의 차이가 있더라도 상호 조화의 원칙 하에 목표를 조정하면서 공통 분모를 찾을 수 있을 것이다. 특히 수혜자 집단 출신의 구성원들의 조직활동은 그들에게 자조와 역량강화의 긍정적 결과를 가져온다.

(2) 참여주체들의 역할

복지 네트웍이 활성화되기 위해서는 다른 무엇보다도 참여주체들이 네트웍에서 수행해야 할 역할이 구체화되어야 한다. 이 역할의 구체화는 서비스를 제공하는 각종직무에 관한 직무분석과 네트웍 참여주체간의 협의, 조정을 통해 이루어져야 하며, 정기적으로 점검되어야 한다. 직무분석에 기초하지 않은 역할분담에 대한 이론적 논의는 비현실적인 경우가 대부분이다. 현재 사회복지관 사회복지사의 업무와 사회복지담당공무원(사회복지전문요원)의 업무 내용을 비교해 보면, 상당부분 업무 내용의 중복 및 혼선이 초래되고 있다. 직접 대인서비스영역(사례발견이나 개별상담업무의 중복), 자원개발 및 연계영역, 지역사회대상 활동, 그리고 행정 및 조사연구 영역에서 상당부분 업무의 중복이 일어나고 있다. 따라서 지역단위에서 공공과 민간의 적절한 역할분담이 가능하기 위해서는 지역복지 전문인력에 대한 직무분석을 통한 담당인력의 업무영역 설정 및 직무의 체계화가 이루어져야 한다. 또한 구체화된 역할은 네트웍에 참여하는 다양한 주체들에 의해 협의, 수용되어야 한다. 그러한 수용의 기초 위에서 각 조직들은 협력의 시너지 효과를 창출할 수 있기 때문이다. 물론, 구체화된 역할은 수행된 사업에 기초하여 재점검받을 필요가 있기 때문에, 정기적인 점검과정도 수반될 필요가 있다.

① 중앙정부조직

우선 중앙정부조직은 참여복지체계의 전반적인 정책방향 및 기준을 설정·제시하고, 민간참여 확대를 포함한 민간참여 복지체계 구축에 필요한 법이나 제도의 마련, 각종 사업의 시범 실시 및 확대, 그리고 다양한 참여복지 모델에 대한 평가와 확산 등의 역할을 담당해야 한다. 또한 보건복지 전체적 정책방향 제시, 기준 및 표준 제정, 재정의 확보와 운용, 지방자치단체, 산하단체 및 민간기관에 대한 심사, 조정 및 평가업무를 담당한다. 현행 업무중 각종 인허가 사무·단순업무는 지역 단위의 공공조직이나 민간조직에게 이양 또는 위임하도록 한다.

② 지방정부조직

지방정부조직은 지역내의 문제 해결을 위한 조사 및 기획 그리고 정책 우선순위 선정, 지역 내 다양한 자원의 조정 및 동원, 민간자원과의 협력관계 구축, 그리고 '살기 좋은 지역만들기' 운동 주도·참가·후원 등의 역할을 담당해야 한다.
광역자치단체는 광역수준에서, 기초단체는 기초수준에서의 정책과 집행을 담당하는 것으로 정확한 역할을 분담해야 한다. 광역자치체는 광역수준의 정책개발, 기획, 연구 및 정보관리를 담당한다. 그리고 광역자치단체의 산하단체 및 민

간기관, 그리고 기초자치단체에 대한 심사, 조정 및 평가를 담당한다. 한편, 기초
자치체는 기초수준의 정책개발, 기획, 연구 및 정보관리, 정책집행을 담당하며,
기초자치단체 산하의 민간기관에 대한 심사, 조정 및 평가를 담당한다. 민간조직
의 참여를 촉진하기 위해서는 민간조직의 활성화 방안이 적극 마련되어야 한다.
이를 위해서는 현재 담당 업무 중 민간에서 담당할 수 있는 업무는 과감하게 민간
으로 이양해야 하며, 민간기관에 대해 권한과 의무를 위탁할 경우에는 명확한 계
약관계에 기초하여 관계 정립을 이루어야 한다.

③ 민간조직

지역수준의 복지네트웍 구축을 위해 가장 중요한 점은 민간조직들이 자신들의
역할에 대해 정확한 정체성을 가져야 한다는 점이다. 이러한 점은 다음의 조사결
과에 의해서도 잘 나타난다. 이 조사는 전북지역에서 활동하는 39개의 실업관련
민간조직들이 네트웍 구축에 가장 중요한 사항으로 선택한 것을 정리한 결과이다.

<표 12> 네트웍 구축에서 가장 중요한 사항에 대한 민간조직들의 인식

	빈도	비율
정부의 행정적 지원	5	12.8
정부의 재정적 지원	9	23.1
민관협의체의 구성	2	5.1
정부역할과 민간역할의 구분	4	10.3
실직관련 데이터베이스의 구축	2	5.1
민간조직들의 자기정체성 확립	17	43.6
계	39	100.0

자료 : 홍경준 · 백종만, 미발행.

〈표 12〉에서 민간조직들이 생각하는 네트웍 구축의 제 1 과제는 민간조직들의 역
할정립이다. 즉, 다양한 특성을 가진 조직들이 수행해야 할 역할이 명확하게 구분되
는 것이 지역수준의 복지 네트웍 구축에 있어 무엇보다도 중요하다고 인식한다는 것
이다. 이러한 사실은 네트웍에 참여하게 될 민간의 조직이 자신이 수행할 역할을 명

확히 인식하고, 그것이 네트웍에 참여하는 모든 주체들에 의해 합의될 필요가 있다는 것이다. 물론 구체화된 이러한 역할은 사업수행결과에 기초하여 주기적으로 점검받을 필요가 있다. 즉, 구체화된 역할이 실제의 사업수행과정에서 충족되지 못한다면, 그러한 참여주체의 역할은 실제의 사업수행과 일치하도록 조정될 필요가 있다.

민간조직간의 역할분담에 대한 이상의 논의를 하나의 예를 통해 살펴보자. 민간조직들이 수행하는 직무를 지역의 특수성을 감안하여 분석하고, 그것에 기초하여 〈표 13〉과 같은 기능 및 역할의 구체화가 이루어졌다.

이렇게 구체화된 기능과 역할은 실제 네트웍에 참여하는 각 주체들을 통해 충분히 인지되고, 수용될 필요가 있다. 그러한 과정이 배제되면, 다양한 참여주체들이 창출하는 참여의 시너지 효과는 기대할 수 없다. 왜냐하면, 역할의 갈등은 필연적으로 협력보다는 갈등과 경쟁을 창출하기 때문이다. 그리고 이 과정을 통해 구체화된 각 조직의 역할은 실제의 사업수행결과에 기초하여 재정의되고, 재합의되어야 한다.

〈표 13〉 민간조직의 기능과 역할의 예

조직	기능 및 역할
사회복지기관 (이용시설, 수용시설, 자활지원센타등)	• 사회복지기관장, 사회복지사, 사회복지전문요원 등 사회복지 실천현장 활동가들의 적극적 참여가 사회복지협의회, 사회복지사협회 등 조직을 통해 이루어질 수 있도록 함. • 지역사회문제 해결을 위해 자원 조사활동, 사회적 약자들 및 가족에 대한 물질적, 비물질적 지원 제공의 일선 역할을 수행함.
종교단체	• 개별 종교기관들의 지역사회 봉사활동을 지역별로 체계화하며, 공식적 연결망을 갖추도록 함 (천주교연합회, 기독교연합회, 불교연합회 등 지역내 종교단체 협의회 차원의 참여가 필요함).
기업(경제계)	• 지역내 상공회의소, 기업인 협의회, 금융기관연합회 등의 참여가 필요함. • 지역 상공회의소는 지역내 중소기업의 인력 수요를 조사하고 실업자와 연결시키는 역할을 수행하도록 함.
전문가단체	• 변호사, 의사, 한의사, 치과의사, 약사 등의 조직적 참여를 유도하여, 능력을 지역사회로 환원할 수 있는 기회를 마련함.
학계	• 사회복지관련 정공 교수들은 지역내 사회적 약자 실태조사, 인적, 물적 복지자원의 발굴 및 동원작업을 수행하도록 함. • 자연계 교수들은 지역내 중소기업들과 산학협동활동을 통해 경제위기 극복에 일조할수 있음. • 초 · 중 · 고교 교사들은 청소년 문제 해결의 역할을 담당하도록록함.
노동조합	• 노동조합 등은 개별사업장의 이해관계를 넘어 지역사회의 문제해결을 위한 주도적 역할을 수행함.
시민단체	• 경실련, 참여연대, YMCA, YWCA 등 시민운동단체들은 지역내 민간단체 협의체를 실질적으로 운영하는 동력이 되도록 하며, 단체간 연대활동과 개별활동을 조정하도록 함.

즉, 복지네트웍 내에서의 역할정립은 다음과 같은 과정을 통해 동태적, 지속적으로 이루어질 필요가 있다.

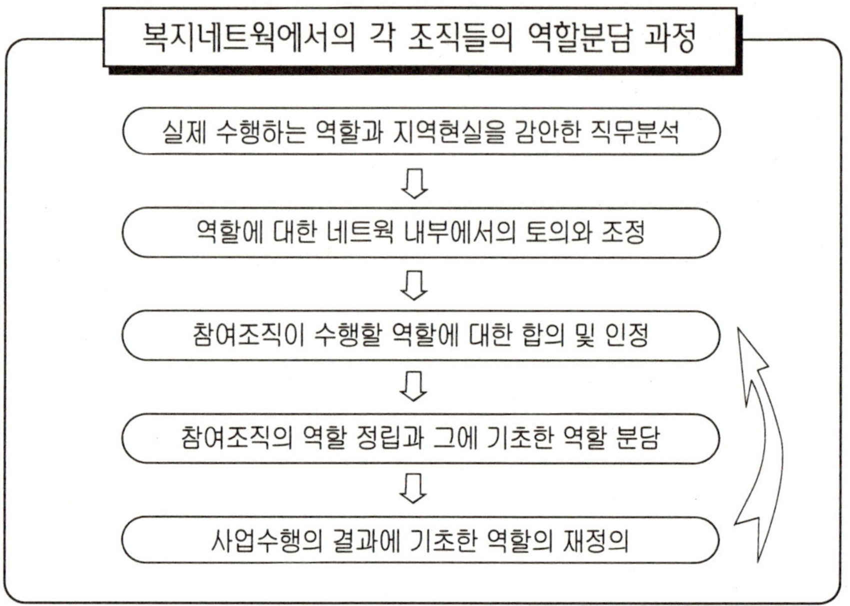

2) 복지네트웍의 기능

복지네트웍의 역할은 기본적으로 민간참여 복지체계를 구축하는 것이라고 할 수 있는데, 이를 위한 구체적인 기능으로는 크게 지역단위의 복지계획수립, 서비스의 연계와 조정, 역할분담 및 특화추진, 지역의 욕구조사 등을 들 수 있다. 이것을 구체적으로 살펴보면 다음과 같다.

(1) 지역 복지계획의 수립

지역에서의 사회복지가 현재처럼 조정과 연계가 이루어지지 못하는 상황에서는 지역단위로 복지계획을 수립하는 것이 필요하다. 일반적으로 사회복지계획은 사회문제에 관한 현황분석, 정책대안 및 실천전략의 모색, 가용자원의 동원과 효율적인 활용, 프로그램의 개발과 시행, 평가 등에 대한 구체적인 내용을 담고 있어야 한다(최일섭 · 이창호, 1993). 이러한 내용을 갖춘 사회복지계획이 지역차원에서 입안되고 실시된다면 확실히 지역복지의 발전에 기여할 수 있을 것이다. 즉, 지역복지계획은 지방에서 추구하여야 할 사회복지의 정책방향을 명확히 함으로써 정책목적에 맞는 정책수단의 선택을 가능하게 해 주고 정책목표달성을 용이하게 해 줄 수 있다. 이 계획은 지방정부가 주도할 수도 있다고 생각된다.

또한 지역 복지계획의 작성과 시행은 지역간의 정보교류를 촉진하고 지역간 사회복지격차의 축소에 도움을 준다. 그리고 매우 중요한 기능이 복지 교육적 기능이다. 이 계획 자체가 지역주민에게는 사회복지, 그리고 공동체의식, 업무의 계획과 조정, 민 · 관간의 파트너 쉽의 중요성을 교육하여 사회복지의 기반을 공고히 하는 역할을 할 수 있다(박광준, 1999).

(2) 서비스의 연계와 조정 및 역할분담

기본적인 연계 · 조정 업부는 대상사 관리와 프로그램 관리업무이다. 현재 이와 유사한 연계 · 조정 업무를 위한 모임으로는 서울시 일부지역의 재가복지서비스모임이 있으나, 공공부문 참여가 저조하며, 실무자들의 활동이 기관의 공식업무가 아니라 과외업무로 인식되고 있으며, 공식화된 기구가 아니기 때문에 강제력이 약하다.

서비스 연계를 통한 지역복지의 증진을 위해 네트웍이 담당하여야 할 역할은 다음과 같다. 첫째, 협의체 참여기관간 연계프로그램을 개발하고, 기관 · 시설간의 역할분담 등에 관해 협의 · 조정한다. 둘째, 기관 · 시설간의 협의를 통해 서비스가 중복제공되는 경우를 방지한다. 셋째, 기관 · 시설간에 대상자를 의뢰하는 역할을 한다.

<표 14> 연계 조정 업무의 실례

구 분	내 용
대상자(client) 관리	• 대상자 관련 정보 공유 • 대상자 상호 의뢰 · 연계 • 대상자 공동발굴 및 욕구조사 • 대상자 욕구에 따른 서비스 배분 • 대상자 공동관리
프로그램 관리	• 시설간 프로그램 조정 • 프로그램 공동개발 및 추진 • 복지정보 공유 • 프로그램 상호이용

(3) 자원동원과 지역 욕구조사

지역조사를 공동으로 실시하여 지역 내의 민간자원을 개발하고 서비스대상자를 발굴한다. 지역내의 자원봉사자를 모집·활용함에 있어서 복지네트웍이 대학이나 기업체 또는 종교기관 등을 대상으로 체계적인 협의를 해나간다. 그리고 서비스대상자 파악을 위한 공동계획 수립, 대상자 배치지역 분담, 파악할 정보의 기록양식 표준화 등을 수행한다.

(4) 일자리 제공과 복지인프라 구축

먼저 지역사회는 지역주민들에게 일자리를 제공하는 역할을 해야 한다. 지역사회가 얼마나 많은 일자리를 제공할 수 있는가, 특히 저소득층의 저기술 노동인력을 얼마나 지역사회가 흡수할 수 있는가 하는 것은 지역주민들의 기본 생활보장에 중요한 관건이 된다. 그리고 일자리 마련과 함께 저임금 노동인력과 노동할 수 없는 저소득층에게 복지를 제공하는 능력을 보유하여야 한다. 이것은 지역사회의 지역복지 인프라 구축에 해당하는 것이다. 대부분의 경우 지역사회내의 저기술 노동시장의 특성을 보면 과잉의 저기술 노동력으로 인한 임금의 지속적 감소와 저소득층의 지역적 밀집에 의한 부정적 학습효과로 인한 빈곤 세습의 결과를 가져올 수 있다.

일자리 없는 지역사회(jobless community)에서는 일반인들의 보편적 삶의 양식이 확산되지 못하며, 주류 사회의 일상적 규범과 경제생활을 배울 수 있는 기회를 최소한으로 제공한다. 그리고 지역사회내의 2세들에게는 긍정적 자기강화를 할 수 있는 기회를 제공할 수 없으며, 보편적 일자리보다는 비공식부문 시장이 제공하는 일자리가 주류를 이루기 때문에 2세들의 경우 성인 이전에 가족을 돌보거나 청소년 비행에 빠지지 않는 것으로 성공에 대한 희망을 대신하게 된다. 복지네트웍의 일차적 관심은 지역사회에서 충분한 일자리를 만드는 것과 사회적 약자들을 위한 복지인프라를 구축하는 일이다.

(5) 안정적 생활의 보장

지역사회는 경제적 차원뿐만 아니라 사회의 안정성과 치안과 같은 안전의 측면에서도 중요한 역할을 한다. 그것은 지역사회에서 벌어지는 범죄나 일탈과 같은 행위가 일자리를 얻는데는 물론이고 산업발전에도 중요한 방해요인으로 작용하기 때문이다. 지역사회의 강한 내부 응집력은 물론이고 치안활동과 같은 외부통제기제도 지역사회의 발전에 중요한 요인으로 작용한다. 따라서 복지네트웍은 지역사회조직화를 통해 단순히 지역 주민들의 경제적 능력의 향상뿐만 아니라 아동양육, 지역정치에 대한 지역주민들의 참여와 안정된 생활의 보장에도 기여해야 한다.

(6) 교육훈련 시스템의 정비

지역사회가 제공하는 교육 훈련 체계는 지역주민들에게 일자리를 제공하는 중요한 영향을 미치는 요인들 중의 하나이다. 지역사회의 정상적 교육기관과 취업을 위한 훈련 프로그램, 그리고 평생교육시스템은 지역사회의 고용구조에 중요한 영향을 미친다. 따라서 복지네트웍은 일자리 창출을 위해 지역사회의 교육기관, 직업훈련기관, 평생교육기관의 개신을 위해 노력해야 한다. 즉 지역사회교육운동에도 관심을 가져야 한다.

(7) 근로고취를 위한 제도적 정비

복지네트웍은 지역주민들이 일을 할 수 있도록 돕는 제도적 장치에도 관심을 가져야 한다. 여성들의 사회적 참여를 보장하기 위한 영유아 보육시설의 확대가 필요하며, 나아가 지역사회 내 연대감의 확대는 사회적 약자들의 고용에 긍정적인 요인으로 작용할 것이다.

사회적 약자들의 일자리 확대를 위해서는 취업희망자들에 대한 정확한 정보제공 시스템의 마련, 고용주들의 고용인에 대한 편견의 해소, 저소득층 밀집지역에 대한 교통시설 증대 등 지역적 인프라의 구축, 조세제도와 산업정책을 통한 일자리의 확대 등이 이루어져야 한다.

3) 복지네트웍의 운영방안

위에서 언급했듯이, 이 네트웍 내에는 대표자위원회와 실무자회의, 특별위원회를 두게 된다. 각 기관의 대표자들로 구성되는 대표자위원회는 주요 의사결정을 내리는 역할을 담당하며, 분기별로 1회 정도의 회의를 갖도록 한다. 그 밑에 위치하게 되는 실무자회의는 대표자위원회의 결정사항을 구체적으로 수행하는 기능을 담당하도록 한다. 실무자회의는 월 1회 정도의 정기적인 모임 이외에 수시로 열릴 수 있어야 하며, 이것이 네트웍의 중심이 되어야 할 것으로 생각된다. 이 네트웍은 별도의 사무실을 두기보다는 참여 기관들이 순번제로 사무국의 역할을 담당하도록 하거나 시민단체에 두는 방안을 고려해 볼 수 있는데, 민간참여 복지 체계의 의미를 고려할 때 시민단체에 두는 방안이 바람직하다고 생각된다. 다만 운영에 필요한 재정은 정부의 지원을 받거나 각 기관이 내는 회비와 공동모금회에 연대사업 지원신청을 통하여 확보할 수 있을 것이다.

복지네트웍의 전략은 지역사회가 필요로 하는 사회적 욕구를 충족시켜주는 능력과 범위를 확대시킬 수 있는 수단과 방법을 찾는 것이다. 지역사회에서 활동하는 개별 사회조직들은 그들이 최대한의 지역사회의 욕구들을 충족시킨다고 생각하며, 때에 따라서는 그들이 유일한 서비스 제공자라는 환상을 가지기도 한다. 그러나 조직간의 협의체를 통한 공동 과업은 더 많은 욕구 충족을 가능하게 한다는 것이 협의체의 전략인 것이다.

복지네트웍의 과업 선정 시 전략적으로 고려해야 할 사항은 '승리할 수 있는' 이슈(winnable issues)를 발굴하는 것이다(Morrissey, 1990). 이것이 비록 협의체의 궁극적인 목표 달성에는 미흡하더라도 협의체 구성원들에게 단기적인 편익을 제공한다. 그리고 승리할 수 있는 이슈의 개발은 복지네트웍 참여자들의 동기부여에도 기여할 수 있을 것이다.

복지네트웍의 발전과정에서 중요하게 고려해야할 전략적 고려 중 하나는 조직 구성원들의 이탈을 방지하면서 조직 목표 달성을 위한 정치적 행동을 어떻게 실현시켜 나갈 것인가를 고려하는 것이다. 즉 양자가 적절하게 조화되지 못하고 어느 한 쪽에 치중한다면 협의체의 발전은 힘들 것이다. 협의체의 개별 과업들은 협의체의 기본 목적(purpose)에 기반한 개별 목표(goal)들, 그리고 개별 목표를 달성하기 위한 구체적 목표(objectives)에 부응하여 제시되어야 한다. 그렇지 않고 방향성을 잃어버린 과제의 제시는 조직 발전의 핵심 전제인 창조성과 혁신의 부재, 참여자들의 동기부여의 하락에 따라 궁극적으로 지역사회와의 연계를 악화시키게 된다. 목적과 목표에 기반한 과업의 제시는 과업의 주체, 과업의 내용, 과업 수행의 방법에 대한 구체성을 내포하게 되고, 협의체에 참여함으로써 부담하게 되는 비용보다 얻게되는 편익이 더 크게 되어 참여자들이 협의체에 지속적으로 참여하게 된다.

3. 적정수요예측과 평가체계의 구축

1) 지역복지계획의 필요성

지역복지계획의 필요성

1. 지역단위의 사회복지 제도화

2. 사회복지 서비스의 수급조정과 안정적 공급

3. 사회복지 서비스 공급주체의 다원화

4. 사회자원의 조달과 적정배분

우리 사회의 사회복지는 지금까지 중앙정부 주도로 발전되어 왔다. 그러나 이러한 상황은 1995년에 지방자치제가 도입된 이후 변화를 요구받고 있다. 지방자치제가 도입되기 전에는 중앙정부가 정책결정을 주도하였으며 지방정부는 단지 이를 집행하는 역할만 행하여 왔으나 지방자치제가 도입된 이후 사회복지의 책임주체로서 지방정부에 대한 기대가 커지고 있다. 즉, 지방정부가 지역주민의 욕구와 의사를 반영한 독자적인 사회복지정책과 사업들을 개발하고 발전시켜야 할 상황이 도래한 것이다. 그러나 지방자치제 도입이후 지금까지 전개된 상황을 보면 사회복지를 발전시키기 위한 지방정부의 노력은 매우 미흡한 수준이다. 이에 반해 지역주민들의 사회복지욕구는 점차 증대되고 있으며 앞으로 이러한 경향은 더욱 가속화될 것이다. 따라서 각 지방정부는 독자적으로 지역의 복지문제와 욕구를 해결하기 위하여 필요한 자원을 조달하여 적절히 배분하고 안정적인 사회복지 공급체계를 갖추는 방안을 강구해야 한다. 이를 위해 필요한 것이 바로 지역복지계획이다.

지역복지계획은 기초 및 광역 자치단체수준에서 지역의 특성이나 주민의 복지욕구, 제도의 현황과 문제를 파악하여 이를 해결하기 위해 계획적인 사회복지 정책수립과 사업개발을 추진하는 과정이다. 이 계획은 지역사회가 추구하여야 할 사회복지의 목표와 방향, 그리고 사업내용을 명확히 제시함으로써 지역의 사회복지 발전을 가능케 하는 동력으로 작용하게 된다. 또한 지역복지계획의 작성과 시행은 지역간의 정보교류를 촉진하고 지역간 사회복지격차의 축소에 도움을 준다. 특히 우리 사회처럼 지역에서 사회복지관련 조직과 인력들이 상호 조정과 연계를 이루지 못하는 상황에서는 지역복지계획의 수립을 통해 이 문제를 해결할 수 있다.

지역복지계획의 목적(필요성)은 다음과 같은 몇 가지로 요약할 수 있다.

① 지역단위의 사회복지 제도화

지역복지계획의 첫 번째 목적은 지역사회에 필요한 사회복지를 제도화하는 것에 있다. 지역복지계획은 각 지역의 특성이나 주민의 복지욕구, 사회자원의 過多, 정책현황 등에 대하여 조사를 실시하고, 이 조사에서 드러난 문제를 해결하기 위해 주민참여에 기반한 민·관 협동을 통하여 앞으로의 목표를 확정짓고 이를 실현하는 데에 필요한 사회자원을 조달하여 적정하게 배분하는 것에 대한 구체적인 실시를 약속하는 것이다. 이러한 계획을 실현하는 과정에서 지역사회에 필요한 사회복지가 제도화될 수 있다.

② 사회복지 서비스의 수급조정과 안정적 공급

지방자치제 하에서 지방정부는 각 지역에 있어서 사회복지 서비스의 수급조정과 안정적 공급을 위한 방안을 모색해야 하는데 이것은 지역복지계획을 수립·실천해 나감으로써 해결될 수 있다. 지역복지계획에서는 일정한 목표를 정하고 그것을 달성하기 위한 방법이나 수단을 검토하게 되는데, 지역의 복지문제나 과제를 해결하는 데에 필요한 인적·물적 자원을 조달하여 적절히 분배하고 서비스의 수요와 공급의 균형을 조절함으로써 사회복지 대상자에게 안정적·지속적으로 서비스를 공급할 수 있다.

③ 사회복지 서비스 공급주체의 다원화

지역사회가 지닌 복지욕구와 문제는 공공부문만으로는 해결하기 어려우며 다양한 민간단체들이 참여해야 한다. 지역복지계획은 중앙 및 지방정부 뿐만 아니라 지역사회 내의 다양한 민간단체들을 끌어들여서 복지서비스의 공급에 참여하도록 촉구하게 된다. 그래서 이 계획에서는 기존의 사회복지기관·시설이나 사회복지단체 뿐만 아니라 자원봉사단체·시민단체·전문가단체 등도 복지서비스의 공급주체로 설정된다. 특히 앞으로 복지와 보건의 연계서비스에 대한 욕구가 증대될 것으로 예상됨에 따라, 보건소나 병·의원 등과 같은 보건의료조직도 복지대상자를 위해 일정한 역할을 담당해야만 한다.

④ 사회자원의 조달과 적정배분

지역복지계획을 수립하는 과정에서 보건·의료·복지·주택·고용·문화 등에 관련된 공공 및 민간기관과 공동모금이나 기부금 등의 물적 자원, 사회복지시설 종사자와 일반주민 등의 인적 자원을 개발·조달하는 방안이 제시되고 이것을 효율적으로 배분하기 위한 노력이 이루어진다.

2) 지역복지계획의 실태

지역복지계획은 지역단위의 사회복지발전을 가능하게 하고 이를 토대로 국가적인 사회복지 발전을 성취할 수 있는 기본조건이다. 이 지역복지계획은 위에서 설명한 것처럼 지역사회의 문제에 관한 현황분석, 정책대안 및 실천전략의 모색, 가용자원의 동원과 효율적인 활용, 프로그램의 개발과 시행 및 평가 등에 대한 구체적인 내용을 담게 된다.

그런데 현재 이러한 내용의 지역복지계획이 작성된 사례나 이러한 계획을 작성하도록 규정하고 있는 관련법은 찾아 볼 수 없다. 다만, 위에서 설명한 것과 같은 지역복지계획은 아니지만, 사회보장기본법이나 지역보건법에서 자치단체로 하여금 장기발전방향이나 지역보건의료계획을 작성하도록 요구하고 있으며, 지방정부가 사회복지발전계획을 발표한 적은 있다.

먼저 사회보장기본법 제20조에서는 "보건복지부장관은 관계중앙행정기관의 장과 협의하여 제16조의 규정에 의한 사회보장심의위원회의 심의를 거쳐 사회보장증진을 위한 장기발전방향을 5년마다 수립하여야 한다"고 규정하고 장기발전방향에는 ① 사회보장에 관한 기본목표 및 추진방향 ② 주요 추진과제 및 추진방법 ③ 재원조달방안 ④ 사회보장의 전달체계 ⑤ 사회보장관련 기금운용방안 ⑥

기타 사회보장을 위하여 특히 필요하다고 인정되는 사항 등을 포함하도록 하고 있다. 그리고 시·도지사는 이러한 장기발전방향을 기초로 하여 사회보장과 관련된 소관 주요시책의 추진방안을 매년 수립·시행하여야 한다고 규정하고 있다. 그리고 지역보건법에서는 지역보건의료계획을 수립하도록 규정하고 있다. 이 법 제3조에 "시장·군수·구청장은 지역주민, 보건의료 관련기관·단체 및 전문가의 의견을 들어 당해 시·군·구의 지역보건의료계획을 수립한 후 당해 시·군·구 의회의 의결을 거쳐 특별시장·광역시장·도지사에게 제출하여야 한다"고 규정하고 있다. 그리고 시·도지사 및 시장·군수·구청장은 지역보건의료계획을 수립하기 전에 지역 내 보건의료실태와 지역주민의 보건의료의식·형태 등에 대하여 자료를 수집하고 이에 필요한 조사를 실시하도록 하고 한다. 이러한 조사를 거쳐 작성되는 지역보건의료계획의 내용은 ① 지역보건의료계획의 달성목표 ② 지역현황과 전망 ③ 지역보건의료기관과 민간의료기관간의 기능분담 및 발전방향 ④ 법 제9조의 규정에 의한 보건소업무의 추진현황과 추진계획 ⑤ 지역보건의료기관의 확충 및 정비계획 ⑥ 지역보건의료와 사회복지사업간의 연계성 확보계획 등을 담고 있어야 한다고 되어 있다.

한편, 1995년을 전후하여 각 지방정부들이 사회복지발전계획을 발표한 바 있는데, 이것은 지방정부가 사회복지에 대한 관심과 의지를 지니고 있음을 의미한다는 점에서 긍정적으로 평가할 수 있다. 서울특별시를 비롯하여 제주도에 이르기까지 상당수의 자치단체들이 5년 또는 10년 단위의 사회복지발전계획을 발표하였는데, 각 지방정부의 계획들을 대부분 비슷한 형식과 체계를 갖추고 있다. 이러한 발전계획의 목적이나 의도는 앞에서 설명한 지역복지계획과 어느 정도 일치되지만, 그 내용은 지역복지계획과 상당한 차이가 있으며 무엇보다 문제가 되는 것은 구체성이 결여되어 있다는 점이다. 여기에서는 1996년에 발표된 한 지방정부의 「사회복지종합발전계획」을 중심으로 그 의미와 내용을 평가해 보겠다. 이 계획서는 총 10개의 장으로 구성되어 있는데 연구의 목적과 방법을 밝힌 뒤 지방정부가 추구하고자 하는 사회복지정책의 목표를 제시하고, 생활보호·노인복지·장애인복지·여성복지·아동복지·청소년복지·지역복지 등 7개 분야로 구분하여 각 분야의 현황과 문제점을 분석하고 개선방안과 정책건의를 제시하고 있다.

이 계획서의 목적은 21세기의 새로운 복지정책을 제시하고 새로운 시책방향을 설정하는 것이라고 밝히고 있다. 이러한 목적달성을 위한 사회복지정책의 기본 방향으로 ① 지역차이 및 인구집단간의 차이 고려 ② 주민의 복지욕구 반영 ③ 특수성과 일반성의 조화 ④ 사회·경제·문화의 조화 등을 제시하고 '조화로운 복지ㅇㅇ'라는 복지모형을 제시하였다. 그리고 사회복지정책의 목표로서 ① 중앙정부 사회복지기능의 지방이양에 대한 준비 ② 사회복지 통계의 산출능력 제고 ③ 보건과 사회복지기능의 점진적 통합운영 ④ 민간부문 참여 및 활용의 활성화 ⑤ 도민 최저생활수준의 보장 ⑥ 보편적 사회복지서비스의 확충 ⑦ 고령사회를 위한 노인복지증진 ⑧ 장애인복지의 활성화 ⑨ 여성 및 아동복지의 확충 ⑩ 청소년복지 및 청소년 육성 등을 제시하고 있다.

이러한 기본방향과 정책목표는 외견상 적절하게 구성되어 있다고 보여진다. 지방정부의 사회복지계획은 먼저 사회복지계획의 이념이라든지 특히 지방정부의 복지계획의 중요성 등에 대한 언급이 있어야 하고, 바람직한 복지의 미래상을 제시한 다음 그 미래상을 실현하기 위한 구체적인 계획이 나와야 한다(박광준, 1999). 이와 관련하여 기본방향과 정책목표는 다음과 같은 문제점도 지니고 있다. 먼저, 지방정부의 강한 책임의식을 찾아 볼 수 없다는 것이다. 예컨대, 주민의 복지는 지방정부가 책임진다든지 고유한 복지정책을 개발하겠다는 등의 정책구상이 나타나지 않는다. 이것은 지방자치 하에서 지방정부가 무엇을 해야 하며 어떻게 해야 하는가에 대한 고민과 사고가 부족하기 때문이라고 생각된다. 또한 정책목표로서 제시된 것들 중 사회복지기능의 지방이양에 대한 준비나 사회복지통계의 산출능력 제고, 그리고 보건과 사회복지기능의 점진적 통합운영 등은 매우 적절하다고 보여지나, 나머지 사항은 지나치게 포괄적이어서 지방정부가 추구하고자 하는 복지모형이 무엇인지를 이해하게 하는 데에 오히려 방해가 된다.

그리고 이러한 기본방향과 정책목표를 뒷받침하기 위해서는 구체적인 계획과 이 계획을 실행에 옮기기 위한 실행계획이 제시되어야 하고 그 각각의 실행계획을 전체와의 조화시키는 방안이 제시되어야 하며, 마지막으로 이러한 사회복지계획의 이념을 시민들에게까지 확산시키기 위한 복지교육 등 기반조성의 계획이 있어야만 한다. 또한 각 부문마다 '자원, 조직, 그리고 재원' 이라는 계획의 세 가지 요소가 반드시 다루어져야 한다. 자원부분은 서비스, 인력, 설비, 시설, 기관, 정보 등의 자원을 어느 정도 정비하고 확보할 것인가에 대한 목표치를 두는 것이고, 조직부분은 자원의 효과적인 이용을 목표로 한 서비스의 실시체계에 관한 것이며, 재원부분은 그 사업에 소요되는 재정확보를 위한 계획이다(박광준, 1999).

이러한 관점에서 볼 때, 이 발전계획은 각 분야의 현황과 문제점을 분석하고 개선방안과 정책건의를 제시하는 데에 있어서 연도별 추진일정과 달성목표를 포함한 구체적인 사업의 실천계획을 제시하기보다는 사업의 기본방향이나 방침을 제시하는 부분이 많다. 즉, 자원, 조직, 그리고 재원에 대한 세부적인 계획이 결여되어 있다는 것이다. 따라서 구체적인 사업목표량과 추진일정을 중심으로 한 '추진계획' 을 각 영역별로 작성하는 것이 필요하다. 이런 점에서 이 발전계획은 구체적인 실천계획이라기보다는 '기본방침 보고서'에 가깝다고 생각된다.

3) 지역복지계획 수립을 위한 주요 과제

지역복지계획은 지역복지서비스를 종합적·계획적으로 추진하기 위한 방법으로서 주민의 복지욕구와 지역특성 등 지역의 복지문제를 파악하여 이것을 과제로 설정하고, 주민참여를 토대로 공공·민간의 협동을 통하여 그 해결을 도모하기 위한 중장기적 계획이다. 이러한 지역복지계획은 기초자치단체장이 작성하는 시·군·구 복지계획과 광역자치단체장이 작성하는 시·도 복지계획으로 구분될 수 있다. 시·군·구 및 시·도 지역복지계획을 수립하기 위해서는 다음과 같은 사항들이 검토되어야 한다.

첫째, 지역복지계획의 기본이념과 목표를 어떻게 설정할 것인지에 대하여 검토해야 한다. 지역복지계획의 기본이념으로는 일반적으로 인권존중, 법적 평등, 삶의 질 향상, 지역성의 중시, 公私협동과 주민참여 등을 고려할 수 있는데, 이를 토대로 각 지방정부가 추구하고자 하는 기본이념을 구체화시켜야 한다. 그리고 지역복지계획이 추구해야 할 목표로는 일반적으로 ① 지역복지추진체제의 확립 ② 지역의 조직화 및 참여 ③ 보건·의료·복지의 연계 ④ 재가복지와 시설복지의 통합 ⑤ 생활환경의 정비 등이 포함되어야 하는데, 이것을 토대로 각 지방정부의 실정에 맞는 목표를 설정하도록 해야 한다.

둘째, 지역복지계획의 절차는 다음과 같다. 지역복지네트웍 구축 → 이 네트웍 내에 계획수립을 위한 실무팀과 이를 지도할 운영위원회 구성 및 운영 → 지역주민의 욕구와 지역의 인적·물적 자원 조사 → 지역복지계획안 공고 및 주민의견 수렴 → 지방의회 의결 → 지역복지계획서를 보건복지부장관에게 제출.

셋째, 지역복지계획의 수립주체를 결정하고 그 운영방식을 모색해야 한다. 지역복지계획은 궁극적으로 지역주민의 복지욕구를 충족시키는 것을 목적으로 하기 때문에 지역복지계획의 수립주체를 결정하는 과정에서 핵심적인 것은 주민참여가 이루어져야 한다는 것이다. 이러한 점에서 지역복지계획의 수립주체는 지역사회 내의 다양한 공공 및 민간 사회복지 관련 단체들과 주민대표·시민단체 등으로 구성되는 복지네트웍이 되는 것이 바람직하다.

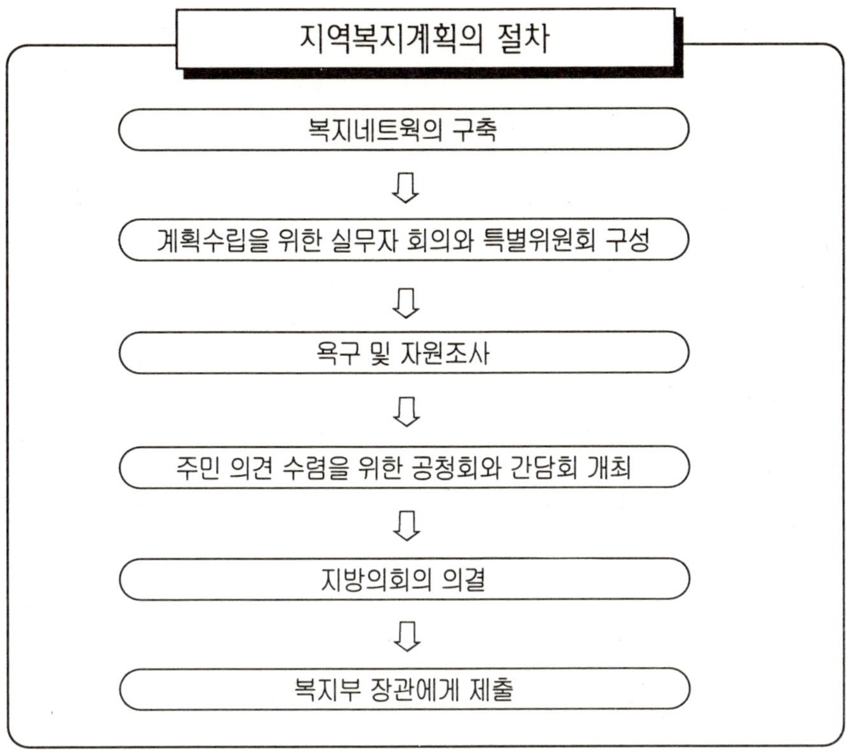

넷째, 이 복지네트웍의 구성과 운영은 다음과 같다. 이 네트웍은 지역 내에 있는 사회복지관련 이용시설과 수용시설, 보건소, 시민단체, 의사협회나 변호사회 등의 전문가단체, 종교기관, 지방정부(시 · 군 · 구청의 사회복지과와 지역보건과 또는 보건소, 사회복지전문요원), 주민대표 등을 망라하여 구성된다. 네트웍의 운영을 위해 네트웍 내에 대표자위원회와 실무자 회의를 둔다. 각 기관의 대표자들로 구성 되는 대표자위원회는 주요 의사결정을 내리는 역할을 담당하며, 분기별로 1회 정도 의 회의를 갖도록 한다. 그 밑에 위치하게 되는 실무자 회의는 대표자위원회의 결 정사항을 구체적으로 수행하는 기능을 담당하도록 한다. 실무자 회의는 월 1회 정 도의 정기적인 모임 이외에 수시로 열릴 수 있어야 하며, 이것이 네트웍의 중심이 되어야 할 것으로 생각된다. 이 네트웍은 별도의 사무실을 두기보다는 참여 기관들 이 순번제로 사무국의 역할을 담당하도록 하거나 시민단체에 두는 방안을 고려해 볼 수 있는데, 잠정적으로 시민단체에 두되 정부가 운영비를 보조하는 방안이 바람 직하다고 생각된다. 그것은 지역사회의 다양한 자원을 끌어들이기가 쉽고 공공기 관과의 관계에서 상대적으로 독립성을 잘 확보할 수 있기 때문이다.

다섯째, 위에서 설명했듯이 복지네트웍이 주체가 되어 지역복지계획을 수립하는 경우에 있어서 체계적이고 안정적인 계획작성을 위하여 기본지침(안내서)을 개발하는 것이 필요하다. 기본지침에는 지역복지계획에 포함될 주요 내용의 작성요령 뿐만 아니라, 지역복지계획의 토대가 될 지역복지네트웍의 구성 및 운영방식, 계획작성을 담당할 실무팀과 이 팀을 지도할 대표자위원회의 구성 및 운영방식, 계획수립의 절차 등에 대한 상세한 내용을 담아야 한다.
〈아래의 그림 참조〉.

지역복지계획 수립을 위한 기본지침(안내서)의 주요 내용

▶ 지역복지계획의 기본이념과 목표에 대한 해설

▶ 지역사회의 일반현황 작성법

▶ 지역주민 복지욕구 조사 및 기술방법

▶ 지역복지네트웍의 구축과 운영방안 및 주민참여 촉진방안

▶ 공공과 민간기관간의 역할분담 방안

▶ 주민욕구 및 문제해결을 위한 복지프로그램 추진계획 작성방법

▶ 지역복지기관의 확충 및 정비계획 작성방법

▶ 사회복지와 보건의료사업간의 연계성 확보계획 작성방법

▶ 지역복지계획 실천을 위한 기반정비 계획 작성방법

여섯째, 지역복지계획 수립과 실천정도에 대한 평가를 실시하고 그 결과에 따른 보상방안이 검토되어야 한다. 특히 이 계획의 수립과 실천과정에서 핵심적인 것은 지역조직화와 주민참여라고 할 수 있으므로, '주민참여에 의한 지역복지의 발전'을 촉진할 수 있도록 이와 관련된 평가방법을 개발하는 것이 필요하다. 그리고 이 평가결과에 따라 중앙정부의 각종 예산지원을 연계시켜 지방정부의 실천의지를 강화시키는 방안이 모색되어야 한다.

일곱째, 지역복지계획의 작성을 장려하기 위하여 관련 법·체제를 정비해야 한다. 현재 사회보장기본법에 보건복지부장관이 장기발전방향을 5년마다 수립하도록 되어 있고 시·도지사는 이러한 장기발전방향을 기초로 하여 사회보장과 관련된 소관 주요시책의 추진방안을 매년 수립·시행하여야 한다고 규정하고 있다. 이 규정을 개정하여 기초자치단체를 포함한 각 지방정부로 하여금 지역복지계획의 작성을 의무화하고, 계획작성의 순서도 '기초자치단체(시·군·구 지역복지계획) → 광역자치단체(시·도 지역복지계획) → 중앙정부(5개년 장기발전방향)'로 진행시키는 것이 지방자치의 이념에 보다 적합하다고 판단된다. 그리고 이 계획을 지역보건법에 규정되어 있는 지역보건의료계획과 통합·발전시키는 방안이 여러 가지 면에서 효과적일 수 있기 때문에 앞으로 '지역보건복지계획'으로 확대하는 방안을 적극적으로 검토할 필요가 있다.

CHAPTER 4

참여복지체계 구축을 위한 제도적 환경 개선방안

지역 단위의 구체적인 정책방안과 실천지침은 제도적 환경의 개선과 동시적으로 제시될 때 현실적합성을 가진다. 왜냐하면, 다양한 사회주체들은 제도적 환경의 제약 내에서 행동하기 때문이다. 결국 참여복지체계의 구축을 저해하는 제도적 환경의 개선이 이루어지지 않는다면, 지역단위의 실천방안들은 큰 성과를 가져올 수 없다. 물론 제도적 환경의 개선은 많은 시간과 노력을 요구한다. 하지만, 그만큼 참여복지체계의 구축에는 결정적인 영향을 미칠 것이다. 여기에서는 그러한 제도적 환경의 개선방안을 네 가지의 측면에서 제시한다.

첫째, 자원부문의 확장을 위한 제도적 환경의 개선이 필요하다. 자원부문의 확장을 위해서는 규제 중심의 법 제도와 여건을 정밀하게 점검하고, 외국의 사례를 검토하여 법 제정 및 개정 작업을 추진해야 한다. 가령, 참여복지체계는 일반 주민의 적극적인 참여가 있어야만 구현될 수 있는데, 이러한 참여의 대표적인 유형이 바로 자원봉사라고 할 수 있다. 자원봉사는 지역사회의 다양한 사회문제를 예방하고 해결하기 위하여 주민(시민)이 보수를 받지 않고 자발적으로 공공 및 민간조직의 활동에 참여하는 것이라고 할 수 있다. 지역주민의 자발적인 무보수 자원봉사활동을 통해서 지역의 빈민·장애인·노인 등 취약계층에 대한 복지서비스를 제공함으로써 계층간의 위화감을 완화할 수 있다. 자원봉사의 활성화를 위해서는 규제 중심의 법 제도를 변화시킴과 동시에 한국의 사회문화적 특색을 감안하여 자원봉사에 대해 사회성원들이 인센티브를 가질 수 있는 방안이 모색되어야 한다.

둘째, 복지전달체계의 전반에 대한 재검토이다. 참여복지체계에 있어서 민간부문이 매우 중요한 역할을 담당하도록 되어 있지만, 우리의 현실을 고려할 때 민간참여는 공공부문의 적극적인 지원이 없이는 불가능하다. 따라서 공공복지전달체계를 개편·정비하는 것이 필요한데, 특히 지역단위의 일선 행정조직을 구축하는 것이 시급히 요구된다. 즉, 중앙정부와 지방정부간의 적절한 역할분담이 필요한 것이다. 또한, 민간복지전달체계를 정비해야 한다. 가령, 민간복지전달체계의 핵심역할을 수행하는 사회복지관은 현재 지역주민을 조직화하여 복지자원을 확보하고 복지서비스를 제공하는 과정에 참여시키는 역할을 거의 수행하지 못하고 있다. 따라서 참여복지체계가 민간중심으로 복지활동을 펼칠 수 있기 위해서는 기존의 민간 복지기관들이 주민조직화와 참여를 선도할 수 있도록 필요한 조건을 정비하는 것이 요구된다. 다양한 사회주체들의 참여를 촉진하는 연계 전문인력으로서의 사회복지전문인력의 확대와 전문성 제고도 이 맥락에서 추진될 필요가 있다.

셋째, 복지재정체계를 개편해야 한다. 참여복지체계가 원활하게 작동할 수 있도록 중앙집중형 재정운용체계를 탈피하여 복지예산의 편성과 집행과정에서 수요자 및 일선기관의 참여를 보장해 주는 방향으로 개편되어야 한다.

넷째, 복지정보체계의 확립이다. 참여복지체계의 원활한 작동을 위해서는 복지서비스의 제공자와 이용자가 편리하게 복지정보를 이용할 수 있어야만 한다.

1. 자원부문의 확장을 위한 제도적 환경의 개선

1) 민간조직의 활성화 방안

다양한 민간조직의 활성화를 위한 방안은 민간조직의 유형과 특색에 따라 달리 마련되어야 한다. 여기에서는 점차 그 중요성이 커지고 있는 공익재단의 설립 및 운영을 활성화하는 방안을 예로 살펴본다.

공익재단의 사회복지활동은 점차 확대되어 가는 추세이다. 그럼에도 불구하고, 아직까지는 공익재단의 사회복지활동이 충분히 활성화되어 있다고 볼 수는 없다. 공익재단 활동의 활성화를 위해 가장 효과적인 방안은 관련 세제지원 제도의 개선이다. 공익재단과 관련된 세제지원 제도는 두 가지 측면에서 살펴볼 수 있다. 하나는 공익재단 그 자체에 대한 세제지원이며, 다른 하나는 이들 공익재단에 현금이나 물자를 기부하는 일반기업이나 개인들에 대한 세제지원이다. 한편 공익법인에 대한 세제지원은 다시 해당 법인을 설립하는 과정에서 출연재산에 대한 상속세 등을 면제함으로써 설립을 지원하는 것과, 설립된 공익법인이 그 고유목적을 수행하는 과정에서 일정한 소득에 대해서만 법인세를 과세하는 등의 내용을 들 수 있다.

여기에서는 공익재단 그 자체에 대한 조세지원방안을 살펴보자. 상속세법, 법인세법, 조세감면규제법, 부가가치세법, 지방세법 등의 각종 세법에서는 조세지원과 관련된 규정을 두고 있다. 그러나 그 지원내용은 다양하고, 각 세법이 지원하는 목적 역시 다르므로, 공익법인의 개념과 범위도 각 세법에 따라 다르다.

사실 그 동안의 공익법인과 관련된 세법개정의 변화추세는 공익법인이 상속세 등을 회피하며, 부의 세습을 위한 수단으로 이용되고 있다는 측면이 강조되어 조세감면조건을 강화하는 방향으로 이루어져 왔다. 사실 공익재단 설립 이면에는 설립자의 이러한 동기가 있음을 부인할 수는 없다. 그러나 공익재단의 활발한 활동이 민간 사회복지 참여의 중요한 한 부분임을 인정한다면, 규제일변도의 정부정책보다는 공익재단의 설립과 이에 관한 기부행위는 장려하면서, 동시에 운영계획과 그 결과에 대한 자료를 일반이 손쉽게 접근할 수 있게 함으로서 공익재단 운영의 투명성을 높임과 동시에 운영상의 자율성을 보장하는 방안을 강구할 필요가 있다(박태규, 1995).

(1) 공익법인에 대한 주식 등의 출연에 대한 조세지원의 확대

1990년 상속세법의 개정 이전에는 공익법인에 주식을 출연하는 경우에도 현금과 마찬가지로 특수관계규정[13]을 준수하는 한 전액 상속세의 면세대상으로 인정되었다. 이러한 규정이 1990년 세법 개정시에 내국법인의 발행주식총액 또는 출자총액의 20%로 제한되었으며, 1993년 개정에서는 이를 더욱 강화해서 5%를 초과하여 출연된 지분이나 주식에 대해서는 상속세 면제혜택을 받을 수 없도록 하고 있다. 이는 공익법인이 특정내국법인의 의결권이 있는 주식을 과다하게 보유하고 있는 경우 지주회사로 이용되는 점을 방지하기 위한 것이다. 그러나 이러한 개정의 내용이 잘못되었다는 지적이 여러 번 제기되어 왔다(박상용, 1995).

사회복지에 대한 민간참여를 활성화하기 위한 한 방법으로 그러한 사업을 조직화하는 공익재단에 더 많은 재산이 출연되는 것에 정책의 우선 순위를 둔다면, 지배주주로서의 역할을 너무 엄격히 제한하기보다는 이를 공익재단의 설립을 장려하기 위한 인센티브로 활용하는 방안이 고려될 수 있다. 즉 의결권이 없는 주식에 대해서는 5%를 초과하더라도 그에 대한 조세지원을 허용하거나, 의결권이 있는 보통주에 대해서도 공익재단의 경우에는 그 의결권을 제한하는 단서조항을 둠으로서, 배당수익 등을 통해 공익재단의 사업자금을 확충함과 동시에 공익재단이 지주회사로 이용되는 점을 방지하는 데에도 유용할 수 있다.

---

13) 특수관계규정이란 출연자와 특수한 관계에 있는 사람들이 재단 이사회의 1/3이상을 구성할 수 없게 한 규정을 말한다.

(2) 고유목적사업 준비금의 손금산입한도에 배당소득을 포함

1994년말의 세법개정에서는 고유목적사업준비금제도가 신설되었다. 이것은 비영리내국법인이 그 법인의 고유목적사업 또는 지정기부금에 지출하기 위해 고유목적사업준비금을 손금으로 계상할 수 있게 하였다. 즉 이자소득과 수익사업에서 발생한 소득의 50%를 곱한 금액을 합산한 금액의 한도 내에서 손금으로 산입할 수 있게 된 것이다. 그러나 공익재단의 고유목적사업을 활성화하기 위해서는 현재 고유목적사업준비금의 손금산입한도에 포함되지 않고 있는 배당소득도 포함함으로써, 이들의 재무구조를 개선할 필요가 있다. 한편, 또 다른 대안으로는 수익사업소득에서 발생하는 이자소득에 대해서는 과세하고, 고유목적사업과 관련된 소득이나 기부금 등으로부터의 이자소득은 비과세하는 방안이다(손원익, 1996). 이 방안의 이점은 기부금 등으로부터의 이자소득에만 의존하는 영세단체에는 비과세하고, 수익사업을 영위하는 대규모법인에 대해서는 수익사업소득에서 발생하는 이자소득을 과세하게 됨으로써, 공익재단의 규모 및 재정상태에 따라 과세가 이루어진다는 점이다.

2) 민간재원 조달의 활성화 방안

재원 조달에 대한 민간참여 활성화 방안은 첫째, 사회복지 관련 조직에 현금이나 물자를 기부하는 일반기업이나 개인들에 대한 세제상의 지원방안, 둘째, 이웃돕기 운동의 자율성 확보와 민간참여의 활성화를 위한 공동모금제도의 모색 등으로 구분될 수 있는데, 여기에서는 첫 번째의 방안에 초점을 둔다.

(1)근로 소득자들의 기부 활성화 방안

〈표 15〉는 1988년의 우리나라 근로 소득자의 근로소득세 신고자료의 분석결과 나타난 근로 소득자의 소득구간별 기부금특별공제 현황을 보여준다. 표를 보면 기부금공제를 받는 인원수의 비율이 10.8%인데 비해서, 전체소득금액에서 기부금공제액이 차지하는 비율은 평균 0.18%로 매우 낮은 실정임을 알 수 있다. 소득계층별로 보면, 연소득 1,200만원~1,700만원까지의 중간소득계층에서 48.5%의 근로자가 기부금공제를 받는 비율이 가장 높고, 금액상으로는 소득금액 2,300만원-5,000만원의 고소득계층이 가장 높은 것으로 나타나고 있다. 결국 〈표 15〉에

서 보이는 특징은 소득금액에서 기부금이 차지하는 비중이 매우 낮고, 상대적으로는 중간소득 이상의 소득계층이 비율이 높게 나타난다는 점이다.

<표 15> 우리나라 근로소득자의 소득구간별 기부금특별공제 현황(1988년)

소득구간	소득금액(A)		기부금공제(B)		(B)/(A)·1		소득계층별 비율			
							소득금액		기부금공제	
	인원수	금액	인원수	금액	인원수	금액	인원수	금액	인원수	금액
0-250	3,995,688	4,162,555	33,941	1,093	0.8	0.03	46.2	12.7	3.6	1.9
250-500	2,247,176	8,119,880	72,090	3,384	7.7	0.04	26.0	24.8	18.4	5.9
500-800	1,437,827	9,037,007	327,249	9,715	22.8	0.11	16.6	27.6	35.0	16.9
800-1200	665,180	6,397,455	262,133	19,072	39.4	0.30	17.7	19.5	28.0	33.2
1200-1700	214,383	2,942,794	103,948	13,370	18.5	0.45	2.5	9.0	11.1	23.2
1700-2300	55,546		24,551	5,535	44.22	0.52	0.6	33.3	2.6	9.6
2300-500	29,516	1,073,516	11,046	4,745	37.4	0.54	0.3	2.7	1.2	8.2
0	1,995	876,203	476	613	24.3	0.46	0.0	0.4	0.1	1.1
5000-	8,647,271	132,317	935,434	57,527	10.8	0.18	100.0	100.0	100.0	100.0
계		26,516,063								

자료 : 재무부 세제국, 1990.

① 기부행위를 장려할 수 있는 사회적 여건의 조성

우리나라 근로 소득자들의 기부행위는 매우 제한적으로 이루어지고 있어, <표 15>의 7번째 셀에 나타나 있는 바와 같이 소득세법상의 기부금공제한도인 소득금액의 5%에 훨씬 미달한다. 이러한 측면에서 본다면, 공제한도액을 확대시키는 방안 못지 않게 중요한 것이 기부행위를 장려할 수 있는 사회적 분위기를 조성하는 방안이라고 하겠다. 특히 사회복지에 대한 기부가 소득세에서 소득공제의 대상이 됨을 적극적으로 홍보함은 물론, 관련 사회복지기관 및 시설들에서도 홍보와 함께 분명한 서류처리 등을 통해 기부자에게 영수증을 정확히 발급하는 등의 노력이 필요하다.

② 기부금 공제한도 비율의 조정

기부행위를 장려할 수 있는 사회적 여건의 조성과 함께 고려해야 할 방안은 기부금 공제한도비율을 조정하는 것이다. 미국의 경우 공제한도액이 최고 50%까지 인정되고 있으며, 일본의 경우에도 25%까지 인정되고 있음을 감안한다면, 우리 나라의 5%공제한도비율은 지나치게 낮게 설정되어 있다고 평가할 수 있다.

③ 법정기부금과 지정기부금 체계의 조정

미국이나 일본 등에서는 국가 등에 대한 기부금과 일반자선단체 등에 대한 기부금에 차이를 두지 않는다. 그러나 우리 나라의 경우 공익성의 정도를 기준으로 법정기부금과 지정기부금을 구별하고, 법정기부금의 경우에는 소득금액의 한도 내에서 공제가 이루어지는 반면, 지정기부금은 소득금액의 5%를 한도로 공제가 이루어진다. 따라서 지정기부금에서 공익성이 강하다고 인정되는 부분은 법정기부금으로 전환하거나, 점차로 양자 사이의 차별을 해소하는 방안이 모색될 필요가 있다. 특히 한편 조세감면규제법에 규정된 정치자금이나 문화예술진흥기금 등에 대한 기부금 역시 소득금액 안에서 전액공제가 인정되고 있는데, 이러한 기부금의 공익성이 지정기부금으로 설정되어 있는 사회복지법인 등에 대한 기부금에 비해 더 크다고 할 수는 없다.

<표 16> 상장법인의 업종별 기부금 비율(1995년)

업종	자본금(A)	당기순이익(B)	기부액(C)	C / A	C / B
어업	32,135	−4,724	500	1.56	−10.58
광업	44,247	−686	64	0.14	−9.33
전기가스업	16,570,365	5,484,833	724,719	4.37	13.21
건설업	3,194,499	934,174	32,896	1.03	3.52
자동차판매 및 수리업	2,719,465	60,375	53,271	1.96	88.23
도소매업	131,114	23,493	9,599	7.32	40.86
숙박,운송,통신업 기타	2,090,911	154,660	53,720	2.57	34.73
	823,473	435,147	107,497	13.11	24.81
합계	25,606,209	7,087,272	982,718	3.84	13.87

(2) 법인들의 기부 활성화 방안

<표 16>은 금융업을 제외한 상장법인들의 업종별 기부금 비율을 나타내는데, 자본금에 대한 기부금의 비율은 평균 3.84%이다. 광업이 가장 적은 0.14%이고, 숙박, 운송, 통신업 등이 13.11%로 가장 높다. 한편 가장 큰 비중을 점하는 제조업의 경우에는 자본금에 대한 기부금의 비율이 4.37%로 나타났다.

표를 통해 볼 때, 법인들은 개인들의 경우 상대적으로 적극적인 기부행위를 하고 있다고 평가할 수 있다. 물론 <표 16>이 상장회사만을 대상으로 하는 결산자료이기 때문에, 세법상의 공제한도액과 직접 비교할 수는 없다. 그러나 대략적으로 볼 때 자본금의 2.5%와 소득금액의 7%를 합산한 금액이 공제한도액으로 설정되어 있음을 감안한다면, 우리 나라의 법인들은 거의 공제한도액만큼을 기부금으로 지출하고 있다고 할 수 있다. 법인기업의 기부금에 대해서는 미국의 경우 소득금액의 10%로 공제한도가 설정되어 있고, 일본의 경우에는 자본금 등의 0.25%와 소득금액의 2.5%를 합한 금액의 50%를 공제한도액으로 설정하고 있다. 이는 개인의 기부금에 내한 공제보다 엄격한 것으로, 재산상속 등의 조세회피 수단으로 사용될 가능성이 존재하기 때문이다. 따라서 우리 나라의 경우에도 공제한도비율을 무조건 조정하는 식의 방안은 바람직하지 않다. 대신에 기부금의 실질적인 내역에 있어 사회복지 등에 대한 기부금의 비중을 늘릴 수 있는 방안이 모색될 필요가 있다.

3) 자원봉사활동의 활성화 방안

(1) 연줄을 활용한 자원봉사자와 대상자의 연결

우리 나라에서 자원봉사 활동이 활성화되지 않는 중요한 이유 중의 하나는 한국의 사회문화적 특성상 낯선 이에 대한 배려가 쉽지 않다는 점이다. 집합주의 문화가 지배적인 우리 사회의 중요한 특성은 각종 연이 강조되며, 개인들 역시 자신이 속해있는 내집단에서 정체성을 찾는다는 점이다. 동시에, 개인들은 확대가족 또는 내집단 속에 태어나서 충성심을 바치는 대가로 계속 보호를 받는다. 고용여부와 승진결정에 종업원이 속해있는 내집단이 고려되며, 집단에 따라 법률과 권리도 달리 적용되는 경향이 있다. 불확실성 회피 문화 역시 마찬가지이다. 불확실성을 회피하고자 하는 성향이 크면, 당연히 낯설거나 이질적인 것을 거부하게 된다. 한국인들이 낯설거나 이질적인 것에 대해 대응하는 방식은 비공식적 결속을 활용하는 것이다. 낯설거나 이질적인 것이 내가 속한 다양한 비공식적 결속과 어떤 관계를 가지는지를 따지는 것이 매우 중요한 일이 된다. 낯선 사람의 출신배경이나 성씨 등을 확인하면서, 내가 속해있는 비공식적 결속에 그 역시 포함되는지를 탐색한다. 그 결과로 그와 내가 같은 비공식적 결속의 한 부분이 확인되면, 안심하게 된다. 반대로, 비공식적 결속의 관계 속에 그가 포섭되지 않음이 확인되면, 대체로 그를 무시하거나 외면한다. 결코 낯설거나 이질적인 것을 그 자체로 대면하고자 하지는 않는다는 것이다.

이러한 사회문화적 배경에서 낯선 이에게 관심을 가지는 자원봉사가 활성화되기는 무척 어렵다. 이를 해소하는 방안 중의 하나는 자원봉사자와 자원봉사 대상자를 각종 연줄을 활용하여 연결시켜주는 것이다. 즉 전혀 이질적인 대상자에게 자원 봉사하도록 하기보다는 혈연, 학연, 지연 등에 있어 공통의 연을 가지는 사람들을 연결시켜 주는 것이다.

가령, 초등학교 동창생의 자녀가 소년소녀 가장일 경우와 전혀 낯선 아이가 소년소녀 가장일 경우에 한국인들이 배려하는 정도는 확연히 다를 것이다. 다음과 같은 사례는 연줄을 활용하여 자원봉사자와 대상자를 연결시키는 방안의 모색에 시사점을 준다.

연줄을 활용한 자원봉사의 활성화 사례

동창 · 친목 · 문중 · 향우회 등 각종 계모임의 상부상조(相扶相助)정신을 불우이웃에게 나눠준다. 강릉시가 지역의 '계(契)모임' 과 어려운 생활을 하고 있는 불우이웃을 자매결연해 주는 뜻있는 사업을 추진하고 있다. 강릉시는 이를 위해 지난 23일 강릉지역 5백4곳의 계모임 대표에게 동참을 호소하는 시장 서한문과 자매결연 희망서를 발송했다. 자매결연 대상 불우이웃은 생활보호대상자 2천4백32가구 5천1백4명을 비롯,소년소녀가장 81가구 1백92 명과 사회복지시설 5곳에 수용돼 있는 3백5명 등 6천여명. 참여를 원하는 계모임은 자매결연 희망서에 후원하고 싶은 불우이웃을 선택해 시에 제출하면 된다. 시는 자매결연이 결정되는 오는 27일 계모임 대표들을 초청, 자매결연방법 등에 대한 설명회를 개최할 예정이다. 시는 또 자매결연을 한 계모임에 대해 불우 가정의 고충사항 · 지원요령 등에 대한 각종 정보를 지속적으로 제공하고 연4회 불우 가정과 계모임의 만남의 자리를 제공할 계획이다. 현재 강릉지역에는 2천여 개의 각종 계모암이 있는 것으로 알려졌으나 현재까지 파악된 5백4곳을 대상으로 우선 시작한 후 모든 계모임으로 확대해 나갈 계획이다(중앙일보, 1996. 12. 25).

　강릉지방은 지리적 여건 때문인지, 동창회, 친목회, 종친회, 향우회 등 각종 연(緣)에 기초한 비공식적 결속이 매우 빈번하다. 강릉시에서는 이러한 점에 주목해서, 각종 비공식적 결속체들과 사회적 취약계층을 연계하는 사업을 96년 12월경부터 실시하고 있다. 이 사업은 우선 강릉지역에 존재하는 각종 비공식적 연줄집단의 현황파악부터 시작되었다. 1차로 약 240개의 각종 연줄집단들이 읍·면·동 단위의 행정체계를 통해 파악되었다. 시청에서는 이들에게 사업의 취지와 참여방법을 공문과 설명회를 통해 전파했고, 97년 6월 현재 100개의 각종 연줄집단이 81명의 생활보호대상자, 20명의 소년소녀가장, 편모가족 9가구, 10개의 불우 시설과 연계를 맺게 되었다.

　연줄집단들의 편의를 위해 시청은 읍·면·동 단위로 사회적 취약계층의 명단과 생활실태에 관한 자료를 제공했고, 연줄집단들은 대상자들을 자발적으로 선정하였다. 자원봉사는 다양한 방식을 통해 이루어진다. 정기적 회합의 날짜에 맞추어 현금이나 현물을 제공하기도 하며, 연줄집단의 각종 행사나 모임에 연계 맺은 대상자를 참여시키기도 한다. 또한 대상자에 대해 조언자나 지지자의 역할을 수행하기도 한다.

(2) 지역단위의 자원봉사협의회 구성

　현재 가장 시급한 방안은 지역단위에서 자원봉사의 수요와 공급을 연결하고, 조정할 수 있는 체계적인 시스템을 구축하는 것이다. 이러한 자원봉사센터는 지역사회 내의 자원봉사활동을 조정하는 중심기관으로, ① 지역사회 내에서 자원봉사자와 그 수요처를 연결하고 ② 언론매체를 통해 일반시민에게 자원봉사의 기회를 홍보하며 ③ 수요처 기관의 관리조정자나 자료담당자에 대한 교육, 훈련을 담당하며 ④ 관리조정상의 문제를 해결하기 위한 상담을 진행하며 ⑤ 자원봉사자들을 격려하고 인정하기 위한 특별행사를 주선하는 등의 업무들을 수행할 수 있다.

(3) 자원봉사 관리조정자의 확보

　자원봉사활동을 체계화하기 위해서는 자원봉사를 관리하고 조정할 수 있는 전문인력의 확보가 필요하다. 이 전문인력은 ① 지역사회의 욕구를 파악하며, 자원봉사 인력을 효과적으로 동원하며 ② 자원봉사의 공급자와 수요처를 연결하며

③ 자원봉사 수요자와 자원봉사자간의 조정 ④ 자원봉사 프로그램의 지휘 및 감독, 평가 ⑤ 자원봉사자의 모집 및 교육훈련 등의 역할을 수행할 수 있다.

미국에서는 이 자원봉사 관리조정자를 코디네이터라고 칭하며, 그 중에서도 조직 내에서 자원봉사 프로그램을 책임지는 관리자를 자원봉사디렉터(director of volunteer service)라고 부른다. 이들은 조직 최고책임자의 직속으로 있으면서 자원봉사자를 모집, 배치하여 관련 부서와 협조하며, 자원봉사자를 대변하며, 지역사회와 활발한 접촉을 가진다(Brudney, 1990). 우리 나라에서는 아직 자원봉사 관리조정자의 필요성이 인식되지 않고 있어 자원봉사 관리조정자를 육성하기 위한 교육 및 훈련기관도 없고, 대부분 기관이나 시설의 직원이 관리조정자의 역할을 겸임하는 실정이다.

그러나 조만간 이들의 중요성이 크게 부각될 것이므로, 대학에서 사회복지학을 전공한 사람을 중심으로 관리조정자를 확보할 필요가 있으며, 교육 및 훈련과정의 개설도 요구된다. 참고로 미국의 대학들 중에는 자원봉사관리(volunteer adminisration)에 대한 강의과목, 학위과정의 개설, 인정서의 발급 등을 행하는 곳이 상당수 있는 것으로 알려져 있다(한국자원봉사단체연합회, 1994).

(4) 자원봉사지원제도의 확충

자원봉사는 무보수를 특징으로 하는 것이니 만큼, 자원봉사자에 대한 직접적인 재정적 지원은 불필요하다. 그러나 자원봉사를 활성화하고 일반성인의 자원봉사 참여를 유도하기 위해서는 제도적인 지원책이 필요하다. 미국의 경우에는 1973년 국내자원봉사법(The Domestic Volunteer Service Act)을 제정해서 공공자원봉사자에 대한 수당지원, 보험제공 등의 지원을 본격화했다. 좀더 구체적인 지원제도를 열거하면 다음과 같다.

· 자원봉사보험제도의 도입을 통해 자원봉사활동 중 발생할 수 있는 사고에 대비한 보상제도를 마련해야 한다.

· 자원봉사저축은행제도를 도입해서 자원봉사 경력을 저축해두었다가 도움이 필요할 때 자신이 자원 봉사한 시간만큼 우선적으로 자원봉사를 받을 수 있도록 한다.

· 자원봉사 희망자의 연령, 지식, 전문성 등을 고려한 자원봉사자 활용 프로그
램을 개발해야 한다.

· 자원봉사자와 수요처 등에 관한 데이터베이스(DB)와 자원봉사자 발굴, 모
집, 배치를 위한 전산정보 체계를 구축할 필요가 있다.

· 자원봉사자들을 격려하고 국민의 자원봉사에 대한 관심을 제고하기 위한 특
별행사로 자원봉사주간이나 자원봉사의 날 등을 제정한다.

· 자원봉사자 교육훈련 및 관리 등에 소요되는 간접비용에 대한 지원이 필요
하다.

(5) 중앙집권적 관리방식의 지양

자원봉사가 활성화되기 위해서는 시간이 걸리더라도 자원봉사의 기본정신에
맞게 민간주도에 의한 우리사회 나름의 자원봉사 철학과 이념을 정립해 나갈 필
요가 있다. 이점에서 정부는 자원봉사에 대한 지나친 개입을 자제할 필요가 있
다. 특히 현재와 같이 중앙정부부처들의 다양한 조직설립 등은 자원봉사분야의
다양성과 분야별 전문성을 고려한다면, 장점이 있을 수도 있지만 행정지원체계
가 지역사회에서 잘 조정되지 않는 한 국민들에게 혼란을 줄 위험이 있다. 또한
자원봉사 행정체계가 일원화되더라도, 다원화되고 있는 직능별, 전문영역별 특
수성을 고려해서 상호간의 실질적인 협조체계가 이루어질 수 있는 방안이 모색
될 필요가 있다.

2. 공공전달체계의 개편

1) 공공전달체계 개편의 기본방향

공공복지 전달체계의 개편방향을 일반적으로 지적하자면 시민의 고객적 가치
와 서비스의 질적 향상을 추구하는 방향으로 개편되어야 한다는 것이다. 드러커

(P. Drucker)는 "조직의 구조가 사람을 관리하던 시대는 지나고 과제가 사람을 이끄는 시대(The Task is to lead people)가 도래하였다"고 하면서 조직이 가지는 기술이나 목표의 추구보다는 고객이 지니고 있는 가치가 관리의 중심이 되어야 한다고 지적하고 있다. 김민웅은 조금 더 구체적으로 고객중심의 질적 서비스를 증진시키기 위한 방도로 누가 고객이고 무엇을 원하는 지를 확실히 파악하여 고객만족에 관한 기법과 정보를 제공하고 행정규제적 업무(regulatory compliance)는 일반 서비스 전달체계와 분리시키며, 시민의 선택적 권리의 부양이 중요하다는 점을 지적하고 있다(김민웅, 1999).

공공복지 전달체계의 개편은 행정계층간 기능의 합리적 재배분에서 출발하여야 한다. 먼저, 지방화 시대에 적합한 복지서비스 행정의 전달체계는 중앙과 지방간의 합리적인 기능배분을 통해서 확립되는 것이 바람직하다. 즉, 중앙에 적합한 기능과 지방에서 수행가능한 사회복지기능을 평가하여, 지방정부에서 수행가능한 업무의 경우 과감한 지방이양을 통해 지역적 특성을 감안하여 복지서비스를 전달할 수 있도록 하여야 한다.

사회보험, 공공부조와 같이 전국적인 효과를 미치거나 타지역에의 파급효과가 큰 기능은 중앙에 의해 수행되고, 대상별 복지서비스와 같이 지역의 특성을 감안하여 그 파급효과가 지역에서 직접적으로 실현되는 기능은 지방자치단체에 의해 수행되어야 한다. 예를들면, 전국적 계획에 의한 조정 필요성, 지역적 특성, 자치단체의 업무수행 능력, 경제적 효율성, 외부효과 등의 기준이나 원칙을 고려하여 기능배분이 이루어져야 하며, 중앙과 지방간의 합리적인 복지기능 배분과 사후평가관리의 강화를 통해 지역의 경쟁적인 발전을 유도하고 주민복지 증진을 기할 수 있어야 한다(성규탁, 1990).

중앙정부와 지방자치단체간의 기능을 재배분하는데 있어서 위임사무의 비중을 낮추고 자치사무의 비중을 높이는 것을 원칙으로, 현지성 및 경제성이 요구되는 장애인, 노인 등에 대한 상담 및 지원업무는 우선적으로 지방자치단체에 이양하고 사회보험과 공공부조제도의 계획과 관리업무는 중앙정부의 책임하에 두되, 사회복지서비스는 지역적 특성과 재정자립도 등을 고려하여 지방정부의 책임과 역할을 점진적으로 늘려나가도록 하여야 할 것이다.

아직 구체적으로 논의된 바는 없으나 광역자치단체와 기초자치단체간 기능의 재조정도 시급한 과제라는 점을 지적하고자 한다.

광역자치단체와 기초자치단체간 기능을 정하고 있는 지방자치법 제10조 1항과 3항을 체계적이고 구체적으로 재정립하여야 하며 이 경우 우리나라에 적용가능한 광역자치단체와 기초자치단체간 사무배분의 원칙으로는 정치적 책임성의 원칙, 경제성의 원칙, 공평성의 원칙, 행정책임명확화의 원칙 등을 들 수 있을 것이다(홍준현, 1998).

  광역자치단체와 기초자치단체간 사무재배분을 위한 원칙의 우선순위에 대해서는 ① 우선 단위사무가 중복적으로 수행되어야 할 필요성이 있는지 여부와 그 사무를 수행하는데 있어서 지역주민의 참여나 통제의 필요성이 어느 정도인지를 판단하고 ② 사무의 효력범위가 광역적이고, 외부효과를 발생시킬 수 있거나, 규모의 경제를 가져올 수 있는 사무, ③ 사무의 공급이 기초자치단체간에 공평하게 이루어져야 하거나, 최저기준(동일기준)을 유지해 줄 필요성이 클 경우, ④ 기초자치단체가 사무를 수행할 행·재정적 능력이 부족하여 광역자치단체나 중앙정부로부터 추가적인 지원을 필요로 하는 경우 등에는 광역자치단체가 수행하는 것이 바람직하다는 의견을 제시하고 있다(홍준현, 1998).

  본 연구에서는 공공전달체계 개편의 중점추진과제로서 보건복지사무소 및 주민복지센터 설치방안에 대하여 살펴보기로 한다.

2) 보건복지사무소 및 주민복지센터 설치의 필요성

  보건·복지 전달체계의 개편은 보건·복지 수요자에 대한 서비스 제공의 전문성, 통합성, 접근성, 효율성이 우선적으로 고려되어야 한다.

  우선 서비스 제공의 전문성을 향상시키기 위해서는 보건·복지 행정(authority)과 서비스 제공(provider)기능이 병행되고 있는 보건소와 행정업무 중심의 복지전달체계를 주민에 대한 서비스 제공 기능이 강화될 수 있는 체계로 개편하여야 한다. 특히 보건소의 경우 최근 와상환자 방문진료사업, 정신보건사업, 만성질환 중심의 제반사업 등 지역보건문제 중심의 사업이 활발히 시행되기 시작했으므로, 이러한 사업이 활성화될 수 있는 보다 유연하고 지역과 밀착된 조직이 필요하다. 또한 우리 나라의 복지서비스 발달수준은 직접적인 대인서비스(personal social service)가 활발하게 제공되지 못하고 있는 상황이나 이에 대한 수요 증가가 예상되고 있으므로, 민간복지기관과의 역할분담으로 공공복지 행정조직에서 담당할 범위를 설정하고 이를 체계적으로 실행할 필요가 있다. 특히 민간복지자원이 부족한 농어촌의 경우는 공공부문에서 직접 대인서비스 기능을 담당할 수 있는 조직 설계가 이루어지도록 하고, 복지행정의 기획과 집행(서비스)업무의 일관성을 유지할 수 있는 조직이 마련되어야 한다.

둘째, 와상노인·장애인·정신질환자 등에 대한 보건·복지 연계서비스 수요가 증대되고 있는 바, 보건서비스와 복지서비스가 연계 및 통합 제공될 수 있는 프로그램 및 연계체계(total and primary care system)를 마련하고, 급격한 고령화의 진전, 가족관계의 변화, 유병구조의 변화 등에 의한 이용자의 수요 변화에 맞추어 통합서비스를 적극적으로 개발하여 서비스의 통합성을 강화하여야 한다.

셋째, 주민이 직접 접촉하는 행정 집행 및 서비스 제공의 최일선 단위를 조정하여 접근성을 제고하여야 한다. 서비스 제공의 최일선 단위는 대상인구 및 담당 전문인력의 규모가 고려되도록 하며, 시·도-시·군·구-읍·면·동의 단계 축소, 읍·면·동사무소 기능전환 추진과정에서 새로운 개편 조직의 설치가 반영되도록 하고, 행정체계 개편에 있어서는 무엇보다도 이용자의 만족도가 향상되도록 하는 일에 초점을 두어야 한다. 특히 행정조직의 최하위 단위 선정 및 지역별 배치에 있어 접근 편의성이 최대한 고려되어야 하며, 보건·복지서비스 전달체계 수립에 있어서는 이용자가 서비스 선택에 직접 참여할 수 있는 간병지원체계(care management service system)를 구상하도록 하여야 한다.

넷째, 복지행정체계의 개편은 관리·운영의 효율화를 기조로 하되, 급여의 질 향상 및 복지서비스의 전문화와 상승효과가 나타날 수 있는 방식으로 실행하여 행정의 효율성 및 자원활용의 경제성을 창출하여야 한다.

이와 같은 복지전달체계 개편의 기본 방향에 따라 보다 구체적인 정책대안의 목표를 제시하면 다음과 같다.

(1) 이용자를 위한 One-Stop Service의 제공

지역주민들이 행정기관을 방문하여 국가로부터 제공되는 다양한 급여 및 보건복지서비스를 일회방문 혹은 일회전화연락으로 제공받을 수 있는 체계를 구축하기 위해서는 각 부처별로 병렬적이고 분절적으로 관리·운영되고 있는 현재의 분산체계를 읍·면·동 및 시·군·구 단위의 행정조직과 관련조직을 고용-사회보험-보건-복지가 상호 연계되는 '주민편의 서비스 이용센터' 및 '직접서비스 센터'로 개편하여 주민의 편의를 도모하도록 한다.

(2) 고용 - 사회보험 - 문화·정보 - 보건·복지가 상호 연계된 효율적 서비스의 제공

통합 및 연계방안 마련에 있어서, 지역적 접근성, 인구·사회학적 및 경제적 변수들을 고려하여 서비스 제공 수준에서 통합·연계할 것인지, 조직차원에까지 통합·연계할 것인지를 명확히 할 필요가 있다. 먼저 최일선 단위의 경우 농어촌지역의 읍·면은 현재 규모수준에서 '주민복지센터'를 설치하고, 도시지역의 경우 2~3개 동단위를 묶어 하나의 '주민복지센터'(인구 8,000~70,000명 수준)로 하는 것이 지역주민의 접근성을 고려할 때 바람직할 것이다.

또한 고용업무의 경우, 도시지역 중심으로 기능 및 인력을 배치하고, 보건복지 서비스의 경우, 도시지역의 동 단위에서는 민간자원의 연계중심으로, 농어촌의 읍·면에서는 보건지소 등과 연계하는 대민 직접서비스(personal direct service) 중심으로 개편하는 것이 바람직하다고 판단된다.

(3) 부처별 중복업무의 조정을 통한 정책효율성 제고

고용-사회보험-문화·정보-보건·복지서비스가 최일선 단위에서 상호 연계된 주민복지센터를 통하여 실업대책, 저소득층을 위한 선택적 서비스 및 일반주민을 위한 문화, 정보제공 등의 보편적 서비스가 재조정되어 효율적으로 집행되어야 한다. 이에 따라 중복업무의 조정으로 인한 공공부문의 업무효율화 및 예산·인력의 절감효과를 얻을 수 있을 것이다.

지금까지 검토한 내용들을 중심으로 개선방안을 정리하면 아래의 그림과 같으며(단, 이 모형은 각각의 지역적 특성을 고려하여 자주적으로 운영하도록 함), 다음 절에서는 새롭게 구상되는 '주민복지센터' 안을 중심으로 하여 보다 구체적으로 설치방안을 제시하고자 한다.

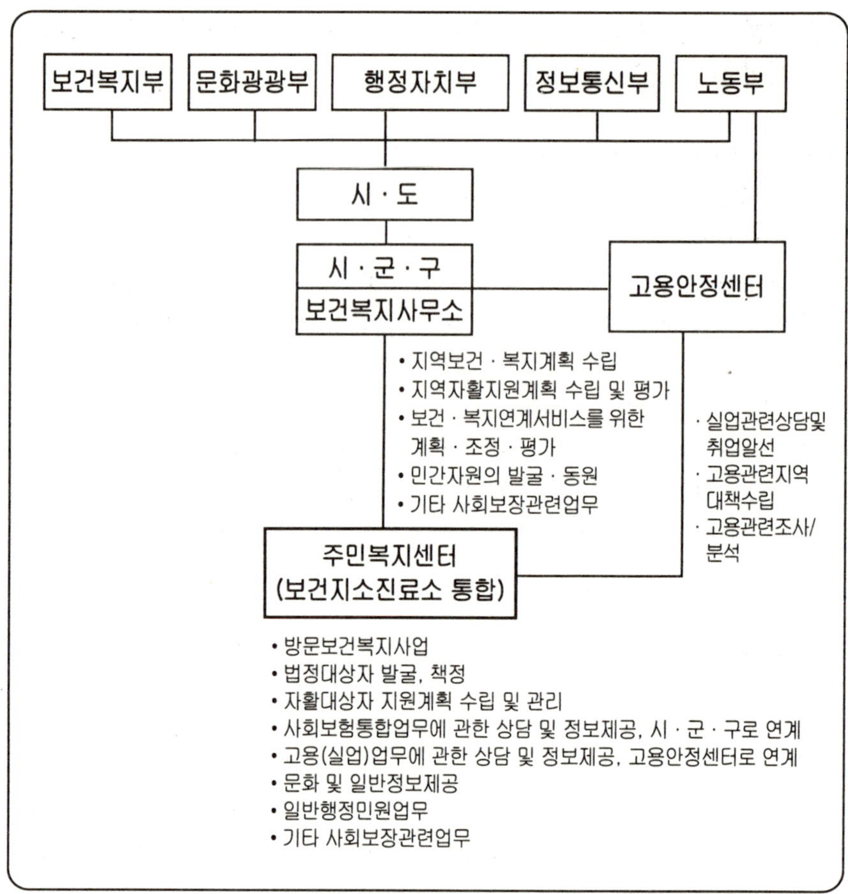

<그림 4> 자활지원 및 보건 · 복지 행정체계 모형

3) 주민복지센터 설치 방안

전달체계의 개선은 각 지역의 특성을 고려하여, 지방자치단체가 기본 모형을 바탕으로 하여 자율적으로 운영하도록 한다. 1단계로는 읍 면 동 기능전환 추진과 병행하여, 현행 보건소 및 시 군 구 사회복지과 관할의 '주민복지센터'를 설치하여 소규모 지역단위에서 보건 복지 연계서비스의 거점을 확보하도록 하고, 2단계로는 '보건복지사무소'를 시 군 구 단위에 확대 설치하도록 한다. 주민복지센터를 통한 방문보건복지사업을 중심으로 이후 보건 및 복지서비스 모두 내용이 더욱 개발되고 영역이 확대되면, 행정조직 통합에 대한 필요가 증대될 것으로 보인다.

(1) 조직

① 보건복지사무소

　245개 시 군 구 단위에 보건복지사무소를 설치하도록 한다. 기존 시 군 구청 내 사회복지과와 보건소를 통합 설치하고, 4대 사회보험업무가 통합되면 시 군 구 단위에서 가능한 통합업무까지 수행할 인력을 배치하도록 한다. 즉 보건-복지-사회보험업무가 조직적 차원에서 통합 수행되는 조직을 설치한다(4대 사회보험업무가 통합되면 시 군 구 단위에서 가능한 통합업무까지 수행할 인력을 배치하도록 한다).

② 주민복지센터

　현재 3,718개소(1998. 8. 현재)의 읍 면 동사무소가 행정자치부의 계획대로 인구 5,000명이하의 과소지역(1,069개 지역)에서 동 폐합되는 경우(약 2,650개 지역), 최일선 단위는 현행 읍 면 동사무소로 하여 하나의 주민복지센터를 설치하는 것이 지역주민의 이용 접근성을 고려할 때 바람직할 것이다. 1개 보건복지사무소 소관의 주민복지센터의 수는 보건복지사무소가 지방자치단체와 협의하여 자율적으로 결정한다.

　주민복지센터는 현재의 읍 면 동사무소 건물을 활용하고, 특히 농어촌의 경우 보건지소 · 보건진료소와 연계하여 보건의료서비스를 강화하며, 센터 내에 방문사업을 전담하는 방문보건복지팀(사회복지전문요원 1명, 방문간호요원 1명으로 구성)을 설치한다. 주민복지센터는 보건소 및 시 군 구 사회복지과(2단계의 경우 보건복지사무소장)의 지시를 받으며, 센터의 장은 구성원 중 가장 직급이 높은 선임자로 하고 지역적 특성을 고려하여 변경할 수 있도록 한다.

<표 17> 인구규모별 읍 면 동 수

구분	계	5,000 미만	10,000 미만	15,000 미만	20,000 미만	25,000 미만	30,000 미만	35,000 미만	40,000 미만	45,000 미만	45,000 이상
계	3,516	836	864	552	451	341	265	111	64	28	33
읍	195	4	39	44	36	22	19	10	10	5	6
면	2,230	753	380	74	13	7	3	-	-	-	-
동	2,091	79	445	404	403	312	243	101	54	23	27

자료: 행정자치부, 읍면동의 기능전환 기본계획(시안), 1999. 2

(2) 주요 기능

주민복지센터는 기존 보건소가 주민을 대상으로 제공하던 보건의료서비스 기능을 주민과 보다 가까운 거리에서 제공하고, 동사무소 단위에서 수행하던 복지행정업무와 복지서비스 나아가 사회보험, 고용 및 문화 정보관련업무를 보다 전문적이고 통합적으로 수행하기 위한 것이다. 주민복지센터의 보건 복지 관련업무를 살펴보면, 보건소(보건복지사무소) 및 보건지소 등과 연계하여 기본적으로 방문보건복지사업을 중심으로 하며, 공공부조 대상자 발굴, 민간복지자원의 발굴 동원, 민간복지기관과의 연계 기능 등으로 확대해 가도록 한다.

주민복지센터의 보건부문은 방문보건사업을 중심으로 하고, 도시지역의 경우, 복지부문은 사회복지전문요원들이 일정한 지역을 담당하여 사회취약계층을 중심으로 방문복지사업을 시행하며, 민간복지자원과의 효율적인 연계 및 업무분담을 통하여 중복서비스를 피하고 서비스의 양과 질을 제고시키도록 한다. 농어촌지역의 경우, 보건부문은 방문보건사업을 중심으로 하되 기존 보건지소의 기능을 지원하는 데 비중을 두도록 하고, 보건진료소를 지역특성상 통폐합하는 경우는 잉여인력을 인근 주민복지센터에 배치하여 활용하도록 한다(보건진료원은 일차 보건의료서비스 제공의 측면에서 잘 훈련된 인력이므로 보건교육 및 방문간호 업무에 큰 역할을 할 수 있을 것이다). 복지부문은 민간복지 환경이 열악하므로, 보건부문과 연계하여 대민 직접서비스를 중심으로 하는 방문복지사업을 전문적이고 통합적으로 수행하도록 한다.

(3) 업무 및 소요인력

주민복지센터를 설치할 경우, 방문보건복지사업은 사회복지전문요원 1인과 방문간호요원 1인이 한 팀으로 배치되어 서비스 대상자 지정 및 서비스 전달을 동시에 수행하고, 대상자 관리기록을 공동으로 작성 관리하도록 한다. 즉 최일선에서의 기본행정과 서비스를 한 팀에서 공동 수행하도록 하는 것이다. 이는 법정대상자의 발굴·책정을 담당하는 기존 사회복지전문요원 1인에 2명의 방문보건복지담당 전문인력이 추가되는 것이다.

사회복지전문요원 중 주민복지센터가 설치되지 않은 지역의 1인을 관할 시 군 구청단위의 보건복지사무소에 배치하여 복지행정업무를 담당하도록 한다. 또한 와상노인 등의 이용대상자가 많은 농어촌지역의 주민복지센터에는 공익근무요원, 사회봉사명령자 등을 민간자원과 함께 적극 활용하도록 한다.

이에 따라 전국에 주민복지센터 2,650개소를 기준으로 소요인력을 추산해 보면, 사회복지전문요원의 경우 법정대상자 관리 책정을 담당하는 인력 각 1.1명씩[14] 2,915명, 방문복지 담당 1.1명씩 2,915명, 보건복지사무소 배치 각 5.5명씩 250개소 1,375명 등 총 7,205명으로, 현재 전국에 배치되어 있는 사회복지전문요원 4,100여명을 제외하면, 약 3,100명의 신규인력이 필요하다. 이와 함께, 간호업무 담당 2,650명, 고용업무담당 2,650명, 사회보험업무 담당 2,650명의 인력이 필요할 것으로 보인다.[15]

<표 18> 주민복지센터의 인력 배치안

인　력	소　요　규　모
사회복지전문요원	법정대상자 관리, 책정 등　1.1명 방문복지사업: 도시지역 민간연계 중심　1.1명 250개 보건복지사무소 당 복지행정업무　5.5명 전국 2,650개 센터 기준　2,915+2,915+1,375=7,205명 신규소요인력: 7,205명-4,100명(기존 배치) = 3,105명 필요
방문간호인력	2,650명 신규 확보 필요(기존 보건소 방문간호인력은 지역 특성에 맞추어 센터로 분산 배치)
고용관련 상담 및 정보제공 인력	고용안정센터에서 2,650명 파견배치
사회보험관련 상담 및 정보제공	각 공단에서 2,650명 파견배치

---

14) 저소득층 밀집지역은 인원이 1명 더 필요하다는 전제 하에 이러한 저소득 밀집지역을 전체 센터의 10%로 추산한 결과에 따라 1.1명이 나왔음.

15) 소요인력은 시 군 구에서 파견근무하는 형태가 적절할 것이며, 고용업무 담당인력은 노동부에서 파견하도록 한다.

주민복지센터에서 수행할 주요 업무와 소요인력을 제시하면 〈표 19〉와 같다.

〈표 19〉 주민복지센터의 주요 업무 및 소요인력

사업	업무	인력
방문 복지 사업	• 방문복지상담 및 공공부조 대상자 발굴 • 방문복지서비스(부식지원·이동목욕 등) 직접 전달 • 민간복지기관과의 연계 및 업무 분장 • 자원봉사자 인력 활용 • 장애인, 정신질환자 생활 취업 상담 및 알선 • 정신질환자, 장애인 보호 및 결연사업	• 사회복지전문요원 1인[1] • 아동복지지도원 또는 여성복지 상담원[3]
복지 민원 업무	• 생활보호·경로연금 등 대상자 신청 및 실사 • 이용자 통합카드 관리 • 민간복지기관 연계망 구축	
	• 저소득 취약계층 자활관련 상담 및 지원	• 사회복지전문요원 1인[1]
방문 보건 사업	• 방문간호 • 방문보건위생사업 • 자원봉사자 인력 활용	• 방문간호요원 1인[2]

긴급
구호[4]
	• 재난 발생시 긴급 보건복지서비스 제공
	• 3차 사회안전망 기능(긴급의료보호, 긴급급
	  식, 긴급식품 교환권, 긴급주거 제공)
		• (보건복지사무소 및 주민복지센터와 연
		  계하여 업무수행)

고용 관련 업무	• 고용 및 실업관련 상담 및 정보제공 • 고용안정센터로 연계	• 고용관련 전문인력 1인
사회 보험 관련 업무	• 사회보험통합업무 관련 상담 및 정보제공 • 보건복지사무소로 연계	• 행정인력 1인

주: 1) 사회복지전문요원 소요인력은 주민복지센터의 방문복지요원 및 복지민원업무 담당 각 1.1
       인, 보건복지사무소의 복지행정요원 5.5명으로, 총 7,205명임(전국 약 2,650개 센터 기준). 기
       존 배치인원이 4,100여명이므로, 약 3,100명의 추가 인력 확보가 요청되고, 이 중 1,250명은
       보건복지사무소의 행정요원으로 배치함.
    2) 간호사 신규 소요인력은 주민복지센터 1개소당 1명으로 주민복지센터 2,650개소 2,650명이
       예상됨.
    3) 현재 시 군 구에 배치되어 있는 아동복지지도원(283명) 및 여성복지상담원(336명)을 분산 배
       치함.
    4) 긴급의료보호는 농어촌지역의 경우 보건복지사무소, 보건지소, 보건진료소 및 주민복지센터
       에서 담당하고, 도시지역의 경우 보건복지사무소 및 민간의료자원과 연계하여 주민복지센터에
       서 담당함.

3. 복지재정 운영체계의 개편

1) 복지재정 운영체계의 기본방향

(1) 수요자 중심의 복지재정 원칙 설정

① 복지수혜 대상자들에 대한 기본욕구조사와 단계별 재정계획

재정형편에 따라 재원이 배분되는 기존 관행에서 벗어나 실제 수혜자들의 시각에서 필요한 기초적인 복지욕구 조사가 선행되고 이에 기초하여 재정수요 규모가 산정되어야 한다. 복지부문에 대한 욕구는 단순히 주요 국가들과의 복지 수준 비교를 통해 선험적으로 전제될 필요는 없을 것이다. 사회적·시대별·지역별로 다양하게 등장하기 때문에 공공부문 일방적 시각에서 접근하기보다는 실제 수요자 입장에서 쌍방적으로 접근되어야 한다.

또한 대부분의 복지예산이 중앙정부에서 지원되지만 실제 집행은 지방단위로 추진되는 만큼 수요자 중심의 재정지원이 되기 위해서는 일차적으로 지방자치단체의 적극적이고 실질적인 참여가 전제되어야 한다. 수요자 중심의 계획이 수립된 이후 파악된 욕구를 충족시킬 수 있을 정도의 재정지원 수준이 계산되어야 한다. 그런데 이때 단일의 재정지원 수준안을 제시하기 보다는 예산배분과정에 참여하는 정책결정자 혹은 복지수혜자들에게 충분한 정보를 지원하기 위해 재정수준별 복지단계를 명시하는 방안을 구상할 수 있다.[16] 즉 영기준예산제도에서 활용되고 있는 의사결정단위와 유사한 방식으로 재정계획이 수립될 필요가 있다는 것이다.[17] 예를 들면, ①가장 기본적인 복지수준을 유지하기 위한 재정수준, ②현재 재정수준에서 가능한 복지수준과 ③수요자가 기대되는 복지수준을 충족시킬 수 있는 재정규모 등을 동시에 비교 제시하는 방안을 구상할 수 있다.

---

16) 중장기적으로 안정적인 복지정책을 추진하기 위해서는 지역의 실정을 구체적으로 반영할 수 있도록 지방중심의 종합적인 복지계획이 수립되어야 한다. 그런데, 지방단위에서 자체적으로 지역복지계획을 수립해도 실제 구상된 재원동원방안이 현실화되기는 매우 힘들다. 특히 복지투자가 보조금 중심으로 이루어지는 현재와 같은 재정구조에서는 보조 가능한 재원규모를 확인할 수 없기 때문에 지역의 복지계획이 가지는 실천력이 높지 않을 수 있다. 이 경우 동 계획에서 단일 정책대안과 재정수요 수준만을 제시하기보다는 복수의 정책대안과 다양한 재원동원 장치들을 서로 연계·제시할 경우 정책결정자 혹은 주민들이 자신들이 거주하는 지역의 복지 수준을 결정토록 유도하는 정보 공개 장치로 활용할 수 있다.

② 민간단체 참여 활성화를 위한 재정지원과 성과공개

현실적인 재정여건을 감안하면 복지정책에서 공공부문만의 노력에는 한계가 있다. 이에 따라 민간 관련 단체들의 적극적이고 자발적인 노력을 유도하여 다원적이고 자조적인 복지재정체계를 구축해야 한다. 그런데 민간단체에 대해 재정을 지원할 때 단체들간의 참여기회 및 참여 강도 등 정치적 성격의 힘의 불균등 현상이 발생할 경우 이익집단 논리에 따른 부작용이 우려될 수 있다. 따라서 단체지원에 대해서는 반드시 복지 성과를 객관적으로 평가하고 사회적 타당성을 확보하기 위해 이를 인터넷 등을 통해 성과를 투명하게 공개하는 장치를 마련하고, 또한 성과에 따라 인센티브가 차등적으로 설계되어야할 것이다.

한편, 각종 복지정책에 대한 성과평가단계에서 민간부문의 참여를 활성화시키는 방안도 검토할 필요가 있다. 예산편성 혹은 재원배분과정에서 민간참여는 전문성 등의 측면에서 한계가 있다. 반면, 지출된 예산이 의도한 성과를 확보하였는지 여부에 대한 정책감사 측면에서 민간부문의 참여를 유도할 수 있을 것이다. 따라서 참여형 복지체제를 구축하는 과정에서 통합된 민간참여체제를 구축하여 (인터넷 홈페이지 개설 등을 통해) 여기서 정부가 제시한 각종 복지정책의 성과를 수요자의 입장에서 자유롭게 평가할 수 있는 장을 만드는 작업이 중요하다.

(2) 복지예산배분(전달)체계 개선

① 복지분야에 대한 편성된 예산범위 내에서 우선 자금배정

매년 되풀이되고 있는 재정현상으로, 경제침체 국면에서 (통상적으로 경제성장 국면에서도 유사하게) 고용창출 등 경기부양 효과를 극대화하기 위해 사회간접자본분야에 대한 자금이 관례적으로 우선 배정된다. 이에 따라 복지분야의 경우는 편성된 예산범위 내에서도 상대적으로 자금배정 일정이 늦어지는 경향이 있다. 복지예산은 수혜자들에 대한 공적 신뢰에 기반을 둔 약속인 만큼 사회적

---

17) 영기준예산에서는 댜음의 세 가지 예산형식을 준비해야 한다. 즉 ① 기본수준 패키지 (base level package 가장 기초적 서비스 수요만을 충족하기 위한 것), ② 현재 서비스 패키지 (current service package, 현재 수준에서 서비스 전달을 보장하는 것), ③ 개선된 패키지(enhanced package, 현재 충분하지 못한 수요분까지 포함한 것) 등이다.

안정성 제고를 위해 당초 계획한 재원들은 차질없이 지원될 뿐 아니라, 정시성의 중요성이 부각되는 재원들은 여타 사업에 비해 상대적으로 앞서 배정되어야할 것이다.

특히 서구 선진국가들의 예를 보면, 지식기반사회로 전환하는 과정에서는 경쟁력 단일가치가 지배적인 만큼 사회적 양극화 현상이 불가피하게 발생하게 되는데, 이를 방치할 경우에 시민들의 일상생활영역에서 안정성을 저해하여 결국 사회 경제적 성장기반을 침식하게 될 가능성도 배제하지 못한다. 단순히 소비적인 투자로서 복지부문이 설정되기보다는 성장의 바탕을 이루는 공적 신뢰성을 제고하고 사회안전망으로서 복지인프라의 측면에서 접근할 필요가 있다.

② 복지뱅킹시스템을 통한 재정전산화 : 각종 복지수당

각종 생계비 지원의 경우 수혜자들의 기본 생활 안정성을 제고하기 위해 주어진 공공재원의 정시 배분이 중요하다. 이를 위해서는 복지재원의 배분단계를 가능한 단축시켜야 한다. 재원배분과정이 중앙정부로부터 일선 읍ㆍ면ㆍ동까지 연계되어 있는 현행 자금 배분체계에서는 관련 행정절차를 이행하는데 수요되는 시간이 길어지기 때문에 지역여건에 따라서는 자금배분의 정시성 확보에 애로를 겪고 있다.

따라서 각종 사업별 현금 재원의 지급 일정을 통일시키는 동시에, 특히 생계비의 경우, 자금배정의 전산화를 통하여 배정단계를 단축시키는 방안을 적극 추진해야 한다. 이를 위해 동두천, 의정부, 안양, 여주 등 경기도의 일부 시ㆍ군에서 실시하고 있는 복지뱅킹시스템을 전국적으로 확대하는 방안을 검토할 수 있다. 복지전산화가 완료될 경우 중앙에서 직접 수혜자의 은행구좌로 입금시켜 원스톱 지원체계를 구축하는 방안도 고려할 수 있다.

다만 시ㆍ군의 행정여건을 감안하여 단계적으로 접근할 경우에는 일차적으로는 시ㆍ군ㆍ구의 본청에서 담당하고, 이후 전산정비가 완료되면 최소한 광역자치단체 차원에서 일관 지급하는 체제를 구축하는 것이 바람직할 것으로 판단된다. 행정전산망이 읍ㆍ면ㆍ동까지 완전히 구축되어 있으면 전산망을 통해 담당실무자가 단말기로 관련 자료를 입력하면 행정절차가 간소해질 수 있다. 읍ㆍ면ㆍ동까지 전산망이 구축되지 않은 시ㆍ군은 개인컴퓨터를 이용하여 관련 자료를 디스켓에 담아 본청에 전달하면 된다.

경기도 여주군의 복지뱅킹 사례

경기도 여주군에서는 1999년 3월부터 저소득층에게 생활보호비를 직접 본청에서 온라인 송금하는 복지뱅킹시스템을 구축하여, 행정절차의 간소화와 저소득층 행정불편을 해소하고 있다. 이는 경기도의 경우 남양주, 동두천, 안양 등 일부 시군에서 이미 시행하고 있는 시책이다. 관련 프로그램은 데이콤(주)에서 무상으로 제공하였으며 농협의 협조와 데이콤의 프로그램을 이용하여 수혜대상자에게 지정된 일자에 직접 생계비를 입금하고 있다. 읍면에서는 지급일 기준으로 8일전에 관련 자료를 본청에 제출하면 회계과에서 직접 입급하기 때문에 읍면 담당자들은 생계비 입금에 따른 재배정관련 결산업무를 별도로 수행할 필요가 없다. 또한 지방재정법상 2천만원 이상은 읍면에 배부할 수 없게 규정되어 있어 (여주군의 경우는 생계비가 7천만원수준까지 증대) 불가피하게 매년 감사지적사항으로 제시된 바 있는데 복지뱅킹제도의 도입으로 이를 자동 해결할 수 있다. 수혜자들의 경우는 예정된 일자에 정확하게 생계비가 입금되기 때문에 관련 행정불편이 원천적으로 해결되고 있다.

〈그림 5〉 경기도 여주군의 복지뱅킹 사례

한편, 시·군의 읍·면·동에서 근무하는 사회복지전문요원들은 실제 복지업무보다는 관련 행정문서를 처리해야 하는 업무량이 오히려 더 많다는 점을 지적하기도 한다. 이러한 실정에서 복지뱅킹시스템을 확대하면 생계비지급의 정시성 확보 뿐 아니라 부수적으로 사회복지전문요원들의 행정부담을 대폭 경감시켜, 복지전문인력들이 현장의 복지서비스 공급업무가 확대될 수 있는 부수적인 효과도 창출할 것으로 기대된다.

<표 20> 복지뱅킹시스템 도입 전후의 업무흐름 비교

	복지뱅킹 도입 이전	복지뱅킹 도입 이후
업무처리흐름	제수당지급대상자파악보고 (읍·면) → 지급대상자 총괄 집계 (군) → 일상 경비로 읍면 재배정 (군) → 무통장 입금 의뢰 (읍·면) → 은행별 개인계좌 인금 (은행) → 개인별 통장출금 (대상자) → 결산보고 (읍·면)	자료디스켓 제출·전산입력 (읍·면) → 디스켓혹은전산자료취합 (군) → 일괄 자동 이체 지급 (군) → 개인별 통장 출금 (읍·면)
문제점	시간과 인력낭비 정산처리절차의 복잡 (불필요한 문서, 회계장부 양산) 은행개별 입력으로 오류발생 가능 정규 지급일 지급 차질 가능	담당자의 전산능력 취약시 문제 군 본청의 업무량 증가 프로그램 적응기간 3개월 정도소요

　한편, 시·군의 읍·면·동에서 근무하는 사회복지전문요원들은 실제 복지업무보다는 관련 행정문서를 처리해야 하는 업무량이 오히려 더 많다는 점을 지적하기도 한다. 이러한 실정에서 복지뱅킹시스템을 확대하면 생계비지급의 정시성 확보 뿐 아니라 부수적으로 사회복지전문요원들의 행정부담을 대폭 경감시켜, 복지전문인력들이 현장의 복지서비스 공급업무가 확대될 수 있는 부수적인 효과도 창출할 것으로 기대된다.

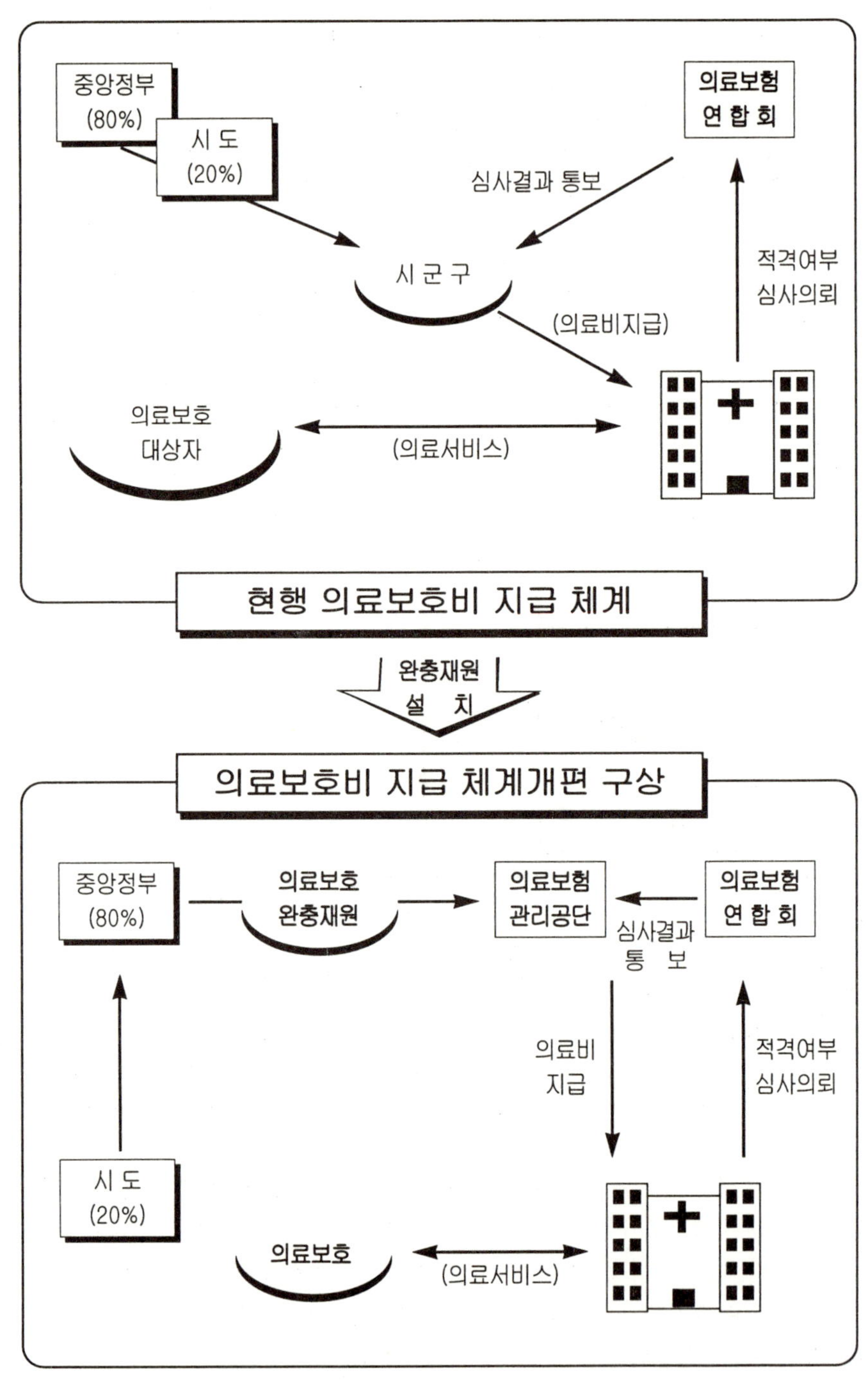

<그림 6> 의료보호비 배분구조 개편에 대한 구상

③국가직접 지원에서 공단 등을 통한 간접지원 : 의료보호비

의료보호는 정부에서 의료기관에 재원이 배분되는 시기가 지연되어 서비스 자체가 기피되고 있기 때문에 재원배정구조를 전면 조정할 필요가 있다. 국고수입 형편에 따라 재원확보 일정이 좌우되기 때문에 재정의 안정성이 결여되는데 (현재와 같은 재정상황을 인정할 경우) 이를 감안하여 의료기관과 중앙정부를 매개하는 완충재원장치(의료보호기금 등)를 설치해야 한다.

예를 들어, 의료보호업무를 의료보험업무와 통합하거나 의료보험관리공단과 같은 제3의 기관(공단)에서 준비된 완충재원을 통해 의료비를 지불하고 국가는 공단에 대해 배정된 예산을 지원하는 방안을 구상할 수 있다.[18] 보다 전향적으로 의료보호비와 같은 "의무적 경비"의 정시성 확보를 위해, 지급 지연에 따른 금융비용을 국고에서 지원하기 위한 (가칭) "국고마이너스통장" 제도를 설치하는 방안도 검토할 수 있다.[19] 또한 현행 방식을 유지할 경우에는 의료서비스를 제공한 의료기관에 대해 비용지급이 늦어신 기간에 발생하는 금융비용을 정부가 추가 지급하여 의료기관의 손실을 최소화시켜야 한다.

---

18) 동 구상은 의료보호와 의료보험을 재정적으로 통합하는 것이 아니며, 별개로 운영되는 재원의 관리 주체만 일원화하는 방안이다.

19) 이는 민간금융기관의 마이너스 통장과 같은 성격을 가지며, 의료보호비 집행 요건이 발생하면 지정된 금융기관에서 자동으로 이체되고 정부에서는 재원이 확보(배정)되는 즉시 지정금융기관의 마이너스 통장에 결제하면 된다.

(3) 성과중심 이전재정체계 개편

①지방의 복지기획 기능 강화를 위한 포괄보조

복지정책의 대부분은 중앙정부 차원에서 개발·결정되고 자치단체를 거쳐 주민들에게 전달되는 하향식 체제 속에서 전개되었다. 이에 따라 지역사회 및 수요자가 현장에서 인식하는 필요성을 적극적으로 충족시킬 수 있는 정책을 개발하거나 공공과 민간간의 업무협조체계를 구축하는 데는 한계가 있었다. 중앙중심의 표준화된 계획은 투입중심의 정책을 개발하는 데는 유용하지만 현장에 실천되어 다양한 복지성과를 제고하는 데는 한계가 있다.

현장 혹은 성과중심의 복지계획을 수립하는 과정에서 지방의 역할이 중요하게 부각되는데, 지방단위에서 의미있는 복지계획들이 수립·집행되기 위해서는 무엇보다 복지재정체계에 대한 재구축이 필수적이다. 행정적으로는 계획수립과정에서 지방의 자율성과 적극적인 참여를 유도할 수 있지만, 실제 정책을 뒷받침하는 재원이 국비보조중심으로 형성될 경우에는 결산 및 각종 감사 등의 이유로 중앙의 계획을 그대로 준용할 수밖에 없기 때문이다. 따라서, 지방의 적극적인 복지계획을 유도하기 위해서는 사업단위별로 세분화되어 있는 복지재정 중 상당부분을 부문별로 포괄 지원하거나 별도의 포괄보조장치를 마련해야 한다.

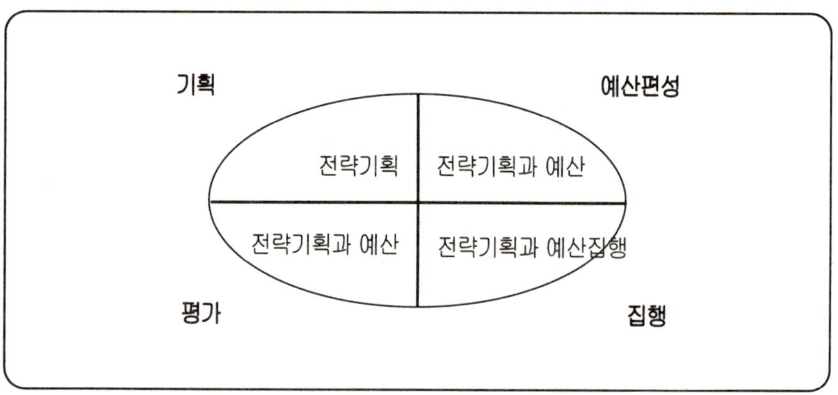

<그림 7> 성과주의 예산체제에서 기획과 예산의 연계 구도

성과중심 재정운영에서 핵심은 전략적 기획, 집행 재량, 그리고 성과평가 및 책임부여 등 세 가지임. 반드시 **동일 대상에 동시에 적용**해야 하며, 한 가지라도 빠지면 제도개편의 효과를 확보할 수 없다.

② 지방교부세의 기준재정수요 산정에서 복지기능 강화

현재 지방재정조정제도에서 포괄보조금의 지원은 지방교부세를 통해 운영되고 있다. 따라서 별도의 포괄보조금 장치를 마련하기보다는 지방교부세 제도의 기준재정수요 산정과정에 지역단위의 다양한 복지관련 재정수요를 충분히 반영할 수 있도록 측정지표를 개편하는 방안도 구상할 수 있다.

지방교부세는 지방자치단체의 표준적인 재정수요와 세입을 비교하여 부족한 재원이 발생할 경우 이를 보전할 목적으로 중앙정부가 일반재원형식으로 교부하는 대표적인 재정조정재원이다. 동 장치는 포괄적 재원조달능력을 가진 중앙정부가 자신이 확보한 공공재원 일부를 지방에 공여하는 것으로 지방정부의 재정능력을 강화하여 개별자치단체는 국가적 최저재정수준을 유지할 수 있게 된다. 지방교부세제도는 지역의 경제적 수준과 지방재정능력이 지역에 따라 현저하게 불균등하다는 점을 감안하여 지역간 재정균등화를 위한 핵심적인 장치로 활용된다.

그런데 지방교부세 제도의 성격을 확인할 수 있는 기준재정수요 산정 부문을 살펴보면 우리 나라의 경우 주민들에 대한 서비스 중심으로 제도가 설계되기보다는 일반행정관리 분야를 중심으로 구성되어 있다. 또한 광역과 기초간 행정서비스의 기능이 중복되어 있어 동일한 측정항목과 측정단위가 적용되어 있다. 영국과 일본의 예를 보면, 자치단체 계층간 혹은 유형별로 행정서비스의 기능이 다른 만큼 측정항목도 차별적으로 설계되어 있다.[20] 더욱이 일상적 지방행정 영역중 대표적이라고 할 수 있는 복지분야의 경우는, 지방교부세제도에서 29개 기준재정 측정항목 가운데 복지관련부문에 '사회복지비(인구수 기준)'와 '생활보호비(대상자 수 기준)', 그리고 '보건비(인구수 기준)'의 세 가지 항목에 불과하며 측정단위에서도 복지비용와 직접적으로 연계되기보다는 인구수와 같은 일반적 지표를 고려하고 있다(〈부표 2〉 참조).

따라서 복지기능에서 지방정부의 책임 영역을 확대시킬 수 있도록 기준재정수요를 산정할 때 이 세 가지 항목이 차지하는 비중이 높아질 수 있도록 (보정방식이 아닌) 측정단위와 단위비용을 재설계하여 지방교부세에서 사회복지비의 비중을 높여야 한다. 특히 측정항목을 '인구 수' 기준이 아닌 '노인인구', '장애인 인구', '복지시설 수용인원' 등과 같이 복지대상자 중심으로 세분화시켜 지방의 실

---

20) 일본 지방교부세법에서 제시한 지방교부세제도의 목적은 지방행정사무 처리와 재원 균형화, 재정운영의 계획성과 자치단체의 독립성 강화로 설정되어 있지만, 우리 나라의 경우는 지방자치단체의 "행정운영"에 필요한 재원교부, 지방행정의 건전한 발전으로 규정되어 있다.

제 복지재정 수요를 정확히 반영할 수 있도록 구성할 필요가 있다.

일반적으로 지방교부세는 지방자치단체의 일반재원으로 활용되는데, 사회복지비의 비중이 높을 경우 지방자치단체 차원의 복지재정기능을 강화시킬 수 있을 것이다. 영국이나 일본의 경우에는 지방자치단체의 기능중 핵심 요소로 복지부문을 설정하고 충실한 재정지원을 위해 기준재정수요를 산정하는 측정항목에서 복지부문의 비중을 상대적으로 높게 설계하고 측정단위 역시 복지대상자별로 세분화되어 있다(〈부표 3〉, 〈부표 4〉 참조).

③ 광역자치단체 중심의 복지분야 포괄보조 확대

지역에 따라서는 시·군별로 소규모 시설의 분산 투자를 강화할 필요가 있는 경우도 있는 반면, 대도시권역의 경우는 생활권의 분포를 고려할 때 거점 지역에 광역적으로 대규모 시설에 집중 투자하는 것이 바람직하다. 전자는 입지접근상의 효율성이 부각되고 후자의 경우는 규모와 범위의 경제 측면에서 효율적이다. 따라서 중앙에서는 지역계획이 갖추어야 할 최소요건(예: 시설에 대한 접근 시간, 서비스 공급 수준, 시설당 재정한도액 등)을 설정하고 주어진 제약하에서 관련 시·군들간의 공동투자 혹은 도와 시·군간의 공동투자 협정 등을 체결하여 자치단체가 최적의 시설을 설치·운영할 수 있는 장치를 마련할 필요가 있다.

복지재정이 기초자치단체 중심으로 운영되면 지리적 외부성으로 인한 비효율성 문제가 항상 발생할 여지가 있다. 따라서 중장기적 관점에서 광역자치단체의 기능 강화를 위한 '광역별 복지실링제' 구상을 통해 광역 중심으로 포괄보조를 지원하여 재원의 최적 배분을 유도하고 중앙에서는 광역자치단체의 계획을 심사·평가를 강화하는 방안도 구상할 수 있다.

이는 생계비 지원 등과 같이 국가적으로 표준 수준에서 공급되어야 하는 서비스를 제외하고, 지방단위에서의 다양한 서비스 공급 형태가 가능한 부문(특히 시설투자)에 대한 재정보조는 광역자치단체 수준에서 보조금의 실링을 설정하고 세부 계획들은 지방에서 수립토록 유도하는 방안이다. 즉, 지방별로 해당 보조금 재원은 광역자치단체 단위까지만 고려하여 인구나 면적, 혹은 소비규모 등을 기준으로 배분하고, 단위사업에 대해서는 광역자치단체가 도비보조금과 연계하여 재원을 배분하는 방식을 의미한다.

이 경우 중앙정부에서는 대상사업들을 선정하여 자치단체에 시달하기보다는, 중앙과 지방의 이해관계가 일치하는 지방복지부문을 중심으로 대상사업의 범위를 설정하고 제한된 범위 내에서 광역자치단체가 선택한 사업을 조례로 제정하여 해당 시·군에 대해 단위사업별로 재원을 배분하면 될 것이다. 중앙 차원에서 지역의 구체적 단위사업까지 모두 심의한다는 것은 행정여력이나 전문성 등을 감안하면 현실적으로 힘들기 때문에 표준 기준에 따른 평면적인 지원에 그칠 수밖에 없다. 광역단체가 복지재원운영을 담당하여 단위사업을 설정하면 관련된 의사결정 과정에 소요되는 시간을 단축시키는 동시에 집행과정에서의 번거로운 문서과정을 대폭 감소시킬 수 있는 이점도 부각된다.

④ 집행단계에서의 보조금에 대한 재량 확대

현장중심 혹은 성과중심의 복지재정 운영을 위해서는 실제 업무를 추진하는 집행단위의 재정적 재량을 확대해야 한다. 이를 위해서는 사업별 예산편성을 통한 동일 사업내 예산전용 재량 확대, 집행이후 남는 보조금 잔액에 대한 재원 전용 확대, 연도밀 불용액의 일정 비율 지체 보유 인정 등과 같은 집행재량 확대방안들이 마련되어야 한다.

첫째, 보조사업간 할당된 재원을 전용할 수 있는 재량을 확대하여 현장 중심의 탄력적인 재정운영체계를 구축할 필요가 있다. 보조사업이 실제 의도한 상위목표를 달성하기 위해서는 사업별로 경직적으로 지출을 관리·통제하기보다는 상위목적을 포괄적으로 고려할 때 합리적인 것으로 판단되는 부분에 대해 사업간 재원사용의 전용을 인정할 수 있는 유연한 재정운영이 필요하기 때문이다. 즉 사업단위별로 세분화된 예산항목들을 프로그램 패키지별로 묶고(예, 장애인 프로그램, 노인 프로그램, 여성 프로그램 등) 동일 패키지 내 예산에 대한 전용 재량을 확대할 필요가 있다. 예를 들어, 할당된 재원을 총액으로 인정하고 시·군에서 융통성있게 집행한 이후 결산·보고하여 정정 받을 수 있도록 허용하는 방안을 검토할 수 있다.

둘째, 생계비 지원의 경우, 지역특성을 고려하여 보조사업별 여유재원의 일정 비율을 인정하여 해당 자치단체에서 보유할 수 있도록 허용해야 한다. 매월 지급되는 각종 생계비 지원의 경우는 지급 대상자의 거주지 이동 등으로 인해 관련 예산을 정확하게 산정하기 힘들다. 특히 인구의 유동성이 높은 지역에서는 예측이 상대적으로 더욱 힘들다. 따라서 안정적인 재정지원을 위해서는 집행주체인 지방이 일정 수준의 유동성(현금) 여유분을 보유해야 하며, 국고보조금의 정산과정에서 이러한 여유분 보유가 인정되어야 한다.

셋째, 연도말에 과다 집행되는 재정낭비 현상을 최소화하기 위해서는 사용하고 남은 보조금 불용액의 일부에 대해서는 해당 자치단체가 자체 보유할 수 있도록 허용할 필요가 있다. 통상적으로 복지분야 뿐 아니라 여타의 경우에도 국고보조금은 연도말에 집행잔액에 대해 보고 후 반납해야 하기 때문에 연도말 과다집행 관행이 있다. 또한 사업수행과정에서 예산이 절감되면 절감된 분만큼은 국고에 반납해야 하기 때문에 역시 효율적인 재정운영을 유도하지 못하게 된다. 따라서, 일단 배정된 국고보조금의 경우 집행잔액에 대해 전액 모두를 국고에 귀속시키기 보다는 연도말 불용액의 상당부분[21], 나아가 최소한 사업집행에서의 효율성이 인정된 만큼은 해당 자치단체의 보유분으로 인정할 필요가 있다.

⑤ 중앙정부의 복지성과 평가 강화

집행단계에서 지방의 재량을 확대하는 동시에 병행되어야 할 작업은 보조 사업의 실제 성과를 체계적으로 평가하여 의미있는 수준의 인센티브와 벌칙 장치를 마련하는 것이다. 기대하는 성과를 확보하기 위해 집행과정에서 재량 확대는 중앙차원에서의 성과평가 강화를 반드시 연계해야 한다. 이를 위해, 재정을 집행하는 시·군에 대한 중앙 혹은 상위자치단체의 관리·감독 기능에서 성과평가 기능으로 전환해야 한다. 단순히 규정의 준수 및 이행 여부에 대한 점검 보다는 지역복지 수준의 향상 여부에 대해 평가해야 한다.

평가의 초점은 어느 정도의 재원이 복지에 '투입' 되었고 동 재원을 지출하는데 필요한 '법적 요건' 은 갖추었는지에 대한 통제 지향적 접근을 넘어, 투입한 재원이 어느 정도의 성과를 창출하였는지에 대한 '산출 및 결과중심' 의 접근에 맞추어져야 한다. 이를 위해 '복지 성과' 를 정확히 반영할 수 있는 측정지표가 체계화되어야 한다. 성과지표는 투입과 산출의 질 혹은 산출물의 양으로 구분될 수 있는데, 성과중심 재정운영을 위해서는 〈그림 7〉의 1/4분면에서 4/4분면으로 강조점을 전환시켜 지표체계를 구성해야 한다.

한편, 유의미한 성과평가를 위해서는 결과에 따른 인센티브와 벌칙장치가 체계화되어야 한다. 분권화 된 집행체계가 효과적으로 작동할 수 있도록 유도하기 위해서는 성과평가에 대한 후속조치로서 집행단위에서 충분히 납득할 수 있을 정도의 유의미한 인센티브와 벌칙장치가 마련되어야 한다. 가장 확실한 방법은 평가

---

21) 예, 미국 자치단체의 경우 연도말 불용액의 30~50% 정도를 해당 사업부서의 재원으로 인정하고 있다.

결과에 따라 포괄적으로 배분되는 재정배분 규모를 증감시키는 것이다. 따라서 통상적으로 우수 자치단체에 대한 포상으로서 일상사업비를 지원하는 수준 이상의 의미있는 재정인센티브 장치가 개발되어야한다.

　복지투자는 지역에 차이 없이 동등하게 전개되어야 한다는 점에서 예산증감을 통한 인센티브는 한계 있으며, 이는 재정 절차에서 인센티브와 벌칙 장치를 마련해야 한다. 예를 들면, 연도말 불용액 보유 인정비율 증감, 사업단위별 전용 재량 확대, 보고서 제출 회수 증감 등을 들 수 있다. 마지막으로, 지역주민들에게 복지 성과에 대한 평가결과로 확정된 것이라는 사실을 인터넷이나 언론매체 등을 통하여 분명하게 공개하여 지역사회의 참여와 비판을 강화시키는 것도 효과적인 인센티브로 기능할 것이다. 이 때 성과에 대한 공개자료는 그래프나 도표 등 시각적 장치를 충분히 활용하여 일반 주민들이 쉽게 이해할 수 있는 형식으로 작성되어야 한다.

성과평가를 위한 다섯 가지 기준

▶ **투입(input)** : 생산과정에서 사용된 것들의 명세(재원, 인력, 장비 등). 지출의 목적 혹은 품목별 예산에서 일차적인 고려 요소.

▶ **업무량(workload)** : 처리과정의 요소에 초점을 맞추는 지표. 원재료를 산출물로 전환하거나 고객에게 서비스하기 위해 추진된 조직 내에서 수행된 활동.

▶ **산출(output)** : 수행된 활동 자체보다는 생산과정과 활동에서 창출된 직접적 생산물

▶ **결과(outcome)** : 산출이 창출한 조직환경에서 직접적 변화. 기업의 경우는 최종 목적이 결과에 국한(즉 만족도, 친절도, 수익률, 성장률, 시장점유율 등).

▶ **영향(impact)** : 시간범주로 구분. 민간부문의 경우 영향 지표로서는 장기수익률을 들 수 있다. 공공부문에서 영향은 조직/사업의 궁극적인 사회적 효과를 의미

〈그림 8〉 성과평가를 위한 다섯 가지 기준

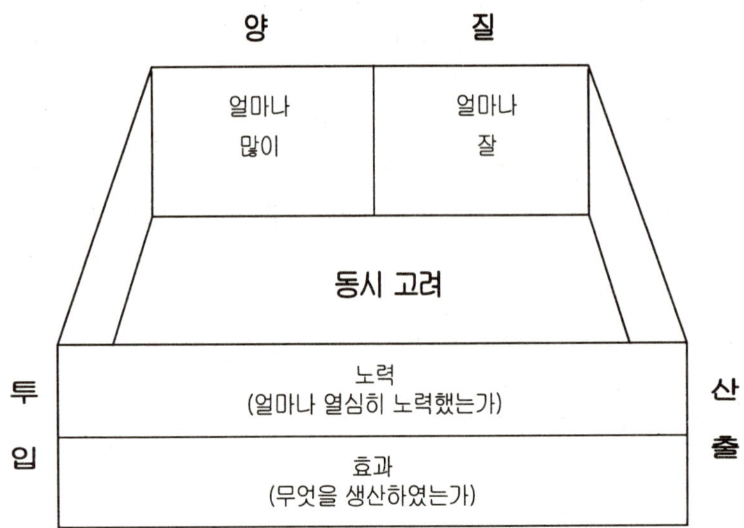

<그림 9-1> 성과지표체계의 작성을 위한 사분면 접근 개념도

	양	질
투 입	얼마나 많은 서비스를 전달하였는가? **(중요성이 가장 적음)**	어떻게 잘 서비스를 전달하였는가?
산 출 · 결 과	얼마나 많은 것을 생산하였는가?	생산물이 얼마나 좋은 것인가? **(가장 중요함)**

	양	질
투 입	진료 환자 수 등록된 고객 수	예약 대기 시간 보건소 접근 편리성 (20분내 도착) 아동 혹은 인근 학교 진료 빈도
산 출 · 결 과	병원 개원 일수 예방가능한 질병 수 건강한 신생아 출산 수	완전히 면역된 아동 비중 건강한 신생아 출산 비중 예방가능한 질병을 앓은 아동 비중

<그림 9-2> 성과지표체계의 작성을 위한 사분면 접근 개념도

(4) 중앙 · 지방간 복지재정 기능 조정

① 재정책임원칙에 따른 국가책임과 지방책임 구분

지방중심의 성과주의 재정운영을 위해서는 포괄보조기능을 수행하는 재정조정장치의 역할을 증대시키는 동시에 특정 사안별로 지급되는 보조금의 총량적인 규모를 대폭 축소해야 한다. 이를 위해 공공재원의 배분과 재정기능분담 구조를 연계하여 성과달성이라는 기준아래 전면적인 재분류 작업이 필요하다. 이 경우 세 가지 정부 계층이 모두 이해관계를 가지고 국비-도비-시 · 군비 형식으로 동시에 연계되는 사업대상이 축소되고 지방의 도덕적 해이를 억제하여 자기 책임성이 강화될 수 있을 것으로 판단된다.[22]

지역단위별로 수행되는 주요 전략사업의 재원구성에서 해당자치단체의 자주재원 비중이 높아야 재원의 기회비용과 성과중심의 전략투자를 위한 노력이 강화될 수 있다. 특히 각종 복지시설 투자와 관련된 주요 사업들은 대부분 국비-도비-시 · 군비의 매칭형태로 재원이 조달되는데, 해당지역 주민들은 실질적인 투자재원에 대한 부담을 시 · 군비만을 기준으로 체감하는 경향이 있다. 예를 들면, 100억 원 규모의 투자사업 재원이 국비 50억, 도비 25억, 시 · 군비 25억 원으로 구성될 경우, 시 · 군에서는 동 사업의 기회비용을 자체재원인 25억으로 인식한다. 즉, 이 경우 시 · 군은 25억 원을 투자하여 100억 원의 재정효과를 창출하는 것으로 인식하기 때문에 항상 공공서비스에 대한 초과수요 혹은 과다수요를 요구하려는 유인이 발생하게 된다.

자주재정 책임원칙에서 중앙 · 지방간 복지기능 분담 원칙은 간단하다. 즉 지방정부가 선호하는 사업(예, 청소년, 아동, 노인 부문 등)은 전액 지방비로 투자하고 지방이 선호하지 않고 무임승차 문제가 발생하는 사업(예, 저소득층, 부랑인, 장애인 부문 등)은 전액 국비나 도비로 충당해야 한다는 구상이다. 그런데, 이 경우 시 · 군의 복지 실무자들은 자체재원으로 복지사업을 수행할 경우, 적절한 예산이 배정되지 못할 가능성이 있다는 점을 지적한다. 도로 등 각종 지역개발사업에 우선적으로 자체예산이 배정되기 때문에 복지투자는 우선 순위를 확보하지 못할 것

---

22) 지방자치단체별로 독자적으로 수립하게 되어 있는 도시기본계획과 마찬가지로 지역의 복지계획을 법정화시켜도 실제 투자재원이 국비중심으로 구성될 경우에는 지방자치단체가 주도적으로 복지계획을 수립하는 것은 매우 힘들 것이다. 5년단위로 수립되고 있는 중기지방재정계획의 경우도 사업부문별로 국도비 지원 여부가 불투명할 경우에는 형식적인 계획에 그치게 된다.

으로 우려한다. 따라서 중앙·지방간 복지재정 기능의 전면 재검토가 이루어질 경우에 지방자치단체의 복지투자를 일정 수준까지 유지할 수 있는 장치를 개발해야 한다. 이러한 장치로 지방자치단체별 복지비 투자비중에 대한 분석과 공개, 시·군 유형별 적정 복지비 비중에 대한 가이드 라인 제시, 그리고 중앙정부의 평가와 인센티브 강화와 같은 보완장치를 고려한다.

② 복지재정의 지출단계 축소

의사결정의 비효율성을 초래하는 원인으로 지적되는 지출의 계층구조를 줄여야 한다. 사업의 재원구성 단계를 2단계로 하면 서류관련 기간이 줄어들고 관련 사업에 대한 타당성 심사를 강화할 수 있다. 주요 사업에 대해 국비-도비-시·군비 등과 같이 3계층의 재원분담구조가 형성되면 보조금 지원의 안정적 예측이 힘들다. 특히 3계층구조에서 안정성을 위해서는 역설적으로 전년도 대비 일정비율 증감이라는 전례답습적 보조금 지원이 불가피하다.

또한, 통상적으로 4월에 보조금을 신청하여 12월에 확정되는데, 신청과 확정 사이의 시기가 너무 길어 유연한 대응이 힘들다. 한 계층만 줄여도 (예를 들어) 8월에 신청하여 12월에 확정되면 4개월이 단축될 수 있다. 따라서 보조사업의 계층구조를 축소하기 위해서는 사업효과의 광역성이나 사회적 중요성 등을 중심으로 국비-도비, 도비-시군비, 국비-시군비 등과 같이 이원화된 재원분담체계 설계가 필요하다.

③ 복지수혜자의 지리적 범위를 고려한 시설 및 재정투자의 광역화

투자효과의 지리적 광역화 경향에 대한 고려가 필요하다. 이는 보조금제도와 직접 관련하여 기획 및 관리 조정기능에 국한되는 광역자치단체가 생활권역별로 관련 대규모 보조사업들을 직접 담당해야하는 논리적 근거가 된다. 중앙정부가 담당하기에는 국지적이고 기초자치단체가 개입하기에는 광역적인 중간범위의 지리적 효과를 가지는 공공서비스들이 보편화되어 있다. 이에 따라 기초자치단체의 투자에서는 재정적 외부성이 창출되면서 재정누출이 발생한다. 이 경우 국가차원에서 필요하다고 인정되는 다양한 전략 투자가 시·군 단위에서는 적절히 공급되지 못하는 서비스의 과소 공급 현상이 창출된다.

따라서 시·군에 대한 일방적인 서비스의 공급 강조라는 획일적인 시각을 벗어

나, 정부간 투자기능분담이나 재정기반의 배분구조에 대한 시각이 정립될 필요가 있다. 이러한 접근 틀이 종합적 시각에서 정립되지 못한 채 현재와 같이 시군 중심의 보조사업 추진구조가 유지될 경우, 시·군간의 소지역주의로 인한 중복투자와 낮은 차원의 정치적 이해관계에 따른 소규모 분산 혹은 선심성 재정투자가 유발되는 비효율성이 발생할 가능성이 있다.

(5) 지방 복지비 가이드 제시와 성과 공개
; 중앙정부 역할 강화

① 지방재정에서 복지비 가이드 제시

복지사업의 재원계층 구조가 단순해지고 지방의 자기 책임 원칙을 강화시킬 경우 예상되는 부작용 중 하나는 지방자치단체가 각종 지역개발사업에 대한 투자를 확대하면서 복지비의 비중을 대폭 술일 가능성이 있다는 섬이나. 영세보조금을 포괄보조로 지원하는 것에 대해 모든 복지 담당 실무자가 반드시 선호하지는 않는다. 통상적으로 복지분야는 상대적으로 지방의 예산배정에서 불리한 위치에 있기 때문이다.

따라서 중앙에서 단위사업별로 상세하게 규정하고 지방비 부담을 명시해야 관련 지방예산이 안정적으로 편성되는 것이 현재의 관행인 경우가 많다. 따라서 이와 같은 부작용에 대응하기 위해 중앙정부 차원에서는 지방재정에서 적정 복지비 지출 비중에 대한 가이드를 작성·배포할 필요가 있다. 동 가이드는 의무적으로 준수하는 경직적 지침으로 활용되도록 강요하기보다는 지역실정, 지방재정 여건 등을 고려하여 탄력적으로 활용될 수 있도록 유도해야 할 것이다.

② 지방자치단체의 복지비 투자 내역 및 성과공개

복지정책에서 지방의 책임을 강화시키는 동시에 지역간 선의의 경쟁을 유도하기 위해서는 지방자치단체의 복지비 투자내역과 성과를 투명하게 정기적으로 공개하는 장치를 개발해야 한다. 성과공개와 이에 대한 비판적 검토과정에서 민간 복지단체 및 복지전문가들의 공식적인 참여가 활성화될 경우, 지방자치단체에서 보다 적극적으로 복지정책을 수립·추진할 수 있을 것으로 판단된다.

2) 복지재정 개편방안의 추진전략

복지분야에는 무엇보다 사회안전망 구축을 위해 정부의 복지비 투자가 확대되어야 한다. 하지만 의도한 복지성과를 확보하기 위해서는 투자의 확대와 동시에 주어진 재원의 운영체계를 합리적으로 개선하는 작업도 병행해야 한다. 재정규모가 증대됨에 따라 전반적인 투자비 규모는 괄목할 정도로 신장되었다.[23] 하지만 그 동안 재정운영체계는 별로 개선되지 못하고 여전히 통제 및 관리지향적 방식으로 접근되고 있다.

투입중심 재정운영에서 성과지향적 방식으로 전환되는 성과주의 예산개혁이 새롭게 부각되고 있다. 여기서 핵심은 기획 및 평가기능이 중앙에 집중되지만 집행 재량은 대폭 확대되고, 관련 이해당사자 혹은 이해집단의 활발한 참여를 보장하는 성과공개장치가 정교하게 운영된다는 것이다. 이와 같은 성과중심 재정개혁은 참여형 복지재정체계를 구축하기 위해서도 필요하다.

중앙정부 중심의 표준화된 복지정책에 내재되어 있는 경직성과 획일성, 그리고 통제지향적인 관리체제로 인한 비효율성을 극복하기 위해서는 복지정책의 현장에서 참여가 활성화되고 현장중심의 재정운영체제가 구축되어야 한다. 현장중심의 복지재정 운영을 위해서는 참여주체들인 지역시민(복지)단체와 지방자치단체의 자주책임원칙에서 활동하여 현장 혹은 지역실정에 적합한 서비스를 제공해야 하며, 참여와 비판을 활성화시키기 위해서는 복지수혜자의 체감도를 높여야 한다. 지금까지 앞에서 언급하였던 내용들을 종합하여 정책대안 및 추진시기와 전략을 중심으로 요약하면 〈표 21〉과 같다.

우선, 복지수혜의 체감도를 제고하기 위한 정책 대안 중 정부의 정책의지에 따라 현행 제도에서 단기적으로 추진할 수 있는 시책으로는 복지수혜자중심의 복지욕구조사와 이에 따른 재정수요 산정, 민간복지관련 단체에 대한 지원확대와 성과공개, 복지재원의 우선 배정, 복지뱅킹, 그리고 국고마이너스 통장제도 등을 들 수 있다.

복지뱅킹제도는 이미 다수의 시·군에서 실시하고 있기 때문에 전국적으로 확대하는데 따른 기술적 문제는 없을 것으로 판단되며, 초기에는 시군 본청에서 실시하고 이후 전산체제가 정착이 되면 시도 단위에서 직접 관련 재원을 배정하여 재정지원과 관련된 행정절차를 대폭 간소화시켜야 할 것이다. 국고마이너스 통장

---

23) 80년대 후반에 중앙 및 지방정부를 포함한 공공부문의 재정규모는 30조원 수준이었지만 90년대말에 이르러 150조원으로 5배 이상 증대되었다.

의 경우는 의료보호비 체납을 근본적으로 해소하기 위한 것인데, 불규칙적으로 확보되는 의료보호비를 규칙적으로 배정하기 위한 완충장치로서 의료보호기금을 조성하거나 민간 금융기관을 지정하여 마이너스 통장제를 운영하면 정시에 의료보호비를 지원할 수 있을 것이다.

<표 21> 참여형 복지재정체제 구축을 위한 실천과제

목적	기본방향	주요내용	추진과제	추진시기	기대효과
복지체감도 제고	수요자중심의 복지 재정원칙 설정	기초조사 및 재정 수요 산정	복지욕구기초조사 복지서비스 수준별 재정계획 수립	단기 단기	정확한 복지재정 수요 규모 파악
		민간단체 참여 활성화와 성과공개	민간복지단체 재정지원 강화 단체 재정지원 내역 및 성과 강화	단기 단기	민간 참여 활성화 도덕적 해이 억제
	복지예산 배분 체계 개선	예산의 우선 배정	확정된 자금의 조기 배정	단기	수혜 정시성 확보
		생계비 배분 체계개편	시군 본청 중심의 복지뱅킹 도청 중심의 복지뱅킹	단기 중기	수혜 정시성 확보 복지요원 업무 경감
		의료보호비 지원체계 개편	국고마이너스 통장제도 실시 의료보호와 의료보험 운영 통합	단기 중기	수혜 정시성 확보 의료보호 기피 방지
성과책임성 강화	포괄보조 확대	지방교부세 기준재정 수요 측정단위 개편	사회복지부문 산정기준 개편 서비스 중심의 측정단위 개편	단기 중기	지방 복지재정 확충 지방 복지비중 증대
		광역중심 포괄 보조 확대	광역단체에 대한 복지실링 배정 광역단체 중심의 복지시설투자	장기 중기	광역단위 지역특수적 복지정책 추진 가능
		영세보조금 통합	영세보조금에 대한 재정성과 평가 시군단위 보조규모 중심 통폐합	단기 중기	복지재정운영 효율화
	보조금 재량확대	사업별 예산제도	복지사업별로 투자 유형화 프로그램별 복지재원 배정 유형화	중기 중기	복지예산과 성과 파악 용이
		여유재원 인정	생계비 보조금의 여유 재원 인정 프로그램 유형내 재원전용 확대 연도말 불용액 재원보유 인정	중기 중기 중기	지방자치단체의 복지재정 운영에서 유연성 제고
	재정투입의 성과평가 강화	성과지표의 개발·평가·공개	결과중심의 성과지표체계 개발 사회복지서비스 인터넷 공개 재정성과 민간 평가위원회 구성	단기 단기 단기	복지성과의 개념 재정립 및 지향해야할 정책목표 명확 식별
		인센티브와 벌칙	성과중심의 보조금 운영 평가 평가결과에 따른 인센티브 개발	단기 중기	적극적 투자 유도 도덕적 해이 억제
	중앙·지방 복지재정 기능 조정	보조금에 대한 지방비 부담 구조 조정	국비－지방비 분담체계 개편 지역유형별 복지 가이드 개발 지역별 복지수준 비교평가와 공개	장기 중기 단기	지방중심 복지재정 지역간 복지경쟁촉진
		재정지출단계축소	복지재원 구성의 2계층 조정 중앙·지방간 재정분담구조 조정	중기 장기	의사결정과정 단축 지방의 복지책임강화

복지체감도를 제고시키는 정책들에 비해 복지재정책임원칙을 강화하는 각종 방안들은 단기적으로 추진하기에 현실적인 여건이 뒷받침되지 않는 경우가 많다. 다만, 지방교부세의 기준재정수요 산정을 위한 측정단위부문에 복지분야의 관련 항목들을 개선하는 작업들은 행정자치부와 공동작업을 수행하면 상대적으로 용이하게 접근할 수 있다. 또한 영세보조금의 통폐합은 지속적으로 전개되고 있기 때문에 소규모의 낭비성 재정지원분야를 우선 식별하는 작업을 추진하여 점증적으로 추진할 수 있을 것이다.

그런데, 성과중심의 복지재정운영체계로의 전면적인 전환을 위한 각종 정책대안들은 복지부문에 국한되기 힘들며 국가적 차원에서의 예산개혁이 뒷받침되어야 가능하다. 다만 최근들어, 성과주의 예산개혁이 정부가 선택하고 있는 기본방향인 만큼 복지부문에서의 적극적인 도입을 위해서 동 개혁에 필요한 전제조건들은 지금부터 단계적으로 준비해야 할 것이다. 우선 추진해야 하는 것은 복지성과를 체계적으로 평가할 수 있는 지표의 틀을 개발하고 실제 성과중심의 재정평가를 실시하는 작업이다. 또한 평가결과에 대해 시민사회에 투명하게 공개할 수 있는 공식적인 성과정보 공개장치를 마련해야 한다.

한편, 예산운영에서 성과를 강조하는 최근의 경향은 새로운 형태의 제도 도입보다는 운영과정에 대한 개편에 초점을 맞추고 있다. 이를 위해서는 재정부문에 국한된 개혁으로는 한계가 있다. 조직·인력관리, 감사·평가 등을 포함하여 공공부문 전체가 변화되어야 한다. 성과중심의 예산제도 개편을 위해서는 대안적인 예산제도가 기능할 수 있는 토대를 만들어야 한다는 것이다.

무엇보다, 성과중심의 예산제도로 발전하기 위해서는 목표관리제(MBO)에서 강조하고 있는 바와 같이, 예산지출활동의 성과에 대한 중간전략목표가 명확히 설정되어야 한다. 현재와 같은 기본방침은 너무 포괄적이어서 집행전략으로 기능하지 못하며, 하위시책들은 너무 미세하여 개별 시책이 지향하는 목적을 확인하기 곤란하다는 것이다. 양자를 엮어주는 핵심전략목표가 없는 가운데 개별 시책들이 방향성을 정립하지 못하고 종래 관행의 답습주의 방식으로 추진되고 있어 관련예산의 집행이 일회적인 소비로 그쳐서는 안될 것이다.

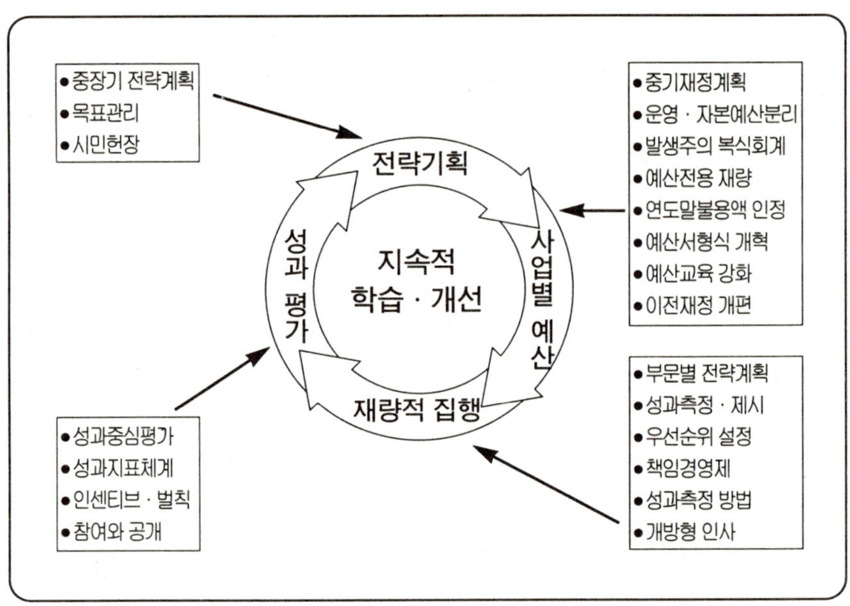

〈그림 10〉 성과주의 재정운영을 위한 공공부문 개혁 네트워크

　부문별 성과를 중심으로 관련부서간 유관업무를 수평적으로 연계 운영하는 내부운영 체제의 정착 역시 중요한 과제이다. 기획부서가 개별부서의 지출활동을 하나의 모습으로 움직일 수 있게 총괄적으로 조정한다고 기대되지만 현실적으로는 반드시 그러하지 못한 경우가 많다. 그 이유는 기획부서는 마땅히 해당부서를 찾기 힘든 특별한 복합적인 사안에 대해서만 관여하는 경향이 있어 실제 집행부서와는 일정한 거리를 유지하는 것이 현실이기 때문이다.

　복지재정의 운영체계를 전면 개편하기 위해서는 중장기적으로 〈그림 10〉에서 정리된 바와 같이 성과주의 정부 운영을 위한 내부관리 네트워크에서 요구하는 개혁요건들을 전향적으로 추진해야할 것이다. 이미 주요국가에서는 지난 십여년 전부터 준비하여 이미 정착단계에 접어들고 있는 개혁방안들이다. 전반적인 정부 개혁의 틀 속에서 추진되기 때문에 복지부문에 국한되어 별도로 개혁되기는 힘들 것이다. 다만 복지정책을 실제 집행하고 있는 각종 시설이나 단체를 중심으로한 시범적 개혁은 충분히 수행할 수 있을 것이다. 예를 들어, 정부의 보조금으로 운영되고 있는 복지관이나 복지단체중 일부에 대해 책임경영기관으로 지정하고 동 기관으로 하여금 재정 및 인력운영에서의 자율성을 대폭 확대하는 동시에 복지 성과에 대해 계약하고 인센티브와 벌칙장치를 갖춘 성과 평가 및 공개 장치를 개발·운영할 수 있다.

<부표 1> 경기도 복지부문의 2000년도 국고보조 내시 규모

① 사회복지과

(단위 : 백만원, %)

사 업 명	규 모	재원 내시 내역				기준보조율		
		사업비	국비	도비	부담 지시	국비	도비	시군비
종합사회복지관 운영	36개소	3,721	930	·	2,791	20	·	60
재가복지봉사센터운영	18개소	750	530	·	220	70	·	30
복지시설 공익근무인건비	290명	347	347	·	·	100	·	·
장애인생활시설운영비	680개소	12,118	8,483	3,635	·	70	30	·
장애인복지관 운영비	8개소	4,285	1,760	2,525	·	40	60	·
장애인재가복지센터운영	4개소	226	158	68	·	70	30	·
장애인직업재활시설운영	20개소	1,087	761	326	·	70	30	·
장애인체육관운영	1개소	58	33	25	·	30	70	·
장애인주간보호시설운영	3개소	117	47	70	·	40	60	·
장애인단기부후시설운영	2개소	78	31	47	·	40	60	·
장애인생계보조수당	8,404명	4,439	3,107	666	666	70	15	15
장애인의료비	7,756명	753	602	·	151	80	·	20
장애인자녀교육비	867명	490	392	·	98	80	·	20
장애인보장구교부	1,080명	54	4	·	11	80	·	20
장애인공동생활가정운영	1개소	23	9	14	·	40	60	·
장애인복지시설보호비	2,333명	2,773	2,219	277	277	80	10	10
장애인복지관분관운영비	1개소	71	28	43	·	40	60	·
장애인등록진단비	21.263명	400	280	60	60	70	15	15
사회복지전문요원인건비	622명	4,628	3,702	·	926	80	·	20
거택보호비	38,637명	66,990	53,592	6,699	6,699	80	10	10
부랑인시설운영	3개소	1,336	935	401	·	70	30	·
취로사업지원	56,391가구	14,892	7,446	7,446	·	50	50	·
한시생활보호대상자생계비	70,978명	56,581	45,265	5,658	5,658	80	10	10
노숙자 보호사업	270명	722	614	108	·	85	15	·
자활보호자생계비지원	196,966명	49,461	39,569	4,946	4,946	80	10	10
저소득주민자녀학비지원	24,952명	21,177	16,941	2,118	2,118	80	10	10
자활지원	3개소	235	165	35	35	70	15	15
부랑인시설보호비	3개소	1,260	1,008	126	126	80	10	10
생활보호대상자일제조사	622명	645	645	·	·	100	·	·
장애인 생활시설기능보강	21개소	2,390	1,195	1,195	·	50	50	·
장애인직업재활시설기능보강	6개소	920	460	460	·	50	50	·
장애인복지관장비보강	3개소	30	9	21		30	70	·

② 보건과

(단위 : 백만원, %)

사 업 명	규모	재원 내시 내역				기준보조율		
		사업비	국비	도비	부담지시	국비	도비	시군비
인플루엔자 백신	1,900명	7.5	2.5	2.5	2.5	33.3	33.3	33.3
보균검사 및 기자재	258,453개	51	25.5	25.5	·	50	50	·
일본뇌염 백신	51,000명	178	59	59	60	33.3	33.3	33.3
유행성출혈열	2,350명	11	3.5	3.5	3.5	33.3	33.3	33.3
공공의료기관 전문인력 교육	39개소	15	12	3	·	80	20	·
선천성대사이상 검사	68,602명	666	266	200	200	40	30	30
모자보건 선도보건소운영	1개소	7236	18	18	50	25	25	
임산부 · 영유아 검진사업	7,646명	33	13	10	10	40	30	30
가초예방 접종사업	490,080명	1,032	516	258	258	5025	25	
가족계획 사업비	31개소	114	57	28.5	28.5	50	25	25
청소년 성교육 교관 훈련	16명	5	3	1	1	50	25	25
정신질환자사회복귀시설운영	5개소	294	206	88	·	70	30	·
정신질환자 시설보호비	1,374명	1,633	1,307	163	163	80	10	10
정신질환자 요양시설운영	6개소	1,989	1,392	597	·	70	30	·
마을건강원 보수교육	1,162명	15	12	·	3	80	·	20
나정착촌간이양로시설 운영	3개소	51	25.5	25.5		50	50	·
성병 및 에이즈관리	31개소	11	11	·	·	100	·	·
장티프스 백신	10,700명	100	33.3	33.3	33.3	33.3	33.3	33.3
나양로자 생계비	85명	97	48.5	48.5	·	50	50	·
공공근로방문보건사업	120명	612	612	·	·	100	·	·
암검진 조기진단사업	2,310명	92	46	·	46	50	·	50
미숙아및선천성이상아 의료	94건	376	150	·	226	40	60	·
국민건강증진거점보건소운영	2개소	140	140	·	·	100	·	·
지역사회정신보건센타운영	1개소	90	50	·	40	100	·	·
국민영양개선사업	5개소	6	6	·	·	100	·	·
정신질환자 요양시설보강	2개소	1,554	777	777	·	50	50	·
농어촌 의료서비스 개선사업	3개소	4,640	3,093	1,547	·	65	35	·
수돗물 불소화사업	5개소	286	286	·	·	100	·	·
보건소내 구강보건실 설치	1개소	50	50	·	·	100	·	·
학교구강보건실 설치	1개소	24	12	·	12	50	·	50

③ 청소년과

(단위 : 백만원, %)

사 업 명	규모	재원 내시 내역				기준보조율		
		사업비	국비	도비	부담 지시	국비	도비	시군비
학력비인정, 비정규학교 지원		47	23.5	23.5	·	50	50	·
공공청소년수련시설 프로그램	13개소	154	77	·	77	50	·	50
청소년수련시설 특성화과정	3개소	28	14	14	·	50	50	·
군포시 청소년문화의 집 설치	1개소	300	200	50	50	66.6	16.7	16.7

④ 여성정책과

(단위 : 백만원, %)

사 업 명	규모	재원 내시 내역				기준보조율		
		사업비	국비	도비	부담 지시	국비	도비	시군비
여성복지시설 운영	3개소	170	119	25.5	25.5	50	25	25
미혼모시설 보호비	2개소	41	33	4	4	50	25	25
성폭력상담소 운영	9개소	440	220	110	110	50	25	25
성폭력피해자 정황검사비	110명	19	9	5	5	50	25	25
저소득모자가정 지원	4,558명	2,304	1,844	230	230	80	10	10
저소득부자가정 지원	679명	318	254	32	32	80	10	10
여성1366상담전화 운영비	8개소	100	50	25	25	50	25	25
시군 여성회관 건립지원	1개소	1,001	300	140	561	30	14	56

⑤ 가정복지과

(단위 : 백만원, %)

사 업 명	규모	재원 내시 내역				기준보조율		
		사업비	국비	도비	부담지시	국비	도비	시군비
아동복지시설 결연기관 운영	1개소	149	99	50	·	67	33	·
아동일시보호소 운영비	2개소	358	251	107	·	70	30	·
아동일시보호소 보호비	2개소	119	95	24	·	80	20	·
노인복지시설운영비	31개소	4,553	3,187	683	683	70	15	15
농어촌 보육시설 차량운영비	80개소	92	58	17	17	50	15	15
입양아동의료비 지원	2명	800	640	80	80	80	10	10
농어촌 만5세아 무상교육비	2,897명	1,433	717	358	358	50	25	25
입양아동양육보조수당	2명	4,800	3,840	480	480	80	10	10
소년소녀가장보호비	1,776명	1,385	1,108	138.5	138.5	80	10	10
입양기관운영비		23	11	6	6	50	25	25
가정복지시설보호비	25개소	2,072	1,676	198	198	80	10	10
아동복지시설종사자 인건비	253명	3,759	2,631	564	564	70	15	15
아동복지시설운영비	1,806명	1,230	936	147	147	70	15	15
노인복지시설보호비	1,570명	1,710	1,368	171	171	80	10	10
재가노인지원		31,699	20,763	5,468	5,468	66	17	17
퇴소아동자립정착금	95명	95	47	24	24	50	25	25
민간보육시설교재교구비[1]	1,519개	486	304	91	91	50	15	15
보육시설 시설별 운영 지원[2]	2,295명	20,118	11,176	4,471	4,471	50	20	20
보호시설 아동별 지원	17,527명	12,004	6,002	3,001	3,001	50	25	25
가정폭력예방사업지원	6개소	193	97	48	48	50	25	25
그룹보호제도 시범운영	5개소	53	21	16	16	40	30	30
입양기관양육비	125개소	98	78	10	10	80	10	10
가정의례시설지원	2개소	3,188	2,183	·	935	70	·	30
노인복지시설기능보강	23개소	1,736	868	434	434	50	25	25
보육시설 신축	1개소	191	77	57	57	50	25	25
아동복지시설기능보강	7개소	746	373	186.5	186.5	·	50	50
보육시설 개보수	2개소	53	21	16	16	50	25	25

주 : 1) 자부담 20%　2) 자부담 10%

<부표 2> 지방교부세 기준재정수요 측정단위

측 정 항 목		측 정 단 위	적 용 단 체		
			특별시/광역시	도	시/군
지방의회비		지방의원수	○	○	○
지방선거비		선거구수	○	○	○
인건비	기본급여	지방공무원정원	○	○	○
	부담금	지방공무원정원	○	○	○
	정액수	당지방공무원정원	○	○	○
	복리후	생비공무원정원	○	○	○
일반관리비		공무원정원	○	○	○
교육훈련비		공무원정원	○	○	○
읍면동비		읍면동공무원정원	○	－	○
		통리수	○	－	○
공보비		인구수	○	○	○
징세비		가구수	○	○	○
건물비	경상적경비	건물연면적	○	○	○
	투자적경비	공무원정원	○	○	○
사회복지비	경상/투자석경비	인구수	○	○	○
생활보호비		생활보호대상자수	○	○	○
보건비	경상/투자적경비	인구수	○	○	○
청소비	경상/투자적경비	인구수	○	－	○/◎
환경위생비	경상/투자적경비	인구수	○	○	○
농업비	경상적경비	농가호수	○	○	○
	투자적경비	경지면적	○	○	○
수산비	경상/투자적경비	수산업종사자수	○	○	○
임업비		임야면적	○	○	○
공원녹지비		공원면적	○	○	○
지역경제비	상공비	상공업종사자수	○	○	○
	교통운수비	자동차대수	○	○	○
관광진흥비		인구수	○	○	○
도시계획비		인구수	○	○	○/◎
상수도비		급수인구	○	－	○
하수도비		인구수	○	－	○/◎
도로비	개설비	미개설도로 면적	○	○	○
	포장비	비포장도로 면적	○	○	○
	유지관리비	도로 면적	○	○	○
하천비	경상적경비	하천 연장	○	○	○
	투자적경비	미개수하천 연장	○	○	○
지역개발비	경상적경비	인구수	○	○	○
	투자적경비	행정구역면적	○	○	○
문화체육비	경상/투자적경비	인구수	○	○	○
민방위비		민방위대원수	○	○	○
소방비	경상/투자적경비	인구수	○	○	－

주 : ◎ 군은 도시계획구역내 인구적용(청소비는 투자적 경비의 경우)

<부표 3> 일본 지방교부세의 기준재정수요 측정단위

		道府縣	市町村
경찰비 (소방비)		경찰직원수	인구
토목비	도로교량	도로면적, 도로연장	도로면적, 도로연장
	하천비	하천연장	–
	항만비	체류시설연장, 외곽시설연장	체류 · 외곽시설연장(어항포함)
	도시계획비	–	도시계획구역내 인구
	공원비	–	인구
	하수도비	–	인구
	기타토목비	인구	인구
교육비	소학교비	교직원수	아동수, 학급수, 학교수
	중학교비	교직원수	학생수, 학급수, 학교수
	고등학교비	교직원수, 학생수	교직원수, 학생수
	특수교육학교비	교직원수, 학생수, 학급수	–
	기타교육비	인구	인구
후생 노동비 (후생비)	생활보호비	町村部인구	市部인구
	사회복지비	인구	인구
	(보건)위생비	인구	인구
	고령자보건복지비	고령자인구	고령자인구
	노동비 (청소비)	인구	인구
산업 경제비	농업행정비	농가수, 경지면적	농가수
	임야행정비	임야면적	–
	수산행정비	수산업자수	–
	상공행정비	인구	인구
	기타산업경제비	–	임업, 수산업, 광업 종자사수
기타 행정비	기획진흥비	인구	인구
	징세비	세대수	세대수
	은급비	은급 수급권자수	–
	호적주민기본대장비	–	세대수
	기타비	인구, 면적	인구, 면적
공채비		지정 공채비 (11가지)	지정 공채비 (13가지)
농어촌지역활성화대책비		농업, 임업, 어업 종사자수	농업, 임업, 어업 종사자수

주 : ( )안은 市町村에 해당됨. – 표시는 해당되지 않는 항목의 경우임.

<부표 4> 영국의 SSA 산출기초 예시 (잉글랜드지방의 경우)

분야별		측정단위	보정요소	적용단체
교 육	초 등 중 등 16세이상 5세 미만 기 타	5-10세 학생수 11-15세 학생수 16세이상 학생수 0-4세 학생수 11세이상 인구수	추가수요,인구희소성,무료급식 추가수요,인구희소성,무료급식 추가수요,인구희소성 추가수요 추가수요,16-24세 인구수, 지역별 교육비용 격차	· Non-Metropolitan District* · County · The City of London · Metropolitan District · The Isles of Scilly
개인별 사회적 서비스	아 동 노 인 기 타	18세미만 장애아동 65세이상 거주노인 65세이상 체류노인 18-64세 주민	공동시설, 인종 지역별 비용격차 평균지방세수입 각종 사회적 서비스지표 유동성	· Non-Metropolitan District* · County · London Borough · The City of London · Metropolitan District · The Isles of Scilly
경 찰		경찰시설 주간인구 상주인구 경찰연금 및 보험	경찰지표 I · II, 인구밀도, 임대주택수, 과밀지역인구 분란인구, 젊은 실업자수 인구희소성, 가로등, 도로연장, 지역별 비용격차	· The City of London · Police Authorites (The City of London 제외) · Metropolitan Police District
소 방		거주인구 소방연금 소방안전시설	소방안전교육 지역별 비용격차 인구밀도 해안선 연장 화재빈도　　위험지역	· Non-Metropolitan District* · County · London Borough · London Fire and Civil Defence Authorities · The Isles of Scilly
고속도로 관리		도로연장	한계수준 이상의 인구 강설 일수 지역별 비용격차 한계수준 이상의 교통흐름	· Non-Metropolitan District* · County · London Borough · The City of London · Metropolitan District · The Isles of Scilly
기타서비스 ※지방정부 유형 별로 달리 적용		거주인구 유동인구	지역별 비용격차 인구밀도 사회지표 경제지표 인구희소성	· Non-Metropolitan District · Metropolitan District · County · London Borough · The City of London · The Isles of Scilly
자본조달		부채규모	이자율	· District; County; London Borough · The City of London · Police Authority · Metropolitan Police District · Fire and Civil Defence Authority · The Isles of Scilly

주 : * 카운티카운슬의 기능을 가진 경우

4. 복지정보체계의 확립

1) 복지정보체계 개편의 필요성

국민기초생활보장법의 제정은 우리나라 사회복지의 기본적인 틀에 획기적인 변화를 가져올 것으로 예상된다. 과거 빈곤의 원인을 개인책임으로 간주하고 단순생계보호차원에 머물러 있던 상태에서 빈곤에 대한 사회적 책임을 강조하고 모든 저소득층의 기초생활을 보장하고 나아가 자활지원을 통해 적극적으로 빈곤으로부터의 탈출을 돕는 현대적인 의미의 빈곤정책이 추진될 수 있는 토대가 마련되었다. 그러나 새로운 패러다임의 정책을 효과적으로 추진하기 위해서는 이를 뒷받침할 수 있는 정보체계의 구축이 긴요한 정책과제로 등장하게 되었다.

생산적 복지는 시혜적 복지와 달리 사회적 약자, 민간부문의 시민단체, 기업, 자원봉사자 등이 복지사업의 형성단계에서부터 참여하는 것이 전제되며, 정보통신기술은 이러한 참여자들에게 전면적으로 복지사업에 참여할 수 있도록 하는 강력한 매개체의 역할을 할 수 있다. 생산적 복지가 지향하는 사회연대, 복지공동체에서는 민간의 잠재적 복지자원인 복지전문인, 기업, 일반시민 자원봉사자들의 공동활동 및 상호지원활동을 적극적으로 발굴·개발·활용해야 하는데 이를 위해서는 사회적 약자와 일반 시민들, 복지전문인들의 자연스러운 의사소통의 장이 필요하다. 발달된 정보통신 기술은 민간 복지자원의 pool을 형성하며, 사회적 약자, 일반 시민, 복지전문인들의 '가상 공동체(virtual community)'의 형성을 통하여 사회통합을 가능하게 한다. 이들간의 사회복지 및 자원봉사활동의 경험과 개발프로그램의 공유를 통해 자원활용도를 극대화할 수 있을 것이다. 예로서 아동보육기관간의 연계망을 통하여 복지전문인간의 정보와 지식공유는 물론이고 자원봉사자들에 대한 지식제공과 봉사참여기회를 제공하는 효과를 가질 수 있을 것이다.

복지수혜대상자들은 다양한 채널을 통해 복지서비스를 제공받게 되지만 많은 경우 수혜대상자 선정 등 권리의무에 관한 결정들은 행정기관이 담당하게 되어 있으므로 복지행정의 정보화를 통한 의사결정의 신속성, 정확성, 투명성을 확보하는 과제도 매우 중요하다고 할 것이다. 특히 2000. 10월 국민기초생활보장법의 시행으로 기존의 단순 생계보호차원에서 자활자립을 촉진하는 적극적인 복지정책이 본격화함에 따라 객관적인 대상자의 선정, 합리적인 급여기준 개발, 체계적인 자활지원을 위해 일선 사회복지전문요원의 업무수행을 지원하기 위한 전산관리체계의 구축이 긴요한 실정이다. 복지수요자에 대한 자격여부를 확인하기 위한 개인과 가족에 관한 건강, 소득, 재산 등에 관한 다양한 정보를 정부기관 및 공공기관이 관리하고 있는데 이들 정보를 효과적으로 연계하여 활용하기 위해서는 관련 기관간 정보망을 통한 정보 공동이용체계가 갖추어져야 할 것이다. 우선적으로 보건복지부, 노동부, 국세청, 지방자치단체, 공적 보험기관 들간의 정보공동이용을 촉진하는 제도적 노력이 요구된다.

현재 실업보험급여지급과 연계하여 실업자에 대한 데이터베이스는 비교적 체계적으로 수집되고 있지만, 지역단위의 아동, 청소년, 노인, 장애인 등 공공복지 수요대상자에 대한 데이터베이스는 매우 낙후되어 있는 실정이다. 따라서 중앙정부와 지방자치단체, 그리고 지역의 복지관련 단체들이 공동으로 참여하여 현재 수작업으로 이루어지고 있는 복지대상자 관리업무를 정보화하고 복지대상자 선정에서부터 급여지급, 일자리 알선, 복지대상자의 의견조사와 피드백에까지의 일련의 업무를 통합하여 복지수요자들의 편의와 만족도를 높여야 한다.

복지정책이 일반 국민들을 대상으로 보편화되고 사업규모가 커짐에 따라 정책의 수립, 집행 및 평가를 과학화하기 위한 정보체계의 뒷받침이 중요한 의제도 등장하게 되었다. 현재 생성되는 정보의 상당부분은 업무수행과정에서 부수적으로 생성되는 것들로 정책의 과학화라는 측면에서 활용도가 매우 낮으며 정책수립 및 평가에 필수적인 정보를 목적의식적으로 생성·활용하기 위한 노력이 요구된다고 할 것이다. 정보수요에 대한 평가를 바탕으로 각 분야에서 정보항목의 표준화, 정보화 기반 구축 등을 통하여 필수적인 정보를 생성해내는 체계를 구축하여야 한다.

이를 종합하면 복지에 대한 폐쇄적 보호의 개념에서 권리의 개념으로의 전환, 성과에 입각한 목표의 설정, 빈곤의 치유와 예방에 이르는 대다수 국민의 참여형 복지정책의 실현을 위하여 국가차원, 문제영역별, 지역별 체계적인 정보관리 기반 조성이 선행되어야 하며, 사회복지전문요원의 확충, 지방행정정보화사업의 확대 시행 등으로 복지정보관리체계의 대대적인 혁신이 필요하게 되었다.

2) 복지정보체계 현황 및 문제점

현재 복지정보체계 구축작업은 보건복지부의 '보건복지정보화촉진 시행계획', 행정자치부의 '시·군·구 행정정보화사업'과 정보통신부의 '생산적 복지를 위한 정보연계시스템' 등으로 나누어 살펴볼 수 있다. 각 부처에서 일선 행정

업무처리를 위한 시스템이 주류를 이루고 있고 이를 통합관리할 수 있는 시스템은 전무한 실정이다.

(1) 보건복지정보화촉진 시행계획

보건복지부에서 추진중인 복지정보관련 사업에는 사회복지자원 및 자원봉사 DB 구축·운영, 아동보육종합정보화, 장애인재활정보화, 지방복지행정정보화사업등이 있다. 사회복지자원관리정보화사업은 자원봉사 및 사회복지관련 정보의 종합적, 체계적인 서비스 및 관리를 통해 정보교류·공유를 촉진하며 사회복지전산망에 쉽게 접근이 가능토록 하여 자원봉사 및 사회복지 분야 정보화사업 기반을 조성하기 위한 사업이다. 아동보육 종합정보화사업은 아동보육종합정보망(EDUCARE-NET)의 WEB 서버를 구축하여 인터넷 홈페이지를 통해 아동보육 및 교육에 관한 최신정보를 제공코자 하는 것이며, 장애인재활정보화는 PC 통신 및 인터넷에서의 연동시스템 '곰두리 인포넷'을 운영하여 장애인용품, 생산품에 대한 전자상거래시스템을 구축하는 사업이다.

(2) 시·군·구 행정정보화 사업(복지행정정보 업무)

① 개요

시·군·구 행정의 효율과 민원의 획기적 혁신을 위하여 중앙·시도 중심으로 운영되던 행정전산망시스템(주민, 부동산, 자동차)을 시·군·구 중심으로 전환하고 각 시스템을 연계하는 등 21개 시·군·구 전 업무를 종합정보화 한다.

② 현황

1단계 : 시범사업(98. 1 ~ 99. 8)
    - 사업시행을 위한 제도개선, 업무분석(ISP/BPR)
    - 시·군·구 업무중 비중이 높은 10개 업무 우선 개발적용
     · 개발 : 보건복지, 지적, 환경, 농촌, 지역산업, 민원
     · 연계 : 주민, 차량, 건축, 재세정

　　　　· 연계 : 주민, 차량, 건축, 재세정
　　　- 시범지역 : 광주서구, 수원시, 충주시, 남제주군

2단계 : 확산사업(99. 9 ~ 2000. 12)
　　　- 1단계 시범사업 업무를 2000년 9월까지 232개 전 시·군·구로
　　　　　조기확산 (국민기초생활보장법 시행 가능할 수 있도록 함.)
　　　- 11개 업무 추가개발 적용
　　　· 지역개발, 문화체육, 상하수도, 축산, 산림, 어촌, 도로교통, 민방위,
　　　　내부행정, 재난재해(연계), 호적(연계)
※ 당초 계획은 2002년까지 전산환경 기반구축 및 시스템 확산보급 완료였으나
국민기초생활보장법 실행과 관련하여 관련하여 2000년 9월까지 인프라의 확산
완료 계획으로 조정함.

③ 시스템 개요

　생활보호, 여성복지, 노인복지, 장애인복지, 보육사업, 의료보호 등 복지관련
사업의 대상자 선정, 사후관리 등 복지행정 전반의 효율적인 관리를 할 수 있도록
시스템을 구축한다. 이를 통하여 토지보유현황, 자동차보유현황 등 복지 대상자
실태조사에 필요한 자산정보를 시·군·구 해당 시스템과 연계하여 자산조사기
간을 단축한다. 또한, 현행 복지사업별 관리체계를 복지대상자를 중심으로 통합
관리하도록 한다. 그리고 복지대상자 전·출입시 복지관련 자료의 자동이관체계
를 구축한다.

④ 시스템구성

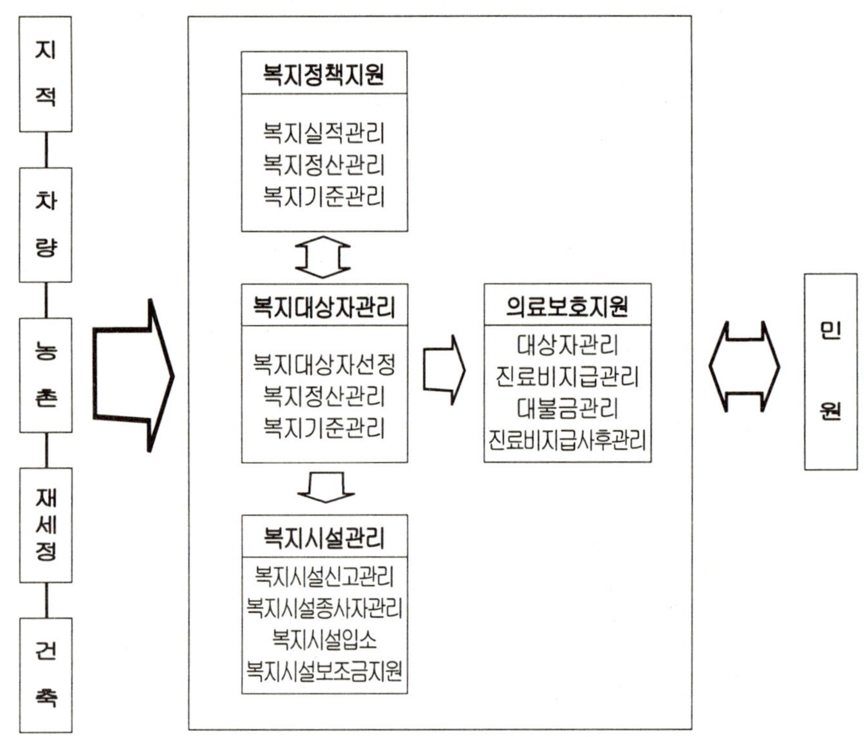

〈그림 11〉 시·군·구 행정정보화 사업 시스템 구성

⑤ 시스템의 발전계획

전국 시·군·구 확산하며, 시·도 행정정보 서버와 연계(2000년 계획중임)한다. 중앙행정정보 통합서버와도 연계(구체적인 계획없음)하도록 한다.

(3) 노동부 고용안정정보망(Work-Net)

① 연혁

98. 02 : 고용정보인프라 구축 기본계획 수립
98. 10 : 사용자 요구사항 분석 및 1차 개발 완료

98. 11 : 1차 개통(취업정보 · 직업선택 · 직업상담 · 직업훈련 및 해외 구인 · 구
　　　　직시스템)
99. 03 : 2차 개발완료 및 시연회 개최(집에서도 구인 · 구직신청 가능, 유관기
　　　　관 정보 연계)
99. 04. 01 : 개통
99. 09. 30 : 실업자 DB 구축완료

② 현황

　노동부 중앙고용정보관리소(이하 '중고소')에 웹서버와 DB서버를 두고 중앙
집중 형태로 취업알선, 직업훈련 및 실업자DB(공공근로, 정부수혜내역조회, 실
업대책추천 등)를 운영하고 있다. 웹의 특성상 별도의 클라이언트 프로그램 없이
행정자치부 시 · 군 · 구의 실업대책 단말에서 워크넷 사용시 행자부망을 거치거
나, 직접 인터넷을 통해 중고소 웹서버 및 Firewall을 통해 내부의 DB서버로부터
데이터를 받도록 구성되어 있다.

　가. 사용기관 현황 : 180여 개 고용안정센터, 20개 인력은행, 15개 일일취업알선
　　　센터 이상노동부), 263개 시 · 군 · 구 취업알선센터 및 일부 읍 · 면 · 동(이
　　　상행자부), 12개 여성발전 센터 등이 연결되어 있다.
　나. 1일 평균 처리량 : 2000개의 구인업체, 구인 인원 5500명, 구직인원 2만
　　　4500명의 신상정보를 리얼타임으로 처리하고 있다.
　다. 노동부 지방사무소 및 산하기관 : 사용자수 약 5,500명

③ 시스템 개요

　일반인도 가정에서 손쉽게 구인 · 구직신청 및 고용관련(직업훈련, 직업관련)
정보를 취득하고 다양한 고용관련 정보의 통합 DB화한다. 또한 구직자 유형과
고용 형태등의 특성에 따른 취업알선 기능을 하며 고용동향 등에 따른 다차원분
석 기법을 활용한 다양한 의사결정자료를 적시에 제공한다.

④ 시스템 구성

<표 22> 노동부 고용안정정보망 시스템구성

단 위 시 스 템		내 용
취업알선시스템		해외취업알선, 국내취업알선(일반인, 장애인, 일용직)으로 구성
직업훈련시스템		노동부에서 실시하는 직업능력개발훈련 및 시·군·구에서 실시하는 고용촉진훈련 등에 대한 훈련기관, 과정, 훈련생 정보제공
실업자DB	공공근로시스템	행자부 시·군·구 사업 및 중앙부처 사업에 대한 단계별 사업, 신청, 선발, 중도포기, 전환, 사업마감 등의 기능으로 구성
	생활보호대상자 관리 시스템	행자부에서 관리하고 있는 생활보호 대상자에 대한 세대, 생보자 자료를 일괄 등록하여 DB를 구성하고 등록, 전환, 해제 등 관리프로그램 기능을 부여함.
	실업자 대책추천 시스템	실업자 개인에 대한 정부종합수혜 내역을 조회하고 개인의 특성을 분류하여 분류된 실업유형에 따른 정부복지대책 자료를 제공함.
	실업급여DB	고용보험으로부터 실업급여 지급현황에 대한 자료를 매일 전송 받아 개인별 급여내용을 보관함.
	실업급여DB	근로복지공단으로부터 매월 실업자대부금 내용의 자료를 전송받아 개인별 지급현황을 관리함.

⑤ 시스템의 발전계획

실업자 DB·고용정책지원시스템 등과의 통합시스템 구축·관리를 통한 효율적 고용정보체계 구축 기반을 확립한다. 또한 전산을 통한 자동매칭서비스 및 개인별 경력·이력 관리시스템의 추가개발을 통한 고용정보서비스의 고급화하고, 시·군·구 복지행정정보시스템과 더불어 복지대상자에 대한 자활지원체계를 지원하며, 이와 관련 읍·면·동의 사용자 증가에 대한 중기대책으로 침입차단시스템(방화벽) 전산기 증설 및 주전산기의 추가 도입을 통한 부하 분산을 시도한다.

(4) 생산적 복지정보 연계시스템

보건복지부는 행정종합정보 사업 중 복지정보시스템을 각 시·군·구에서 운영하고, 노동부는 고용안정정보망(Work-Net)을 구축하여 인터넷을 통한 고용정보 제공 및 취업알선·공공근로·실업급여·실업자대부·직업훈련·생활보호 등 6 대 실업대책사업 DB를 구축하여 가동중이다.

이와 같은 시스템의 현황 하에서 '국민기초생활보장법'의 조기시행(2000년 10월 1일)에 따라 두 시스템의 연계와 복지행정정보시스템에서의 복지대상자 선발시에 필요한 소득/재산자료 및 의료보호관련 자료에 대한 외부연계 시스템의 구축이 필요하게 되었다.

① 연혁

99. 09 : 사업추진계획수립 (실업대책실무위원회, 정통부)
99. 11 : 정보화전략계획(ISP) 사업자 선정 (정통부, 한국전산원)
99. 12 : 정보화전략계획 추진 중 (정통부, 한국전산원)

② 연계시스템의 기능 (안)

첫째, 실업 및 복지정보와 관련된 연계대상정보의 추출·변환·전송하는 기능으로, 주요 연계대상 정보는 복지대상자목록, 소득·재산정보, 자활지원 이력정보 등이다.

둘째, 연계대상정보의 목록관리 및 생성·소멸 흐름관리 기능으로, 문제점 도출을 통한 재설계, 동일자료 중복생성 방지, 표준화 및 호환성확보 추진을 통한 상호 운용성 증대기능, 연계대상 정보자료(양식 등)의 표준화 추진, 이기종 시스템 및 프로토콜간의 상호 변환·연동 기능이다.

셋째, 연계 대상기관간 네트워크 연동 및 망 관리 기능으로, 다양한 방식의 네트워크연동, 장애관리, 트래픽관리, 시스템 성능관리, 망관리시스템 운영, 신뢰성 있는 다단계 보안시스템 구축, 자료의 암호화, 네트워크보안, 시스템보안, 사용자보안 등이다.

넷째, 24시간 안정적 무정지서비스 제공이다.
다섯째, 송·수신자 신분확인 및 자료 무결성 확보를 위한 인증기능이다.

③ 연계대상정보(안)

<표 23> 생산적 복지정보 연계시스템 구축 사업 연계대상정보(안)

관련시스템	연계대상정보	정보보유기관	비고
복지행정망 (시·군·구 행정정보)	−복지대상자정보 · 수혜내역,이력 등	각시·군·구	생보자 약60만 국민기초생활보호대상자 약 150만 이상예상
전국지적망	−토지소유정보	행정자치부	
국세통합전산망	−소득·과세정보	국세청	
4대 보험전산망	−보험수혜정보 · 의보·연금·산재 · 고용보험 등	보건복지부, 노동부	
고용정보망 (Work−Net)	−실업대책수혜내역 · 근로,취업 등	노동부 (중고소)	
금융전산망	−예금자산정보	금융결제원 전국은행연합회	2차 연계대상
등기전산망	−등기자료정보	대법원	2차 연계대상

④ 시스템 구성(안)

　생산적 복지정보 연계시스템은 시·군·구 복지행정정보시스템을 기반으로 하여 노동부의 고용정보시스템(Work-Net), 국세청, 국민의료보험관리공단, 국민연금관리공단 등의 관련시스템을 연계한다.

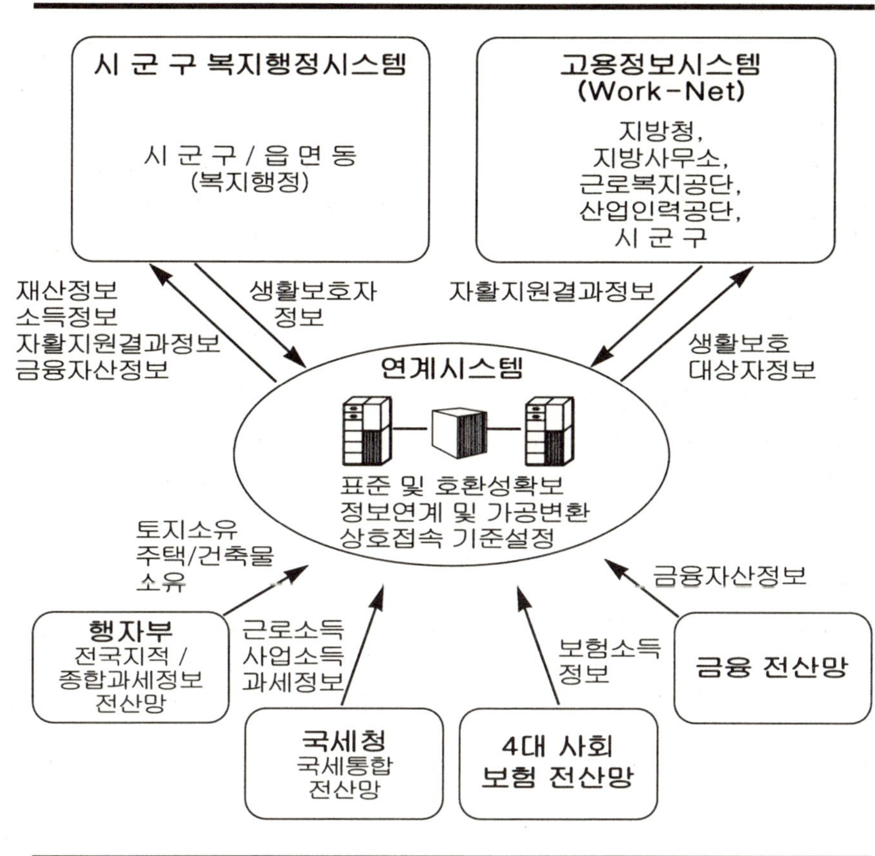

<그림 12> 생산적 복지정보연계 사업 시스템 구상

⑤ 시스템의 발전계획

　단기적으로 실업 및 복지정보연계를 우선 적용하여 '국민기초생활보장법'의
시행을 지원하고 장기적으로 국가공공자료를 점진적으로 연계함으로써 국가 공
공정보 공동활용의 기반을 마련하고자 한다(별첨, 국가기본정보 공동활용 예시
참조).

(5) 복지종합 정보시스템

몇몇 지방자치단체를 중심으로 지역사회의 복지관련 정책,기관 등 유관정보를 통합제공하고 주민들의 자발적 복지활동 참여기회를 확대 하고자 사업계획을 진행하였으나 IMF상황에 직면함에 따라 계획단계에서 사업추진이 중단된 상황임.

① 시스템의 기능 (안)

복지시설, 민간복지기관, 행정기관 등을 상호. 연결하고 복지정책, 시설, 자원봉사지원, 문화, 체육 등 지역사회의 모든 복지정보를 망라하여 복지서비스를 일괄 제공함으로써 이용자로 하여금 복지정보를 쉽게 획득하고 복지행정의 정보화를 실현한다.

		업 무 기 능	내 용
복지종합정보시스템	사회복지자원관리	복지정보검색기능	-지역사회복지정책,시설 서비스 이용안내 -자원봉사지원, 평생교육, 생활문화, 생활체육, 레져정보 수집/제공
		가상복지의회 운영	-자원봉사 결연, 후원 -복지관련 동호회 활동
		지식공유	-장애인,노인,여성,청소년별 포럼운영 정보공유
	상담 및 사례관리업무		-대민복지상담 -사후확인, 만족도 조사 -사후관리
	복지행정 업무연결		-지방행정정보망의 복지대상자 관리 시스템과 연결하여 복지행정정보 등록,지원,관리 수행

② 시스템의 구성 (안)

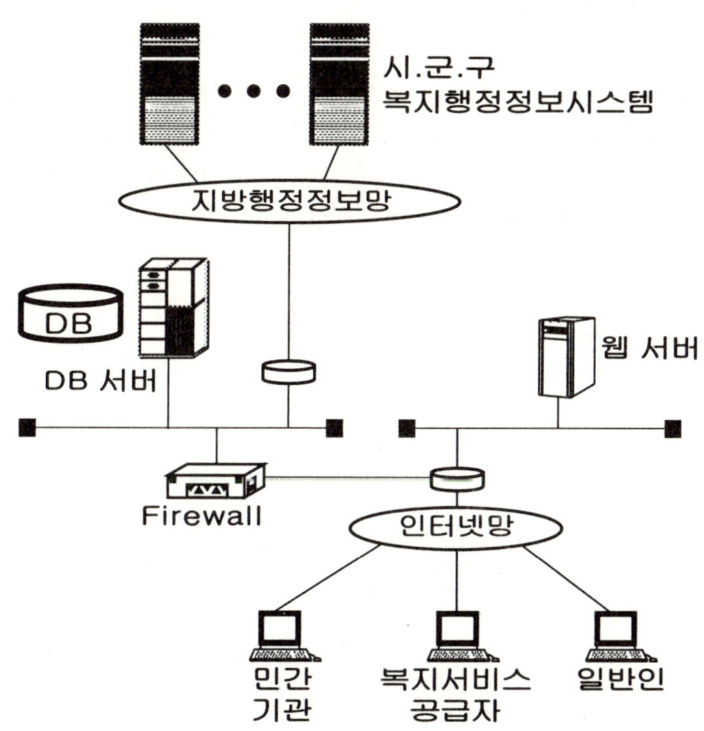

3) 복지관련 시스템의 문제점

(1) 공통사항

사회복지부문의 정보화는 보건복지부문중에서도 정보화에 대한 필요성 및 인식의 부족으로 비교적 정보화 추진이 늦게 시작되어 타 부문에 비해 기반형성이 미약하다. 또한 사업의 성격상 관련 시스템간의 통합과 보건·의료, 고용, 주거, 문화 등 각 부문간 밀접한 연계가 필요하나, 정보화 대상업무의 다양성 및 추진체계의 복잡성 등으로 추진노력에 비해 성과가 미진하고 복지정보화의 종합계획 (Total Picture)없이 단위사업별로 정보화가 추진되어 단위사업간 정보의 공동활용체계가 미흡한 실정에 있다.

복지정보화를 전담하는 전문적 추진체계가 없는 것이 복지정보화의 가장 큰 제약요인으로 꼽을 수 있다. 현재 대부분 시범운영단계인 각 단위사업들의 확대·발전에 대비한 평가 및 우선순위 결정, 표준화 방안을 시급히 도출하고 단위사업 등을 종합적으로 평가·조정, 종합적인 발전방안을 마련하기 위해서는 이를 전담할 추진체계가 조속히 갖추어져 있어야 한다.

(2) 시스템별 문제점

① 시·군·구 행정정보화 사업(복지행정정보화 업무)

㉠ 시·군·구 단위업무 중심의 시스템 구성으로 인한 중앙기관(시·도, 중앙정부)의 복지 행정통계 및 정책지원정보 활용이 미흡하다.

　2002년까지 정보화 계획이 시·군·구 확산에 집중되어 있어 시·도 서버 및 중앙서버와의 연계 계획이 구체화되고 실현되기 위한 방안이 현재까지 마련되어 있지 않다. 또한 지방자치단체의 분산환경 업무구조로 인한 중앙부처 단위의 정보 활용, 관리 및 대 국민 서비스가 어려운 상황이다.

㉡ 사회복지사가 복지대상자 선발을 위한 외부자료연계가 원활하지 않다.

　시·군·구 단위서버를 운영함에 따른 지역내 소득/재산 정보만 조회가 가능하므로, 사회복지사가 복지대상자의 선정에 정확한 판정을 내리기 어렵다. 현재는 복지행정정보 시스템에서 차량정보만 검색 가능하며 주택, 토지 등의 자료는 각 시·군·구 단위별로 자료구축이 진행중이다. (건교부 건축행정정보시스템 등)

㉢ 타 시·군·구 자료의 참조를 위한 Directory 시스템 운영에 따른 시스템 부하 문제가 발생할 수 있다.

　시·군·구 단위서버 간의 자료이관이나 정보를 참조하기 위해서 망을 통한 타 지역 서버접근에 따른 망 또는 서버의 부하가 발생할 수 있다.

① 노동부 고용안정정보망(Work-Net)

㉠ 웹 환경에서 시스템 보안성이 문제될 수 있다.

웹 환경에서의 자료보안을 위한 보안 시스템이 운영되고 있으나 서버인증체계의 보안시스템을 운영하고 있어 폐쇄망보다는 상대적으로 사용자에 대한 보안측면에서 위험도가 높다.

㉡ 읍·면·동 확대적용 시 시스템 용량증설 및 응용프로그램의 변경이 요구된다.

현행 시·군·구 단위로 시스템이 설계되어 있어 읍·면·동으로 업무확산에 따른 응용프로그램, 하드웨어 측면의 보완이 요구된다.

㉢ 생활보호대상자 자료의 이중으로 관리된다.

복지행정정보시스템의 개발이 종료되지 않은 시점에서 실업자에 대한 수혜현황관리 필요에 의해 생활보호대상자 관리시스템이 우선 개발됨으로써 복지행정정보시스템의 생활보호 시스템과 중복 개발되었다. 향후, 시·군·구 복지행정정보시스템의 확산이 종료되고 정상 운영되는 시점에는 두 시스템 간의 적절한 조치가 필요하다.

③ 생산적 복지정보 연계시스템 구축사업

㉠ 단기적으로 '국민기초생활보장법' 시행을 지원하기 위한 유관기관의 소득 및 재산정보 취합과 복지대상자 명단의 공유가 목표이므로 정부(보건복지부) 차원의 복지정책수립 지원을 위한 자료통합개념의 운영시스템은 아니며 정보화전략계획(ISP) 결과에 따라 장·단기적인 업무모델이 제시된다. 또한 복지정책수립을 위한 통합시스템과의 명확한 기능분류 작업이 선결되어 있지 않다.

㉡ 다수의 관련부처 간 해당복지 정보교환의 목적 및 방법에 대한 이견으로 합의점 도출이 어려우며, 이는 연계시스템 구축 시 직접적인 영향을 줄 수 있다.

④ 복지종합 정보시스템 구축사업

㉠ 민간기관에서 일부 복지관련업무를 서비스하고 있으나 정부차원의 복지시책 및 행정서비스를 지원할 수 있는 권한이 없는 상황이며, 민간과 행정기관과의 연결에 따른 상호 복지관련정보 공유개념이 아직 미흡한 상황이다. 또한, 지방자치단체별로 시행 및 운영에 따른 조직 및 예산확보의 어려움이 있다.

ⓒ 다수 기관간의 정보교류에 대한 표준화, 자료확보 및 유지보수 등 운영절차

4) 복지정보체계 개선방안

(1) 국가복지정보화 전략계획 수립

복지정책의 과학화를 위한 정보체계의 구축과 기존의 단위 사업 정보화를 균형 있게 발전시키기 위한 국가복지정보체계의 기본틀을 작성하고 국가복지정보체계의 틀안에서 단위 정보화사업이 추진될 수 있도록 국가복지정보화 전략계획을 수립하여야 한다. 동 전략계획에는 복지업무처리 절차 등 제도개선 방안을 도출하고 복지 정보화 표준모델을 제시하며 복지정보화 실행방안 및 전략과 유관기관 간 정보연계방안이 포괄적으로 망라되어야 할 것이다.

아울러 전략계획에는 복지정보의 활용실태를 평가하고 복지정책을 과학화하기 위해 필수적인 정보수요를 파악하며, 합리적인 정보화사업 추진을 담보할 수 있는 사업추진체계를 개발하고 정보화사업의 우선 순위 설정, 정책적 파급효과 및 실현가능성을 객관적으로 평가할 수 있는 '정보화사업계획 평가기준' 등이 포함되어져야 할 것이다.

(2) 단위 사업의 정보화 위주의 기존 전략으로부터 복지정책의 과학화를 위한 정보체계 구축으로 정책방향을 전환

지역조사의 표준화 등을 통해 지역복지정보체계를 정비함으로써 중앙정부의 지역복지정책 및 지방자치단체의 지역복지계획 수립에 필수적인 정보가 생성될 수 있도록 한다.

(3) '보건복지정보관리센터' 를 설치하여 복지관련 정보의 수집 · 분석 · 전파 기능을 활성화

과학적인 복지정책의 수립 및 집행의 근거가 되는 복지정보를 수집 · 가공 · 전파함으로써 국민의 복지수준 향상에 기여할 수 있도록 하고 이를 위해 센터는 복지관련 정보를 정기적으로 제공받아 분석,전파하고 조사통계사업을 수행하거나 지원하며, 복지통계 및 정보의 개선과 표준화 업무를 담당하도록 한다.

(4) 지역복지정보체계(Local Welfare Information System) 및 지역복지 지도(map)의 구축

지역복지는 다양하고 포괄적인 서비스의 체계적인 제공을 요구하므로 이를 위해서 서비스의 종류와 전달방법 등에 대한 정보를 수집, 분석, 활용할 수 있도록 LWIS를 구축한다. LWIS는 복지자원의 사용내용, 각종 사회복지관련 기관들의 서비스 전달유형과 내용, 사회복지서비스를 필요로 하는 수혜자들에 대한 정보를 공유하여 공공과 민간기관의 장단기 계획 수립과 사업시행에 관한 정보를 제공하고 수혜자가 이용하는데 따른 편의를 제공하는 기능을 수행하도록 한다.

또한 복지인력, 시설 등에 관한 복지자원에 대하여 지역별 분포, 현황, 목록 등을 도식화하여 사용자의 GUI(Graphic User Interface) 환경지원을 추구한다. 이는 참여형 복지개념에서 보다 많은 이용자의 참여를 유도하는데 일조하며 현황분석에 대한 보조자료로서의 가치도 매우 높다.

(5) 부문별 정보시스템의 개선방안

① 복지통합서버의 구축 (기능적 관점)

232개 시·군·구의 복지행정 시스템과 복지부를 연계하여 시·군·구로부터의 각종 통계보고·정산처리 등을 자동화하고, 수집된 복지대상자별 데이타를 다양한 각도에서 분석하여 생산적 복지정책 수립에 필요한 정보가 실시간 제공될 수 있도록 복지부에 '복지통합서버'를 구축할 필요성이 높다.

ⓐ 시·군·구 복지행정 시스템에 저장되어 있는 생활보호대상자, 저소득 노인, 장애인, 소년·소녀 가장 등 복지대상자별 데이터 중 정책적으로 필요한 주요항목을 추출하여 통합 D/B 형태로 관리한다.

ⓑ 동 통합 D/B의 복지대상자별 자료를 조합·가공하여 정책결정 지원자료를 생성(정기적인 현황분석 자료집·간행물 발간, 사용자의 수시 요구자료 직접 산출 등)한다.

ⓒ 시·군·구에서 복지부로의 각종 실적보고, 정산보고 등 통계보고를 자동화, 전산화 한다.

㉣ 복지정책 홍보 및 자료공개를 통한 대국민 복지정보 서비스를 제공한다.

구체적인 복지통합서버의 개발내역은 다음과 같다.
㉠ 통합 데이터 베이스 구축
  - 전 시·군·구의 복지행정 데이터 및 복지대상자별 데이터 중 정책적으로
    필요한 항목을 추출하여 보건복지부에 통합 D/B 구축
  - 구축내용 : 기초생활보장 수급자·저소득 노인·장애인·소년소녀 가장 등
    복지대상자별 실태조사 및 관리내역, 복지급여 지급내역, 생업자금 대여·
    취로사업 등 각종 사업 추진내역, 지역복지자원, 사회복지시설 현황, 각종
    복지정책 정보 등
  - 주요 항목의 시계열별 이력정보도 관리할 수 있도록 구성
㉡ 의사결정 지원 시스템
  - 정형적 통계보고서 개발 : 복지 사업별 보고통계, 정산내역 등 자동생성
  - 비정형적 자료분석 : 정책담당자의 요구자료를 통합 D/B 데이터의 가공을
    통해 제공(주제별·시계열별·다차원 분석)

② 시·군·구 행정정보화 사업 (복지행정정보화 업무)

㉠ 232개소 시·군·구별 분산업무 가운데 중앙에서 필요로 하는 자료의 수집
  을 위한 통합 시스템 구축계획이 조속히 필요하다.
  시·군·구 업무자료 → 시·도 통합자료 → 전국통합자료 과정을 통해
  2000년 9월까지는 복지행정 업무의 확산이 완료되어야 한다.
㉡ '국민기초생활보장법' 이행을 위한 기존 '생활보호' 프로그램의 수정·보
  완이 요구된다.
  시행령, 시행규칙의 명확한 규정이 마련되는 시점에서 기존의 개발 완료된
  응용프로그램의 변경이 필요하다.
㉢ 유관기관의 소득·재산관련 정보 획득을 위한 대상자 선정의 프로세스 설계
  보완이 필요하다.
  복지대상 희망자에 대한 소득과 재산 및 의료보호 관련정보를 생산적 복지
  정보 연계 시스템을 통하여 입수하고 설정된 복지대상자의 정보를 외부로
  유통할 수 있는 인터페이스 기능설계 및 구현이 요구된다.

③ 노동부 고용안정정보(Work-Net)

㉠ 읍·면·동 확대에 따른 인프라(H/W,N/W)의 확충 및 응용프로그램을 변경
한다.
읍·면·동으로 시스템을 확대 적용할 경우, 현재의 사용자 대비 약 2배 이
상의 사용자가 증가하므로 시스템 아키텍쳐의 제고는 물론이며, 현행 응용
시스템 및 자료구조의 변환도 고려하여야 한다.
㉡ 유관기관과의 정보교환 기능을 보완한다.
실업 및 복지정보연계와 관련된 인터페이스 기능을 보완한다. 또한 생산적
복지행정의 지원을 위하여 시·군·구 사회복지 전문요원이 활용할 수 있는
자활지원 서비스 기능을 추가하고 생산적 복지정보 연계시스템을 통하여
시·군·구 복지행정정보 시스템과 연계한다.

④ 생산적 복지정보 연계시스템 구축 달성방안

㉠ 시·군·구 복지행정정보화 업무 중 복지 대상자 선정과 관련된 소득/재산
정보 획득을 위하여 관계기관(행자부, 노동부, 국세청, 4대 사회보험 등)의
정보가 제공되어야 한다.
㉡ 생산적 복지실현을 위하여 복지 대상자에 대한 자활지원 결과가 WORK-
NET으로부터 시·군·구 복지행정시스템으로 전달되어 일관된 이력관리가
될 수 있도록 한다.
㉢ 복지대상자 정보를 필요로 하는 각 부처에 전달될 수 있도록 한다.

⑤ 복지종합정보시스템 구축 달성방안

㉠ 복지종합정보 체계유지는 구축자료확보, 구축/운영 조직관리 및 예산확보,
정부시책의 전달효과 및 복지정보의 유통현황을 고려할 때, 232개 시·군·
구별 보다는 16개 시·도 단위의 시스템 구축이 타당할 것이다.
㉡ 지역별 민간 복지기관 및 관련시스템과의 유기적 정보공유 체계를 유지하고
정량적으로 관리될 수 있는 시스템으로 구축되어야 한다.

(6) 복지정보체계 구축 달성방안

'국민기초생활보장법'을 근간으로 하는 새로운 복지행정의 실현은 시기적으로 상당한 위험성을 내포하고 있다. (2000년 10월 시행) 이를 극복하기 위해서는 관련된 유관부처 및 기관은 물론이거니와 전담사업자까지도 일심동체가 되어 '국가사업의 달성'이라는 공동목표의식을 가질 필요가 있다.

복지정보체계는 단기적으로 일선행정업무 정보화를 우선 과제로 해결하여야 할 것이며, 이를 토대로 복지통합시스템의 구축이 이루어지고 향후, 국가기본정보 공동활용체계로의 확대발전이 필요하다.

① 예산

가. 시·군·구 복지행정정보 시스템, 노동부 고용안정정보 시스템확산 및 기능확대, 생산적 복지정보 연계시스템의 구축에 대한 예산은 이미 정보통신부의 2000년 정보화 근로사업비로 확보되어 있는 상황이다.

나. 복지통합시스템 및 복지종합정보시스템 구축에 대한 비용은 아직까지 복지부나 정보통신부에서 고려되어 있지 않다. 이를 확보하기 위한 방안이 조속히 마련되어야 2000년 내에 시스템의 구축이 가능할 것이다.

② 조직체계

개별 시스템별로 이미 각 부처 및 기관에서 구축 진행중인 시스템은 기존의 체제를 유지한다. 그러나, 향후 구축될 복지통합시스템과 복지종합정보시스템 구축의 경우는 보건복지부의 보건정보관리센터를 설치하여 이 기관의 주도하에 기존의 복지관련 시스템 구축 주관기관과 상호 협의 하에 사업이 수행되어야 함이 타당하다.

③ 기대효과

일선복지행정업무 정보화의 성공과 복지통합시스템으로의 연계가 달성될 경우 국가사회복지정보 전달체계는 명실공히 수평적, 수직적인 종합체계를 가지게 될 것이다.

이러한 효과를 구체적으로 언급하면 다음과 같다.

가. 복지행정 업무의 객관성 및 효율성을 확보할 수 있다.
나. 수혜와 자활프로그램이 병행되는 생산적 복지행정을 실현할 수 있다.
다. 시 · 군 · 구 복지행정정보의 통합관리가 가능해진다.
라. 시 · 군 · 구 복지행정정보 및 복지종합시스템을 통한 복지통합시스템의 데
    이터웨어하우스 구축으로 정책지원이 가능하다.
마. 연계시스템(센터)을 통한 복지정보의 공동 활용이 가능하다.
바. 국가차원의 보건/복지서비스 홍보 및 자료공개를 통한 대국민 보건 · 복지
    서비스 향상을 기대할 수 있다.

④ 복지정보 통합 시스템의 예상 모형도

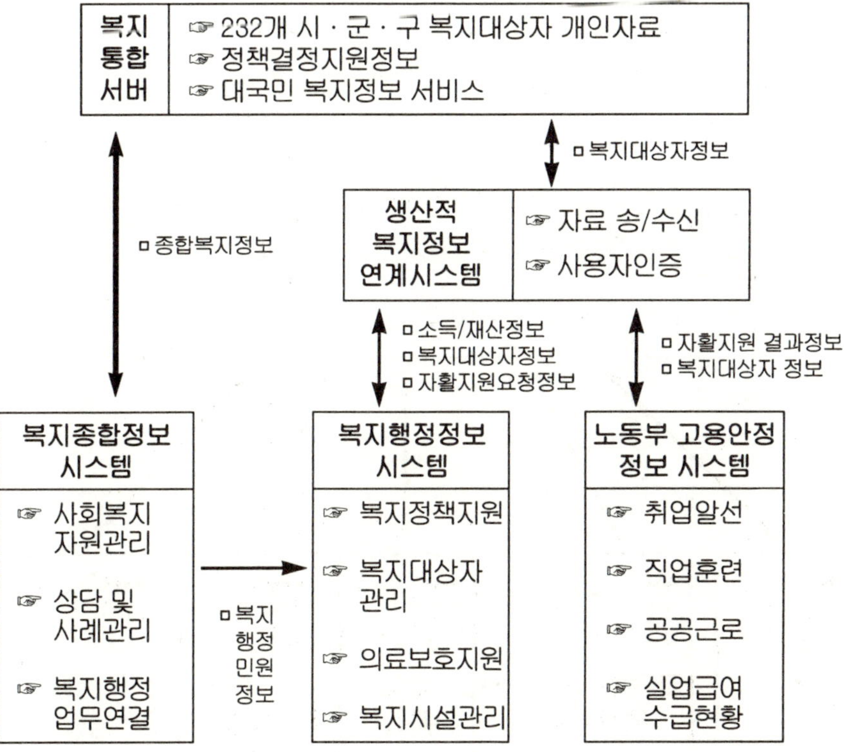

<그림 3> 복지정보 통합 시스템의 예상 모형도

〈별첨〉 국가기본정보 공동활용방안 예시

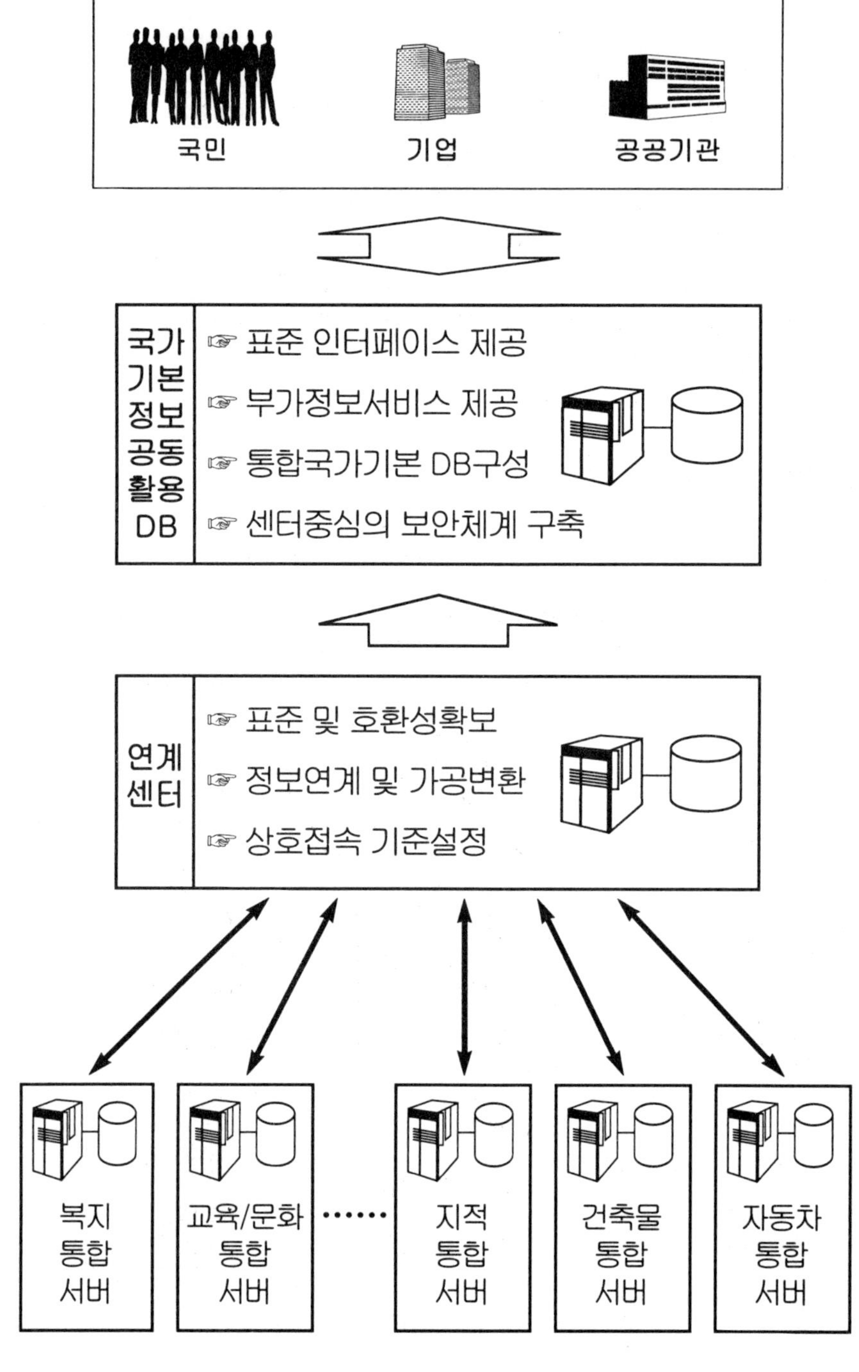

참 고 문 헌

강혜규, 「시범보건복지사무소와 공공복지 전달체계의 개편」, 『한국사회복지의 현황과 쟁점』, 인간과 복지, 1998.

강혜규 외, 「국민기초생활보장법의 시행과 사회복지전문요원의 역할」, 『복지사회2000』, 한국사회복지사협회, 1999.

경기도, 「1998 도정주요시책평가결과」, 1999.

경기도, 「2000 국도비보조내시 및 부담지시서」, 1999.

김경혜 외, 「사회복지관 프로그램 평가 및 운영개선방안」, 서울시정개발연구원, 1998.

김동배 · 조학래, 『청소년 자원봉사의 길잡이』, 동인, 1997.

김미숙 · 김유경 · 김성희, 「자원봉사센터의 현황과 효율적 운영방안」, 한국보건사회연구원, 1998.

김민웅, 「21세기를 대비한 행정서비스의 과제와 전망」, 『한국행정연구』, 세8권 제2호, 1999.

김성이 외, 『비교지역사회복지』, 동인, 1997.

김영호, 『자원복지활동의 활성화 방안』, 학문사, 1997.

노동연구원, 「노동시장정보시스템의 구축방안」, 1998.

류기형 외, 「지역주민과 지역사회복지와의 관계」, 한국지역사회복지학회, 『지역사회복지운동』, 제7집, 1999.

박경숙 · 강혜규, 「사회복지사무소 모형개발」, 한국보건사회연구원, 1992.

박경숙, 「사회복지사무소와 민간복지서비스기관의 역할분담」, 『한국사회복지논총3호』, 경기대, 1993.

박광준, 「21세기 사회복지와 지방정부의 역할 - 21세기의 복지환경과 사회복지주체의 역할」, 『99춘계학술대회자료집』, 한국사회복지학회, 1999.

박서춘 외, 「사회복지 공공전달체계와 민간전달체계의 연계방안」, 한국지역사회복지학회, 『지역사회복지운동』, 제7집, 1999.

박찬용편, 『사회보장발전 목표설정과 정책과제』, 한국보건사회연구원, 1998.

박태영 외, 「사회복지 생활시설과 사회복지사」, 『복지사회2000』, 한국사회복지사회, 1999.

백종만 외, 「시민단체와 지역사회복지와의 관계」, 『지역사회복지운동』, 제7집, 한국지역사회복지학회, 1999.

변재관 · 강혜규, 「지역복지전달체계의 현황과 개선방안」, 『21C 한국 사회복지행
　　　정의 과제』. 한국사회복지행정학회 창립기념 학술대회 자료집, 1999.

보건복지부, 『보건복지 행정정보화 전략계획서』, 1997.

보건복지부, 『사회복지관 및 재가복지봉사센터 운영안내』, 1999.

성규탁, 『사회복지행정론』, 법문사, 1990.

심재호, 「주민자치센터의 도입에 따른 사회복지 전달체계의 구축방안」, 『인문사
　　　회과학연구』, 창간호, 한서대인문사회과학연구원, 1998.

ーーーーー, 「민간 사회복지 전달체계의 재편 - 참여와 계획화, 그리고 네트워킹」,
　　　『99추계학술대회자료집』, 한국사회복지학회, 1999.

여성개발원, 『자원활동센터 운영의 실제』, 1994.

오정수, 「우리나라 민간복지 부분의 기능과 구조 개선방안」, 『계간 사회복지』 봄
　　　호, 한국사회복지협의회, 1998.

이번송 외, 『서울시자원봉사활용증진에 관한 연구』, 서울시정개발연구원, 1996.

이선우, 「미국의 사회복지: 1996년의 복지개혁-쟁점과 분석」, 한국사회과학연구
　　　소 사회복지연구실 편, 『세계의 사회복지』, 인간과 복지, 1999.

이승종, 『민주정치와 주민참여』, 삼영, 1995.

이윤로, 「자원봉사자활용증진에 영향을 주는 요인 연구」, 『연세사회복지연구』,
　　　제3권, 1996.

이인재, 「사회복지운동의 주체로서 사회복지실천가의 사회적 위상에 관한 연구」,
　　　『한국사회복지학』, 26호, 한국사회복지학회, 1995.

이인재, 「지방화시대의 사회복지 주민참여 사례연구」, 한국사회복지학연구회,
　　　『상황과 복지』, 4호, 인간과 복지, 1998.

ーーーーー, 「사회복지운동의 의의와 과제」, 『현실과 대안』 제2호, 경기도 사회복지
　　　협의회, 1999.

이재원 · 원윤희 · 임동욱, 『지방세제 개편 및 지방교부세 재원확충방안』, 경기정
　　　책포럼 98-3, 경기개발연구원, 1998.

ーーーーー, 「긴축국면에서의 전략적 재정운영과제」. 『경기21세기』, 1/2월호. 경기개
　　　발연구원, 1999.

이정호 김현숙 이정학 김수영 함철호 이태수, 『보건 의료 복지의 통합적 접근방안
　　　연구』, 국립사회복지연수원, 1995.

이현송 강혜규, 『범보건복지사무소 운영평가 및 모형 개발』, 한국보건사회연구
　　　원, 1997.

임성일, 「국고보조금의 지방비부담에 따른 비효율적 자원배분에 관한 연구: 지방

자치단체가 선호하지 않는 대상사업의 경우」, 『지방행정연구』, 한국지방
행정연구원, 1993.
재무부 세제국, 『86-88년 근로자의 근로소득세 신고자료 분석 및 향후 갑근세세
수예측자료』, 1990.
정보통신부, 『실업 및 복지정보 연계를 위한 사업계획서』, 1999.
제임스 피셔 · 캐더린 콜 지음, 유성호 옮김, 『자원봉사 프로그램의 관리와 리더
십』, 아시아미디어 리서치, 1997.
조애저 이상영 배화옥, 「지역단위 사회복지서비스 연계체계 구축방안」, 한국보건
사회연구원, 1996.
————, 「자원봉사관리자의 구체적 업무」, 『자원봉사의 효율적 관리』, 한국사회
복지협의회, 1998.
조학래, 「자원봉사의 효율적 관리를 위한 기술」, 『자원봉사업무의 효율적 관리』,
한국사회복지협의회, 1998.
조휘일, 「자원봉사 프로그램 관리과정 개발에 관한 연구」, 『자원봉사실무편람』,
서울특별시사회복지협의회 편, 1996.
중앙고용정보관리소, 「Work-net 진단결과 보고서」, 1996.6
차흥봉, 「사회복지 자원봉사의 과제와 방향」, 『96년 춘계학술대회발표논문집』,
한국지역사회운동연구회, 1996.
한국복지연구회 편, 『현대사회의 자원봉사론』, 유풍출판사, 1997.
한국사회복지협의회, 『자원봉사의 효율적 관리』, 1998.
한국자원봉사단체협의회, 『자원봉사센터 운영 길잡이』, 1997.
한국전산원, 「국가기본정보 공동활용체계 구축방안 연구보고서」, 1999.7
행정자치부, 「시 · 군 · 구 행정정보화 시범사업 완료보고서」, 1998.
홍경준, 『한국의 사회복지체제 연구』, 나남출판사, 1999.
홍경준 · 백종만(미간행), 「실업극복을 위한 민간네트웍의 구조적 특성; 전북지역
의 민간비영리조직간 관계를 중심으로」
홍승혜, 「자원봉사활동의 동향과 과제」, 『한국 사회복지의 이해』, 한국사회과학
연구소 사회복지연구실, 동풍출판사, 1995.
홍준현, 「지방행정 계층구조 개편방안」, 『한국행정연구』, 제7권 제1호, 1998.

Bailey, Darlyne and Kelly McNally Koney(1996), "Interorganizational
Community-Based Collaboratives: A Strategic Response to Shape the
Social Work Agenda", Social Work. V.41 no 6 (November. 1996).

Brown, Martin(1997), Introduction to Social Adminstration in Britain, Hutchin & Co, Cambridge, Paul and Martin Knapp, (eds.), Demonstrating Successful Care in the Community, University of Kent, 1992.

Coulton, Claudia J.(1996), "Poverty, Work, and Community: A Research Agenda for an Era of Diminishing Federal Responsibility", Social Work V.41 no 5 (September, 1996)

Estes, Richard J.(1997), "Social Work, Social Development and Community Welfare Centers in International Perspective.", International Social Work. V. 40 (Jan. 1997)

Friedman, Mark(1997), "A Guide to Developing and Using Performance Measures in Results-based Budgeting, Prepared for The Finance Project". http://www. financeproject.org.

GAO(U.S. General Accounting Office, 1997), Performance Budgeting: Past Initiatives Offer Insights for GPRA Implementation. Report to Congressional Committee.

Gidron, B., R. Kramer, & L. Salamon. (1992), Government and the Third Sector; Emerging Relationships in Welfare States, Jossey-Bass Publishers.

House of Commons, Health Committee, "The Relationship between Health and SocialServices" (1998),

(http://www.official-documents.co.uk/document/health/arep96/areport.htm).

ICMA(1997), Budgeting : A Guide for Local Government. IMCA.

Kornbluh, Felicia(1998), "The Goals of the National Welfare Rights Movement: Why We Need Them Thiry Years Later.", Feminist Studies. V. 24 no 1(Spring 1998).

Lewis, Janie and Howard Glennerster(1996), Implementing the New Community Care, Open University Press

Melavile, A.I.(1997), "A Guide to Selecting Resulting and Indicators : Implementing Results-based Budgeting". Prepared for The Finance Project. http://www. financeproject.org.

Morrissey, Megan H.(1990), "The Downtown Welfare Advocate Center: A Case Study of a Welfare Rights Organization", Social Service Review (June 1990).

National Performance Review(1995), Managing Results : Initiatives in Select

American Cities. http://www.magi.com.

OPPAGA(1996), A Report on Performance-Based Program Budgeting in Context: History and Comparison. Office of Program Policy Analysis and Government Accountability. Florida State Government. U.S.A. http://www.oppga.state.fl.us.

Wagner, David & Marcla B. Cohen(1991), "The Power of the People: Homeless Protesters in the Aftermath of Social Movement Participation" Social Problems, V. 39 no4 (November 1991).

山本 隆,『都市の高齢者 支える』, 啓文社, 1995.

前田信雄,『保健醫療福祉の 統合』, 勁草書房, 1990.

川村匡由,『地域福祉計劃論序說』, 中央法規, 1993.

大山 博・領 學・紫田 博,『保健・醫療・福祉の總合化を目指して』, 光生館, 1998.

右田紀久惠 編,『自治型地域福祉の展開』, 法律文化社, 1993.

社會保障研究所,『社會福祉における市民參加』, 東京大學出版會, 1996.

| 부록 |

[부록 1]

영국의 보건복지 연계사업

1. 보건복지 연계 사업의 추진 배경

영국의 경우 보건복지 연계에 대한 관심은 다른 서구 선진국의 경우와 마찬가지로 다음의 기본 인식에서부터 출발한다. 즉, 고령자의 경우 수요측면에서 볼 때 대인적 보건 서비스(personal health service)와 대인적 복지서비스(personal social service) 간에 상호간 욕구 영역의 구분이 어려우며, 따라서 공급측면에서도 보건과 복지 서비스 전달체계는 상호 연계되어야 한다는 점이다. 예컨대 고령자의 보건 문제 가운데 가장 대표적인 영역인 치매 노인에 대한 대인 서비스의 경우 의료적 접근과 함께, 치매노인 본인 및 주변인들에게 일상적 활동에 도움을 줄 수 있도록 하는 복지 서비스가 상호 연계되어 제공되어야 한다는 데 관계자들 모두가 의견의 일치를 보이고 있다. 이는 서비스 수요의 측면에서의 필요이기도 하지만, 한편으로는 서비스 공급에 있어서도 기존에 보건과 복지가 상호 분리된 체계로는 대응하기 어려운 문제를 낳고 있기 때문이기도 하다.

영국의 경우 고령자의 보건과 복지가 결합된 서비스 욕구에 대한 대응은 지금까지 주로 의료 기관 혹은 요양 시설에 수용하여 제공되어 왔는데, 인구 노령화의 정도가 심화됨에 따라 이에 따른 비용 증가의 문제가 '80년대에 경제 침체와 함께 심각하게 대두되었다. 1980년 대처 정부의 집권 이후 영국의 사회보장체계에 대한 전반적 재검토 작업이 이루어지는 가운데, 노령인구의 대인 보건복지 서비스 전달체계에 대한 재검토 및 하나의 대안으로서 보건과 복지전달체계를 연계 내지 통합하고자 하는 노력은, 직접적으로는 고령화 사회에 따른 보건 복지 지출의 증가를 억제시키고자 하는 실제적 목적에서 본격적으로 착수되었다.

고령자를 의료 혹은 요양 기관에 수용하여 처치 및 보호를 하는 고비용 보호 체계로부터, 지역사회에 거주하면서 전반적인 보호 욕구(care need)가 충족될 수 있도록 하고 기관에 수용하여 처치(treatment)해야 할 필요가 발생할 경우에만 기관에 수용하도록 하는 지역 서비스(community care) 혹은 재가 서비스 체제로의 이전이 본격적으로 검토되기 시작하였다. 기관에 수용하여 서비스를 제공할 때와는 달리, 지역 서비스의 제공은 필연적으로 보건서비스 전달체계와 복지서비스 전달체계 상호간 조직의 재조정 및 서비스 연계 노력의 증가를 유발한다.

  그러나, 수요자들의 연계 및 통합 서비스 욕구가 아무리 높다고 하여도, 이제까지 보건과 복지라는 상호간 독립된 전문 영역에 의하여 제공되어 오던 별개의 서비스를 상호간 연계 및 통합하여 제공되도록 추진하는 데는 많은 시행착오와 노력이 소요되는 것으로 나타났다. 이는 한편으로는 프로그램 운영에 있어서의 실제적인 문제에 기인한 부분도 있지만, 주로는 두 전문 영역간에 프로그램 연계 및 조직의 통합에 있어 영향력을 잃지 않으려는 주도권 싸움에 기인한 부분도 적지 않은 것으로 지적되고 있다. 이러한 연계 및 통합 작업은 현재에도 진행되고 있는 과정이며 잠정적인 결과의 평가 및 앞으로의 방향에 있어서도 명확한 결론이 나지 않은 작업이다.

2. 보건복지 연계 사업 추진 과정

  보건과 복지의 연계에 대한 관심은 영국에서도 비교적 오랜 기간 추진되어온 과제이다. 1970년에는 보건과 복지의 연계 노력이 중앙정부의 주도하에 추진되어 왔다. 이는 다양한 방식으로 진행되었는 데, 서비스 제공에 있어 상호 협력을 위한 기반으로서 예산 및 사업 계획단계에서 연계된 계획(joint planning)을 강력히 권장한 일이 있다. 70년대 초반에는 이러한 노력의 일환으로, 중앙정부는 연계 사업의 영역에 대한 가이드라인을 규정하고 이 가이드라인에 맞추는 지방정부에게 지방정부에 제공하는 교부금 중 일정 부분을 연계 사업 예산으로 할당을 하는 방식을 취하였다. 또한 1974년에는 일부의 지역에서 보건과 복지간의 연계협의 위원회(Joint consultative committee)를 설립하도록 하였으며, 이러한 협의 위원회에서 연계 사업 계획을 작성하도록 하고 공동 사업 기금을 별도로 지출할 수 있도록 예산을 조정하였다. 그러나 이러한 중앙정부의 주도에 의해 보건과 복지를 연계시키고자 한 노력은 실질적인 성과를 거두지 못한 것으로 보인다. 사실상, 개별 사업의 지출을 늘리는 결과만을 가져왔으며, 소기의 연계 효과를 거두지 못한 것으로 판명되었다. 한편, 조직 변경을 통한 이러한 연계 노력은 실패했으나, 미미하나마 보건과 복지간 사업상에서 단편적으로 연계가 시도된 경우 부분적으로 성과가 있는 것으로 밝혀지고 있다.

  1970년대에 연계 노력의 실패 이후에도 80년대에 들어서 보건과 복지의 연계노력이 지속적으로 시도되었는데, 70년대와 다른 점은 과거에 비하여 중앙정부의 개입이 줄어들었으며, 이번에는 지방의 실정에 따라 조직의 사업 내용에 있어 각

각 다양한 형태로 시도되었다는 점이다. 대인적인 사회복지 서비스에 관한 한 지방 정부에 상당한 정도의 자율성이 주어져 있는 영국의 경우, 과거에 중앙정부에 의하여 주도되었던 실패한 사업이 다시 시도되는 경우 지방에 따른 편차가 매우 심하리라는 점은 쉽게 이해할 수 있다.

1983년 보건 사회보장성(Department of Health and Social Service)은 지역 보건에 대한 회람(Care in the Community Circular)에 따르면 병원에서의 보호를 가급적 피하며, 보건과 복지간의 연계 사업을 추진하며, 사업의 효율성을 높이는 것을 보건과 복지 사업들의 주요 목표로 제시하고 있다. 이러한 지침에 따라 병원에 보호되어 있던 환자들을 지역에서 거주하면서 보호하는 방식으로 변환하기 위한 일련의 시범사업이 실시되었다. 이들은 장애의 성질에 따라 학습 곤란 장애인들에 대한 사업, 정신 장애자들에 대한 사업, 신체적 장애 고령자들에 대한 사업 등 범주별 지역별로 총 28개의 시범사업을 각 사업별로 3년간의 기간에 걸쳐 실시하여 사업들의 성과를 비교 평가하도록 하였다. 다양한 유형으로 지역에 따라 다양한 조직에 의하여 실시된 이 시범사업들로부터 비교적 일관된 평가 결과를 얻을 수 있었다. 위에서 아래로 변화를 도모하는 방식, 즉 기존의 보건과 복지 조직들의 과감한 변화 나아가서는 통합에서 출발하여 사업상의 결합을 도모한 경우는 사업 수행자들의 저항에 부딪쳐 소기의 성과를 거두지 못하였으며, 3년의 시범사업이 경과된 이후에 과거의 조직 형태로 회귀하는 경향을 보인 반면, 아래에서부터 위로의 연계 즉, 보건과 복지 전달체계간 프로그램 상의 연계에서부터 출발하여 부분적으로 이를 담당하기 위한 조직의 조정을 가져오는 방식을 취한 경우 연계의 효과가 비교적 뚜렷이 나타났으며, 시범사업 종료 이후에도 부분적으로 연계 사업이 계속 추진될 수 있었다는 점이다.

다음에서는 이러한 연계 사업중 대표적인 예로서 고령자를 위한 Darlington Project를 집중적으로 검토해 보기로 한다.

Darlington Project는 고령자의 장기적 개호(long-term care)에 있어 보건과 복지 서비스를 연계된 형태인 재가보호 요원에 의하여 제공되도록 함으로서 서비스의 질을 높이고자 하는 데 목표를 두고 있다. 이 사업은 Darlington 보건 당국과 Durham군의 복지서비스국(Social Service Department)간의 연계 사업으로 추진되었는데, 이 사업의 핵심은 재가보호 요원을 고용하여 이들이 보조적인 보건서비스와 함께 대인복지서비스(personal social service)를 담당하도록 하며, 전문적인 보건서비스에 대한 보조자로서 가능하도록 설계한 점에 있다. 이러한 재가 보호요원 프로젝트팀은 사회복지국에 본부를 두도록 하며, 이 팀의 구성은 한 명의 총괄 팀장, 3명의 서비스 매니저, 54명분에 해당하는 재가보호 요원으로 이들은 각각 주당 29시간의 일을 하며, 기타 사무 요원으로 구성된다.

　여기서 서비스 매니저의 역할은 재가보호 요원들의 개별 팀을 책임지고 있으며, 개별 고객에 대한 사례 관리자(case manager)로서의 역할을 동시에 수행한다. 사례관리자의 주요 업무는 보호 지원 묶음 (package of care support)을 조정하며 보호를 위하여 필요로 하는 자원을 보건, 복지, 자원봉사 단체 및 기타 비공식적 보호 자원들과 연결시켜주는 역할을 한다. 이러한 연계, 조정의 역할뿐만 아니라, 노령 고객들 및 그들의 가족들에게 직접적으로 상담과 지원을 제공하기도 하며 다양한 복지 자원의 연계 속에서 발생하는 충돌 문제를 해소하는 역할 또한 수행한다. 서비스 매니저들의 경우 1인당 약 20명의 사례를 관리하며, 또한 이러한 사업의 수행을 위하여 자신의 재량으로 행사할 수 있는 예산을 할당받는다. 이러한 예산은 자신이 책임 맡고 있는 재가 보호요원의 서비스를 사용하기 위한 비용은 물론 관련 기관의 자원을 동원하기 위하여 소요되는 비용으로 소요된다. 이들의 역할은 요컨대 최소한의 비용으로 자신이 속한 기관에서 제공되는 서비스와 지역의 복지자원을 조합하여 고객의 욕구에 적절한 최적의 서비스가 제공될 수 있도록 결정하는 기능을 수행한다.

　재가 보호요원은 실제적으로 대인 서비스를 제공하는 역할을 한다. 이들은 과거 장애인을 돌보거나, 요양원에서 보호원으로 일하였거나, 기타 가정보호의 경력을 갖은 사람들로서, 고령자의 보호에 관하여 복지 및 보건관련 기본 지식을 습득하는 훈련과정을 이수하도록 요구한다. 이들은 노인 보호를 위하여 요구되는 모든 서비스를 담당하게 되며, 전문적인 의료서비스에 대한 보조적 서비스를 제공한다. 이들은 지역별로 팀을 이루거나, 혹은 특정 대상자들에 대하여 상호 중첩된 공동의 팀을 이루어 서비스를 제공하는 방식을 취한다.

　'정신적으로는 대체로 문제가 없으나 신체적으로 심각한 장애에 처한 사람들'이 이러한 서비스의 집중 대상자들이다. 서비스 대상자들은 고령자관련 다양한 전문가들로부터의 의뢰에 의하여 채택되며, 이 팀의 관리하에 편입된 이후에도 의뢰된 고객에 관한 한 이러한 전문가들의 지속적인 자문을 받도록 한다.

　지금까지 서술한 Darlington Project의 요점은 서비스 매니저를 중심으로 하여 고객에 대한 집중적인 관리가 될 수 있도록 인력과 자원을 집중시키고, 또한 고객의 입장에서 다양한 복지 자원간의 비용과 편익을 비교하여 가장 적절한 서비스가 이루어 질 수 있도록 조정할 수 있도록 한 데 있다. 이 프로젝트의 대상 고객이 육체적으로 매우 노쇠한 고령자들이기 때문에 그들의 대인 서비스 욕구를 충족시키기 위한 집중적인 관리가 필요하며, 이러한 점에서 매우 비용이 많이 소요되는 사업이기도 하다. 그러나 이러한 노쇠한 고령자들에 대한 보호가 의료기관에서 제공될 경우와 비교할 때, 정부의 보호 비용에 있어 절감을 가져오는 것으로 잠정 평가되고 있으며, 또한 고객을 중심으로 하여 보건과 복지가 연계된 프로그램을 진행하는 방향으로 사업이 진행되었다는 점에서 비교적 성공적인 소기의 성과를 거둔 것으로 평가되고 있다.

1990년 지역복지와 재가 복지를 중심 내용으로 하는 일련의 사회 복지 개혁 작업은 이전 단계에 시도되었던 보건과 복지간의 연계 문제의 연장선상에서 계속 추진되고 있다. 90년대에 추진된 보건과 복지의 연계작업은 그 내용에 있어 큰 변화를 보이지는 않으나, 80년대에 시도된 일련의 시범사업의 모델중 성과를 보인 부분을 중심으로 사업을 지속시키고 여타의 지역에 확산시키는 것을 목표로 삼는다.

영국에서 지난 30여 년 간 구 혹은 군단위로 일부의 지역에서 진행된 보건과 복지의 연계 시도는 크게 두 가지 유형으로 구분된다. 하나는 보건과 복지간에 연계된 조직을 새로이 구축하여 이러한 매개적 조직을 통하여 연계 사업을 추진하는 경우이며, 다른 한 경우는, 기존의 보건과 복지의 전달 조직에 추가하여 이 둘을 매개하는 조직을 덧붙이기보다는 상호간의 의뢰체계를 구축하고 주기적으로 상호 협의를 통하여 프로그램 상에서의 연계에 중점을 두는 방식이다. 새로운 매개 조직을 만드는 방식과 프로그램의 연계에 중점을 두는 방식 중 양극단을 달리는 경우는 매우 드물며, 대부분의 경우 중간적인 수준에서 연계를 추진하고 있다. 즉 기존의 양 전문 조직을 그대로 두고 공동 협의 및 계획을 수립하도록 하여(joint commissioning and planning) 연계를 위한 사업 내용, 방식, 대상자 선정, 평가 등의 내용을 조정 협의하며 각 조직의 기존 인력 중에서 일부에게 보건과 복지의 연계 사업에 노력과 시간을 배당하도록 하는 방식을 취하는 경우가 많다.

3. 보건복지 연계 사업의 평가와 시사점

70년대 이래로 진행된 보건과 복지의 연계노력에 대한 전반적인 평가는 평가 주체에 따라 의견이 갈리고 있다. 사업을 담당한 중앙 혹은 지방 정부의 경우 사업의 긍정적인 면을 부각시키려 하며, 비용 효율성을 많이 강조하면서, 예전에 병원에서 보호를 담당했을 때에 비하여 지역에 거주하면서 보건과 복지 요원의 협조 하에 연계된 서비스를 제공하는 것이 보다 보호 비용을 절약할 수 있다는 점에 역점을 둔다. 반면 학계에서는 보건과 복지전달 조직간의 협조 융화에 있어 어려움을 지적하며, 이에 따른 조직 및 사업 내용에 있어서의 비효율을 지적한다. 그러나 성공한 경우에 대한 의견은 일치하는 데, 이는 즉 사업에서부터 출발하여 보건과 복지를 연계하려는 노력이 비교적 성과가 컸다는 점이다.

1998년 국회 보건위원회(Health Committee)는 지역복지 사업 추진과 관련하여 보건 영역과 복지 영역간의 상호 협조관계에 대한 보고서를 제출하였는데, 다음에서는 이 보고서에서 제시하고 있는 평가 및 처방을 간단히 요약한다.

국회 보건위원회의 전반적 평가는 보건과 복지의 상호 관계 설정 및 연계 서비스 수행이 전반적으로 잘 이루어지고 있지 않다는 점으로 요약되는 데, 이는 서비스 수요 측면에 있어서의 문제점 때문이기보다는 서비스 공급자 측에서 연계된 서비스를 제공하는 데에 있어서의 문제에 기인하는 부분이 크다고 진단 내리고 있다.

① 역할 및 책임 정의의 불명확

장기 보호를 요하는 고령자의 경우 보건과 복지 영역간의 서비스 구분이 모호한 부분이 매우 큰 데, 예를 들면, 재활 서비스, 목욕 서비스, 치료 후 회복 서비스, 야간 보호 서비스 등이 그 예이다. 이러한 모호한 영역을 둘러싸고 보건과 복지 영역의 서비스 제공자들간의 비계획적인 중첩과 상호간 충돌이 서비스의 질을 저하시키는 것으로 보인다. 보건과 복지의 경계가 모호한 부분의 서비스관련 문제를 해결하기 위한 각 영역들의 업무 범위를 명확히 하려는 노력과 함께, 이러한 영역을 전담할 인력 예컨대 개호 종사자를 기존의 양대 전문인력과는 별도로 양성하여 이들로 하여금 보건과 복지의 기초적 지식을 습득하도록 함으로서, 기존의 보건과 복지 전문인력의 부담을 덜면서 고객의 새로운 서비스 욕구에 대응하는 수준으로 질 높은 서비스 공급체계를 확보하도록 하는 방안을 제안한다.

② 재정적인 제약

현재 보건과 복지 영역의 예산은 별도로 설정되어 관리되고 있다. 따라서 상호 연계 사업을 위하여 예산을 할당하여야 할 아무런 인센티브가 없으므로 타 부처와의 공동 사업을 위하여 예산 할당을 꺼리는 결과를 초래하기도 하였다. 따라서 이러한 문제를 개선하기 위하여는 각 영역의 예산의 일부를 공동사업을 위한 공동 자금 (pooled budget)으로 할당하는 방식을 제안한다. 물론 연계 사업 추진으로 인하여 기존의 사업에 더하여 추가적으로 소요되는 자금에 대한 지원이 뒷받침되어야 원활한 진행이 가능하리라는 점을 지적한다.

③ 비용 청구체계의 상이함

보건서비스를 주관하는 보건국(NHS)과 사회복지서비스를 주관하는 복지서비스국(SSD)간에는 서비스에 대한 비용 청구체계에 큰 차이가 있다. 요양원에서 서비스를 받는 경우 부분적으로 수익자 부담의 요소가 전에 보다는 더 가미되고 있지만 기본적으로 보건서비스는 무료로 전달되나, 사회복지서비스는 자산조사를 거치기는 하지만 기본적으로 유료로 전달되는 체계를 가지고 있다. 이러한 청구 체계에 있어 두 영역간의 차이는 공동의 예산관리나 공동 사업의 수행을 번거롭게 하여 기피하게 만드는 요인으로 작용한 것으로 분석된다. 보건과 복지가 접점을 이루는 서비스의 영역에 대하여 새로운 청구 체계를 마련해야 한다는 제안을 한다.

④ 법적인 장애 요인

법적인 장애 요인은 크게 두 가지로 지적되는 데, 하나는 공동 예산으로 사업을 집행할 경우 사업의 책임 소관이 보건국과 사회복지 국간에 애매함으로 인하여 발생하는 문제점이며, 영국의 경우 보건 사업은 중앙정부의 보건국 소관이며 사회복지서비스는 지방정부의 소관인 바, 중앙정부 조직과 지방정부 조직간에 기능을 상호 위임하는 데 있어서의 법적인 문제점이다. 보건과 복지가 연계 제공되어야 할 서비스에 관한 한 이러한 소관 부처의 상이로 인하여 발생하는 법적인 문제점에 대응하여 별도의 조항을 신설하는 법개정을 통하여 개선할 것을 제안한다.

⑤ 우선 순위 배정에 있어서의 차이

중앙정부에 소속된 보건국은 보건의 영역에 예산과 사업의 우선을 두는 반면, 지방정부에 소속된 복지서비스국의 경우 사회복지의 영역에 예산과 사업의 우선적으로 실시하는데 따른 부조화를 피할 수 없다. 따라서 연계 사업의 부분에 대하여 공동의 계획을 통한 공동의 예산을 배정하도록 하며 이러한 공동의 계획 노력에 인센티브를 부여하므로서 부처간의 갈등 및 중앙과 지방 정부간의 갈등과 부조화의 소지를 막아야 한다.

⑥ 대상 영역의 불일치

　보건 서비스 기관와 대상 영역과 복지서비스 기관의 대상 영역이 불일치하는 경우가 많다. 보건과 복지의 연계 서비스가 원활하게 제공되기 위한 반드시는 아니라 하여도, 두 전달체계간의 대상 영역이 대체로 일치하여야만 공동의 사업 계획과 예산 배정이 가능할 것으로 진단하고 있다.

⑦ 상이한 문화

　보건 서비스에 종사하는 전문가들과 사회복지 서비스에 종사하는 전문가들간에는 공동사업에 있어 상호간 문화적 차이로 오해와 갈등이 발생하는 부분이 적지 않다. 사용하는 용어에 있어 불일치하는 현상이 가장 대표적이며, 기타 고객에 대한 접근의 방식 및 서비스 결과의 평가 방식에 있어서도 두 영역은 큰 차이를 보인다. 두 영역 상호간의 이해를 깊이하고 서로 다른 영역에서 제공되는 서비스를 신뢰하도록 하는 것은 연계 서비스 제공에 있어 필수적인 요소이다. 따라서 보건과 복지의 연계 서비스를 담당하는 요원들에게는 두 영역이 훈련과정에서부터 동시에 참여하여 교육을 실시하도록 함으로서 두 영역 상호간의 기초적인 전문지식과 문화를 습득하도록 하는 과정의 신설이 요구된다.

⑧ 민주적 책임 소재의 상이함

　중앙정부 소관의 보건서비스와 지방정부 소관의 사회복지 서비스는 상호 연계된 서비스 전달을 추진함에 있어 앞에서 지적한 법적인 문제점 이외에도, 책임소재의 상이함으로 인한 문제를 안고 있다. 즉 연계 서비스 수행에 있어 보건 서비스에 문제가 지적되는 경우 중앙 정부조직에 궁극적인 책임이 돌아가며, 복지 서비스에 문제가 제기되는 경우 지방 정부조직에 궁극적인 책임이 돌아가게 된다. 이러한 책임소재의 상이에 대한 문제의 해결책으로 연계서비스에 관한 한 지방정부 차원에서 연계협의 위원회(joint consultative committee)를 구성하고, 연계서비스의 예산 및 서비스 결과에 대한 책임을 이 위원회에 귀속되도록 하는 방안을 제안한다. 물론 이 위원회는 중앙정부의 보건성과 업무상 연계되어 운영되어야 할 것이다.

영국의 보건과 복지의 연계 서비스 사업에 대하여 위에서 여덟 가지로 구분하여 지적한 내용은 앞장에서 우리나라의 보건복지사무소 연계사업과 관련하여 지적한 문제점과 매우 유사하다. 우리나라의 경우 보건복지의 연계사업을 추진한지 불과 수년에 불과한 현시점에서 볼 때, 영국에서 '70년대이래 무수한 시행착오를 거치면서도 아직도 이러한 문제점들을 해결하지 못하여 부정적인 평가와 함께 예전과 크게 다르지 않은 개선안이 제시되고 있다는 점은, 결국 보건과 복지 서비스 전달체계의 연계를 위하여 앞으로 영국은 물론 우리나라도 가야할 길이 멀다는 점을 인식하도록 한다. 영국의 경우 이러한 보건과 복지의 연계서비스와 관련한 문제점이 수요의 측면보다는 공급의 측면에 있으며, 이는 또한 예산의 부족과 엇물려 있다는 점을 고려할 때, 우리나라의 경우에도 보건과 복지의 성급한 통합 노력은 혼동을 가져올 소지가 많다. 우리나라의 대인 보건 및 복지 서비스의 발달에 따라 점진적으로 프로그램의 연계에서부터 출발하여 연계 사업 계획의 수립 및 이에 따른 연계 예산의 범위를 넓혀 가는 것이 실효성 있는 순서로 보인다.

219

[부록 2]

일본 복지사무소의 현황과 시사점

1. 복지사무소의 현황

1) 복지사무소의 조직과 기능

복지사무소의 조직과 주요 업무는 다음과 같다.

(1) 복지사무소의 조직구조

복지사무소의 조직은 신복지사무소 운영지침(新福祉事務所 運營指針)에 따르면 그림 1에서 보듯이 크게 관내 인구 10만의 경우 소장 밑에 보호과, 복지과, 사회과, 총무과, 상담실이 설치되어 있다. 여기에 신체장애자복지사, 정신박약자복지사, 노인복지지도주사, 가정아동복지주사, 면접상담원, 현업원(現業員; 케이스워커) 등을 배치하고 있다.

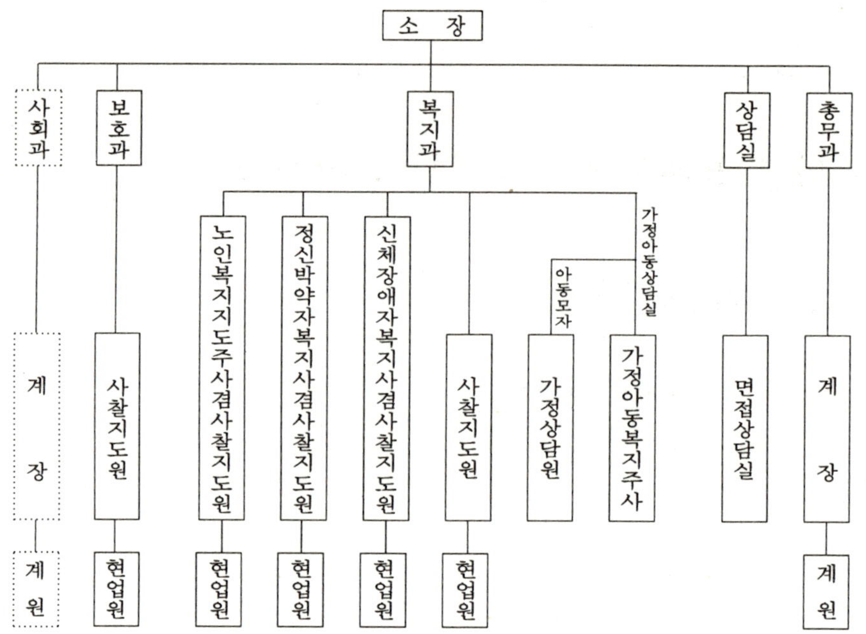

〈그림〉 복지사무소 표준조직도 (인구 10만의 경우)

 * 관내인구가 10만의 경우에 설치되는 복지사무소의 6법 대상인원은 피보호세
대는 447가구, 신체장애자는 895명, 정신박약자는 344명, 65세 이상 노인은 4,976
명, 모자세대는 349가구, 요보호아동은 1,011명 등으로 설정되어 있다.
 출처 : 厚生省 社會局 庶務課, 新福祉事務所 運營指針

 복지사무소는 사회복지사업법에 기초하여 설치되는데, 그 설치기준은 〈표〉와
같다. 복지사무소의 설치주체는 도도부현(都道府縣), 시(市), 특별구(特別區), 정
촌(町村) 등인데, 이 중에서 정촌(町村)은 임의 설치하도록 되어 있고 나머지는
의무적으로 설치해야 한다.

< 복지사무소 설치기준>

설 치 주 제	구　　역	설 치 수
都道府縣	지방사무소 또는 지청〈도(道)의 경우는 지청출장소를 포함〉의 관할구역	지방사무소 또는 지청〈도(道)에 있어서는 지정출장소 포함〉마다 1개
	기타구역	인구 약 10만명당 1개
지 정 도 시		인구 약 10만명당 1개
특 별 구		인구 약 10만명당 1개
시(市) (지정도시는 제외)	시(市)의 소관 구역	1개(단, 정령지정에 따라 인구 20만명 이상의 시는 2개 이상 설치 가능)
정촌(町村)	정촌(町村)의 소관 구역	1개(임의설치) 일부 사무조합을 세워 설치가능

출처 : 厚生省 社會局 庶務課, 新福祉事務所 運營指針.

(2) 주요 기능과 인력

복지사무소의 핵심부서는 보호과와 복지과라고 할 수 있는데 보호과는 생활보호업무를, 복지과는 복지 5법업무(즉, 노인복지법, 아동복지법, 신체장애자복지법, 정신박약자복지법, 모자복지법 등 사회복지 서비스)를 담당한다. 복지과에는 복지 5법의 기능을 충실히 수행하고자 신체장애자복지사 · 정신박약자복지사 · 노인복지지도주사 · 가정아동복지주사 · 면접상담원 · 현업원(現業員) 등을 배치하고 있다. 그리고 사회과는 복지 6법(생활보호법, 노인복지법, 아동복지법, 신체장애자복지법, 정신박약자복지법, 모자복지법) 이외의 사회복지행정업무, 즉 민생위원,사회복지협의회, 공동모금 등의 업무를 담당한다.

상담실은 전문적 기술이 필요한 종합적 상담을 실시하는데 여기에는 계장급을 배치한다. 끝으로 총무과는 일반행정 사무를 취급하며, 지역복지계획이나 사회조사 등 기획부문도 담당한다.

복지사무소의 인력은 복지사무소의 표준조직도에 나와 있듯이 소장, 지도감독원(査察指導員, Superviser) 신체장애자 복지사, 정신박약자 복지사, 노인복지지도 주사, 가정아동복지 주사, 모자상담원, 부인상담원, 가정상담원, 현업원(現業員, Case Worker), 사무직원 등으로 구성된다. 이들 중에서 실무의 핵심은 현업원(現業員)이라 할 수 있는데, 그 배치기준은 표 3에서 볼 수 있듯이 도도부현(都道府縣)은 피보호세대 65가구당 1명씩이고 시·특별구(特別區)·정촌(町村)은 80세대당 1명씩 두도록 되어 있다.

2. 복지사무소의 최근 동향과 한국에의 시사점

1990년의 복지관계 8법개정은 전반적인 사회복지 전달체계의 변화를 초래하였는데, 각 지방별로 복지사무소가 위축되거나 강화되는 양상이 점차 확산되고 있다. 8법개정에 따른 복지사무소의 구체적인 변화는 다음과 같이 요약될 수 있다. 첫째, 과거에는 도도부현(都道府縣)과 시정촌(市町村) 복지사무소가 모두 복지 6법체제였으나 복지 4법체제(都道府縣), 복지 6법체제(市), 복지 2법체제(町村)의 3유형으로 분리되었다. 둘째, 복지사무소의 중심기능인 현업(現業: 서비스 제공)기능에 추가하여 욕구파악, 계획, 관계조정 등의 기능이 추가되었다. 셋째, 관계사무의 정촌(町村)이양에 따라 복지사무소 직원체제의 변동〈5법담당 직원의 배치기준(配置基準)인 인구별 산정기준의 재평가나 사회복지주사(社會福祉主事) 자격의 변경 등〉이 이루어졌다. 끝으로 복지사무소의 소관지역에서도 종래 정촌(町村)을 담당했던 군(郡部)복지사무소가 시정촌(市町村)을 포함한 광역권을, 시(市部)복지사무소는 관할 복지지구를, 정촌(町村)은 당해 정촌(町村)구역을 소관구역으로 하도록 재편되었다.

이러한 변화는 복지사무소의 위상과 복지사무소에 대한 인식에 있어서 부정적 영향을 미치게 될 것으로 예상된다. 그것은 복지사무소가 또 다시 생활보호사무소로 전락할 가능성이 높아졌다는 점이다. 따라서 이런 낙인을 받지 않기 위한 노력이 절실히 요구되지만, 현실적으로 이것은 기대하기가 매우 어렵다.

한편, 최근에 나타나고 있는 현상 중 주목되는 것이 보건부문과 복지사무소의 통합추세이다. 이것은 복지욕구와 보건의료욕구를 동시에 지닌 노인인구의 급속한 증가에 대한 대응책으로 전개되고 있는데 특히 1994년에 지역보건법이 제정되므로써 전국적으로 확산되고 있다. 이러한 통합형태는 보건소와 복지사무소를 조직상으로 결합시킨 것에서부터 간호지도 등 대인서비스 기능만을 복지사무소에 도입한 형태까지 그 내용과 규모는 여러 가지이지만 크게 3가지로 구분될 수 있다(山本 隆 : 256~258).

먼저, 보건소와 복지사무소의 전면적인 조직통합을 행한 경우는 北九州시이다. 北九州시는 94년 4월에 7개의 보건소와 9개의 복지사무소를 통합하여 7구

(區)에 모두 보건복지센터를 설치했다. 구청장이 센터장을 겸임하며 센터장 밑에 복지부(部)와 보건부(部)를 설치하였다. 보건부(部)에는 원래 보건소가 맡은 보건예방과와 생활위생과가 설치되었다. 복지부(部)에는 지역복지과, 보호과, 보건복지과를 설치하였다. 복지부(部)는 원래 복지사무소에 해당하지만 새로이 설치된 보건복지과에는 현업원(現業員) 외에 보건부(婦) 전원이 보건소의 보건예방과에서 이동해 왔고, 고령자 만이 아니라 장애자와 아동 및 모자 가족에 대한 상담과 지원을 현업원(現業員)과 함께 일체적으로 실시한다. 또한 보건복지과에는 고령자의 종합적인 상담창구인 연장자 상담코너를 설치하여 보건부(婦)와 현업원(現業員) 및 사무담당직원 등을 배치하여 복지와 보건이 통합된 상담활동을 행하고 있다. 서비스제공의 결정권은 보건복지센타가 지닌다.

둘째, 복지사무소에 보건소 기능을 일부 추가한 형태이다. 이 형태가 가장 많은데 幌市, 仙台市, 神戶市, 廣島市가 여기에 해당된다. 幌市에서는 94년 4월부터 복지사무소에 종합 상담창구를 개설하여 보건부(婦)직책의 고령자 보건상담주사, 고령자 복지상담주사, 일반사무직원 등을 배치하였다. 기능은 보건복지의 종합상담, 조사, 서비스 종류의 결정 등이며 필요에 따리 조정팀 회의 등에 상정하여 처우검토를 행한다. 서비스 제공의 결정권에 있어서는 복지서비스는 복지사무소가, 보건서비스는 보건소가 행하는데 보건소와의 관계에서는 고령자 보건상담주사를 중심으로 한다.

셋째, 복지사무소나 보건소 이외의 제3의 기관으로서 보건복지상담창구를 설치한 것이다. 橫兵市에서는 92년 12월부터 구청장 직속으로 구청내에 "구(區)복지보건상담실"를 설치하고 있다. 직원체제는 실장(과장급), 담당계장, 현업원(現業員), 보건부(婦), 촉탁직원 등으로 이루어져 있다. 복지 6법에 관한 종합상담, 보건상담을 행하는 것이 그 역할이며, 고령자에 한정되지 않은 점이 특징이다. 서비스 제공의 결정권에 있어서는 과거와 마찬가지로 복지사무소와 보건소가 각각 지니고 있으며 구(區)복지보건상담실에서의 연계에 따라서 제공하게 된다.

지금까지 살펴 본 보건부문과 복지사무소의 통합은 기본적으로 보건의료 서비스와 사회복지 서비스를 통합하여 제공할 필요성에서 나온 것이다. 이와 같은 통합의 목적은 첫째, 서비스 수혜자의 만족도를 최대화하려는 것과, 둘째는 서비스의 중복제공을 방지하기 위한 것이고, 셋째는 장기요보호자를 가정에서 보호하자는 것에 있다(前田信雄 : 15~16). 그리고 이러한 통합의 효과로는 노인의료비 절감과 노인의 사회복귀촉진 등을 들 수 있다.

복지 8법개정 후에 복지사무소에서는 행정조직의 정비가 다양하게 진행되고 있다. 또한 새로운 움직임으로서 복지와 보건의 연계를 조직적으로 통합한 소위

복지보건센타나 종합복지센타 등이 출현하고 있다. 그런데 이러한 현재의 변화 양상이 앞으로 어떻게 전개될 것인지는 현재로서는 쉽게 판단하기 어렵다. 왜냐하면, 복지사무소를 포함한 사회복지 전달체계의 변화가 지역마다 너무 다양하게 전개되고 있어서, 그 중에서 어떤 유형이 보편화될지는 앞으로 더 지켜보아야 하기 때문이다. 다만, 현재로서 복지사무소의 장래방향에 대해서는 크게 두 가지가 있을 수 있다. 하나는 복지사무소의 역할과 기능을 강화하는 방향으로서 이것은 기능의 확대, 업무의 확대, 소지역 종합담당제 등을 생각할 수 있다. 다른 하나는 복지사무소의 기능을 분리시키는 방향으로서 기능의 축소, 업무의 축소, 관할지역의 대규모화, 사항별 담당제 등을 생각할 수 있다. 이 중에서 전반적인 흐름은 복지사무소의 축소로 진행되고 있는 듯 하지만, 사회복지를 강조하는 일부 지역에서는 오히려 복지사무소가 사회복지서비스 영역까지 포괄하도록 확대 개편되고 있다.

사회복지 시민흥륜 **나눔의집** 서울시 관악구 신림1동 1631-19 평희빌딩 Tel : 02)839-7845 Fax : 02)839-7846

도 서 명	저 자	가격
가정폭력 가해자 집단프로그램	허남순, 윤현숙, 조성숙, 구훈모 옮김	15,000
노년불평등과 복지정책	김정석, 김영순 옮김	12,000
비영리 기관의 모금	정무성 옮김	13,000
사회복지 대백과사전	대표감수 김만두, 김융일, 박종삼	240,000
사회복지 면접의 길잡이	이상균, 박현선 옮김	12,000
사회복지 실천이론의 토대	이팔환 외 옮김	19,000
사회복지 체계론	송정부 외 옮김	17,000
사회복지 프로그램기획과 관리	정무성 옮김	15,000
사회복지 현장실습핸드북	서홍란, 이경아 엮음	15,000
사회복지학 총론	송정부 옮김	13,000
성학대아동과 면접기술	허남순 옮김	12,000
의료사회사업 실무 핸드북	최경애 지음	12,000
인터넷 중독증	김현수 옮김	10,000
자립생활은 즐겁고 구체적으로	이기량, 최경익 옮김	7,000
참여형 지역복지 체계론	변재관, 이인재, 홍경준, 김원종, 이재원, 심재호	10,000
케어기술론	한국케어복지협회	15,000
케어복지 기본기술	이종복, 최영신 옮김	6,000
프로그램 성과평가	정무성 옮김	12,000
한국교회와 사회복지	최무열 지음	17,000
가족복지론	이대사회복지연구회 옮김	
기독교 사회복지	김성철 외 지음	
사회복지 실천이론과 기술	허남순 한인영 김기환 김용석 옮김	
사회복지개론	백종만 외 지음	
사회복지행정론	박차상, 정무성 옮김	
아동복지론	이소희 백경숙 장미경 송주미 지음	
인간행동과 사회환경	김규수 외 옮김	
인지행동놀이치료	최영희 외 옮김	
장애우복지론	장애우권익문제연구소 엮음	
조사방법론	김기원 지음	
직업재활개론	나운환 지음	
질적조사방법	이성용 옮김	

참여형 지역복지 체계론

초판 1쇄 인쇄 2000년 11월 8일
초판 3쇄 발행 2007년 2월 13일

• • •

글쓴이 / 변재관 이인재 홍경준 김원종 이재원 심재호
펴낸곳 / 도서출판 나눔의집
펴낸이 / 박정희

• • •

주 소 / 서울시 구로구 구로3동 182-13 대륭포스트타워 II 1205호
전 화 / 02-2082-0260~2   팩 스 / 02-2082-0263

• • •

www.ncbook.co.kr
nanum@ncbook.co.kr

• • •

가 격 / 10,000원
ISBN : 89-88662-24-5 93330